BIBLIOTHÈQUE D'HISTOIRE DE LA RENAISSANCE
sous la direction de Denis Crouzet et Nicolas Le Roux
18

Le Traité sur les Morisques d'Espagne

Pedro de Valencia

Le Traité sur les Morisques d'Espagne

Traduction et édition critique par Vincent Parello

PARIS
CLASSIQUES GARNIER
2021

Vincent Parello, professeur au département d'études ibériques de l'université Bordeaux Montaigne, est l'auteur, entre autres, de : *Les Judéo-convers de Tolède (XVe-XVIe siècle). De l'exclusion à l'intégration* ; *La Catalogne de Cervantès* et *Des réfugiés espagnols de la Guerre civile dans l'Hérault (1937-1939)*.

ISBN 978-2-406-11992-0 (livre broché)
ISBN 978-2-406-11993-7 (livre relié)
ISSN 2262-4309

INTRODUCTION GÉNÉRALE

EN GUISE DE PRÉAMBULE : LES MORISQUES

En guise de préambule, il convient de dire quelques mots sur ces femmes, ces enfants et ces hommes qui font l'objet du traité de Pedro de Valencia et que l'on nomme en espagnol les *moriscos*[1].

Les Morisques étaient les descendants des *Mudéjares*[2] qui furent contraints de se convertir au catholicisme sous le règne des Rois Catholiques, dans les territoires de la couronne de Castille, au cours des années 1501-1502, et sous le règne de Charles Quint, dans les territoires de la couronne d'Aragon, au cours des années 1525-1526[3]. En vertu de leur conversion, ces derniers étaient assimilés à des nouveaux-chrétiens à l'instar des *conversos* issus du judaïsme. Si, en théorie, ils étaient chrétiens à part entière, dans la pratique, ils continuaient à être discriminés socialement par les statuts de pureté de sang qui les empêchaient d'accéder aux offices publics, aux bénéfices ecclésiastiques et aux charges honorifiques, et les reléguaient aux confins de l'honneur.

L'histoire des Morisques débute en 1492 avec la prise de Grenade qui marque la fin de la Reconquête et de l'islam péninsulaire, et s'achève tragiquement avec l'expulsion générale décrétée par Philippe III et son favori, le duc de Lerma, au début du XVIIe siècle. Dès le milieu du

1 La bibliographie sur les morisques étant gigantesque, nous nous permettons de renvoyer le lecteur à la bibliographie finale.

2 *Mudéjare* est le nom donné aux musulmans d'Espagne devenus sujets des royaumes chrétiens pendant la longue période de la Reconquête.

3 Matthew Carr, *Blood and Faith : The Purging of Muslim Spain 1492-1614*, Londres, Hurst and Company, 2017, p. 97. Cet auteur explique que *morisco* est un diminutif à valeur péjorative utilisé au XVIe siècle pour signifier le petit maure ou le demi-maure, et désigner les néophytes de Grenade et de Castille.

XVIe siècle, sous le règne de Philippe II, les relations entre vieux-chrétiens et Morisques ne firent que s'envenimer en raison de l'Inquisition qui traquait sans relâche l'hérésie mahométane, et des mesures adoptées par les pouvoirs civils et ecclésiastiques qui tendaient à réduire considérablement le pouvoir social et culturel des nouveaux-chrétiens de maures. À partir du synode de Guadix de 1554, on interdit aux Morisques de Grenade le port des costumes traditionnels y compris du voile féminin, l'usage de la langue arabe et des bains publics. En 1559, la couronne remit en cause un bon nombre de titres de propriété, sous prétexte que les Morisques n'avaient pas de documents en attestant la preuve. En 1563, on décréta le désarmement des Morisques valenciens. Un décret de 1566, à l'origine duquel se trouvait l'inquisiteur général Diego de Espinosa, revint sur les dispositions de 1554, etc. Face à ces discriminations croissantes, les Morisques grenadins prirent les armes et se révoltèrent à Grenade et dans la zone montagneuse des Alpujarras, dans les années 1568-1570. À l'issue de deux ans d'une véritable guérilla rurale, les troupes royales commandées par don Juan d'Autriche, le fils bâtard de Charles Quint, vinrent à bout des révoltés aux ordres de leur chef, Aben Humeya. Pour éviter que les Morisques ne se révoltassent à nouveau ou ne fissent alliance avec les Turcs de l'Empire ottoman, Philippe II prit la décision de les déporter du royaume de Grenade, vers la Castille, l'Andalousie, l'Estrémadure et Murcie, dans les années 1570-1571. Finalement, l'ensemble des Morisques, à de rares exceptions près, furent expulsés d'Espagne entre 1609 et 1614, au cours de plusieurs vagues. La plupart passèrent en Afrique du Nord, d'autres trouvèrent refuge dans le sud de la France, ou encore dans les territoires de l'Empire ottoman.

Après leur conversion, les communautés morisques eurent tendance à conserver leur organisation traditionnelle en *aljamas*[4] et à préserver leur identité de groupe qui reposait sur des solidarités religieuses (foi musulmane) et familiales (organisation en lignages). On peut distinguer trois foyers importants dans la péninsule ibérique : l'ancien royaume de Grenade où les nouveaux-chrétiens représentaient la moitié de la population globale

4 Dans l'Espagne médiévale, le terme *aljama* désignait le lieu où se regroupaient les communautés juives (*aljama de judíos*) ou musulmanes (*aljama de moros*), ainsi que l'ensemble des institutions sociales, religieuses et judiciaires qui les gouvernaient et les représentaient.

avant la déportation de 1570, le royaume de Valence où ils représentaient environ 30 %, et le royaume d'Aragon où leur pourcentage était de l'ordre de 20 %. Selon Henri Lapeyre, la communauté morisque comptait, à la veille de l'expulsion, 321 000 habitants répartis comme suit : 135 000 à Valence, 61 000 en Aragon, 8000 en Catalogne et 115 000 en Castille[5]. Dans les royaumes de Murcie, de Valence et d'Aragon, les Morisques étaient essentiellement des travailleurs agricoles qui vivaient assujettis au régime seigneurial. Dans la couronne de Castille, les nouveaux-chrétiens possédaient un statut de travailleurs libres et étaient employés majoritairement dans le secteur tertiaire en tant que marchands, boutiquiers, aubergistes, muletiers, etc. Alors que les Morisques de la couronne d'Aragon présentaient un faible degré d'intégration, les Morisques castillans subirent très tôt un important phénomène d'acculturation.

PEDRO DE VALENCIA : L'HUMANISTE DE ZAFRA

Grâce aux travaux de Gaspar Morocho Gayo, et aux efforts déployés par l'Université de León, au tout début des années 1990, pour éditer les œuvres complètes de Pedro de Valencia, on peut esquisser un panorama synthétique de la vie et de l'œuvre de cet humaniste peu connu dans son pays d'origine et quasiment inconnu en France, en dehors de quelques cercles spécialisés[6].

Pedro de Valencia naquit en 1555 à Zafra, en Estrémadure, et mourut à Madrid en 1620. La ville de Zafra, réputée pour ses foires et ses marchés au Moyen Âge, joua un rôle de tout premier plan dans la conquête

5 Henri Lapeyre, *Géographie de l'Espagne morisque*, Paris, École Pratique des Hautes Études, 1959. Cet ouvrage a fait l'objet d'une traduction en espagnol en 2009.

6 Gaspar Morocho Gayo, « Introducción a una lectura de Pedro de Valencia. Primera parte (1555-1587) », dans : *Pedro de Valencia. Obras Completas*, V/1, León, Universidad de León, 1993, p. 15-60 ; Gaspar Morocho Gayo, « Introducción a una lectura de Pedro de Valencia. Segunda parte (1588-1620) », dans : *Pedro de Valencia. Obras Completas*, V/2, León, Universidad de León, 1995, p. 17-64 ; Gaspar Morocho Gayo, « El humanismo español en Pedro de Valencia : tres claves de interpretación », dans : *El Humanismo Extremeño*, Trujillo, 1997, p. 115-142.

de l'Amérique. Plus de deux cents personnes, parmi lesquelles Pedro Arias de Almesto, secrétaire de Lope de Aguirre, débarquèrent sur tout le continent américain depuis la Caroline du Sud jusqu'aux confins du territoire chilien. Au XVIe siècle, la ville se modernisa sous l'impulsion du cinquième duc de Feria, Gomes III Suárez de Figueroa y Córdoba. L'Alcazar fut transformé en un palais plus au goût des Habsbourg, et la nouvelle église majeure élevée au rang de collégiale sous le nom d'Église de la Chandeleur (*Iglesia de la Candelaria*)[7]. Pedro était le fils de Melchor de Valencia, juriste (*letrado*) formé à l'Université de Salamanque, et d'Ana Vázquez, la fille du riche marchand Juan Ramírez. En 1588, il épousa sa cousine Inés de Ballesteros, dont il eut sept enfants : Melchor de Valencia, qui exerça comme professeur de droit à Salamanque et fut l'auteur d'un livre sur les contrats imprimé à plusieurs reprises en Espagne et en Europe tout au long du XVIIe siècle ; Beatriz qui mourut célibataire au milieu du XVIIe siècle ; Pablo Gonzalo qui fut paralysé à la suite de fièvres infantiles ; Juan de Valencia, poète loué par Lope de Vega dans *El laurel de Apolo* (*Le laurier d'Apollon*) ; Benito Arias de Valencia, majordome ; Pedro, également poète ; et Ana, qui dut naître vers 1604 et sur qui on ne possède aucun renseignement[8].

Si rien ne permet d'affirmer, dans l'état actuel des connaissances, que Pedro de Valencia appartenait à une famille nouvelle-chrétienne, plusieurs facteurs tendent néanmoins à accréditer cette thèse[9]. Comme nombre de familles converses, la sienne bénéficia de la protection des ducs de Feria[10]. Dès 1937, Marcel Bataillon avait mis en évidence les liens entre les manieurs héréditaires de l'argent (judéo-convers) et les détenteurs héréditaires de la fortune terrienne (aristocratie)[11]. Le père de Pedro de

7 Genaro González Carballo et Cecilia Carrasco Márquez, *Zafra y el Señorío de Feria*, León, Lancia, 2004.

8 Gaspar Morocho Gayo, « Pedro de Valencia », dans : *Pedro de Valencia. Obras Completas*, I, León, Universidad de León, 2015, p. 57-66.

9 Jesús Paradinas Fuentes, « ¿Era Pedro de Valencia descendiente de judeoconversos ? », *Estudios Humanísticos. Geografía, Historia, Arte*, 17, 1995, p. 237-252.

10 Gaspar Morocho Gayo, « Introducción a una lectura de Pedro de Valencia. Primera parte (1555-1587) », *op. cit.*, p. 118 : « Et il semble bien que du sang israélite devait couler dans les veines de Pedro de Valencia, même si ce fait n'est pas aisément démontrable, et n'a pas l'importance que beaucoup attribuent à l'ascendance judéo-converse d'un personnage ».

11 Marcel Bataillon, *Érasme et l'Espagne*, Genève, Droz, 1998 (1re éd. 1937), p. 196 : « Quand on étudie leurs généalogies, dans les procès d'Inquisition, on est frappé de voir tant de membres de ces familles marranes au service des grands, spécialement en qualité

Valencia, Melchor, entra au service de don Pedro Fernández de Córdoba, quatrième comte de Feria et troisième marquis de Priego qui mourut en 1552. L'humaniste lui-même était en contact étroit avec le deuxième duc de Feria, don Lorenzo Suárez de Figueroa y Dormer (1560-1607), et le troisième duc de Feria, don Gómez Suárez de Figueroa y Mendoza (1587-1634), nommé évêque de Sigüenza à la fin de sa vie, à qui il dédia plusieurs de ses œuvres et avec qui il entretint une abondante relation épistolaire. Son fils, Benito Arias de Valencia, servit le troisième duc de Feria en tant que gentilhomme de chambre[12].

Sa vie durant, Pedro de Valencia fréquenta des convers illustres comme Juan de Ávila, surnommé l'apôtre d'Andalousie, Benito Arias Montano, auteur de la *Bible polyglotte* d'Anvers, ou le père José Siguënza, chroniqueur de l'ordre de Saint-Jérôme et prieur de l'Escurial. Comme eux, il partageait la même passion pour l'exégèse biblique et la philologie trilingue. Face aux dominicains thomistes, attachés à la version latine de la *Vulgate* de Saint-Jérôme, il souhaitait revenir au texte hébreu et à la vérité hébraïque des livres de l'Ancien Testament.

Par ailleurs, comme le suggère à juste titre Jesús Paniagua Pérez, si Pedro de Valencia ne put accéder au grade de licencié, c'est peut-être parce que l'Université de Salamanque en avait, dès 1522, fermé l'accès aux étudiants qui n'étaient pas d'origine vieille-chrétienne[13].

À Zafra, le jeune Pedro de Valencia apprit les rudiments de l'écriture et de la lecture et suivit les cours de latinité de son oncle Antonio Márquez[14]. En 1568, la famille déménagea à Cordoue, ville où l'humaniste étudia les arts et la théologie au collège universitaire de la compagnie (*Colegio-Facultad de la Compañía de Córdoba*), centre fondé par le maître Juan de Ávila et cédé gracieusement aux Jésuites. Influencé par ses parents qui le dissuadèrent de faire des études de théologie, qui pouvaient mener devant les tribunaux inquisitoriaux, Pedro de Valencia choisit, à contrecœur, la carrière juridique en s'inscrivant à l'Université de Salamanque où il

---

d'administrateurs, de majordomes ou de secrétaires. C'est comme une symbiose qui unit les manieurs héréditaires de l'argent et les détenteurs héréditaires de la fortune terrienne ».

12 Gaspar Morocho Gayo, « Introducción a una lectura de Pedro de Valencia. Primera parte (1555-1587) », dans : *Pedro de Valencia. Obras Completas*, I, León, Universidad de León, 2015, p. 113-162 [p. 117].

13 Jesús Paniagua Pérez, « Pedro de Valencia, cronista e historiógrafo oficial de las Indias (1607-1620) », *Anuario de Estudios Americanos*, 53, 1996, p. 231-249 [p. 232].

14 Francisco Cortés, *La población de Zafra en los siglos XVI y XVII*, Badajoz, 1983.

fut étudiant entre 1573 et 1576. Au contact de Francisco Sánchez de las Brozas, surnommé *El Brocense*, il s'initia aux subtilités de la langue grecque, afin de pouvoir lire les auteurs de l'antiquité dans leur langue originale. Son titre de bachelier en poche, il fit la rencontre de Benito Arias Montano qui le forma à l'exégèse des Écritures Saintes et au biblisme à la Peña de Aracena, région montagneuse où il s'était mis en retrait du monde. Jusqu'en 1607, il vécut à Zafra où il gagna sa vie, apparemment, en donnant des cours de latin et de grec aux fils des familles de l'élite sociale. Dans les dernières années de sa vie, il s'installa définitivement à Madrid où il fut nommé chroniqueur des Indes et de Castille[15].

La vie de Pedro de Valencia fut riche en rencontres et amitiés déterminantes pour sa carrière d'humaniste. Dans sa ville natale, Zafra, il côtoya des intellectuels comme Cristóbal de Mesa, Hernando Machado ou Juan Moreno Ramírez, ainsi que des artistes tels que Antonio Florentín, Nicolás de Amberes ou Francisco Maroto. Après ses études à Salamanque, il fit la connaissance de Sebastián Pérez, le futur évêque d'Osma, de Benito Arias Montano, dont il copia et traduisit de nombreuses œuvres, et de Fray José de Sigüenza avec qui il entretint une abondante correspondance. En 1603, lors d'un séjour à l'Escurial, il eut la chance de rencontrer Philippe III en personne, le confesseur royal Fray Gaspar de Córdoba, le comte de Villalonga et le secrétaire don Juan de Idiáquez[16]. Par ailleurs, il était l'ami du célèbre poète Góngora qui, dans une lettre datée du 14 avril 1620, lui rendait hommage en ces termes élogieux : « Notre bon Pedro de Valencia mourut vendredi dernier, j'en fus très attristé pour ce que notre nation lui doit, car elle a perdu le sujet qui était le plus à même de rivaliser avec les étrangers[17] ».

Un seul adjectif ne suffirait pas à rendre compte de la trajectoire intellectuelle de Pedro de Valencia, polygraphe hors pair, à l'activité multiple et foisonnante. Celui-ci s'est illustré en tant que juriste et homme de lois, philosophe et penseur, bibliste et théologien.

15 Gaspar Morocho Gayo, « Introducción a una lectura de Pedro de Valencia. Segunda parte (1588-1620) », dans : *Pedro de Valencia. Obras Completas*, I, León, Universidad de León, 2015, p. 163-225.

16 Gaspar Morocho Gayo, « El humanismo español en Pedo de Valencia : tres claves para su interpretación », dans : *Pedro de Valencia. Obras Completas*, I, León, Universidad de León, 2015, p. 67-113.

17 Gaspar Morocho Gayo, « Introducción a una lectura de Pedro de Valencia. Segunda parte (1588-1620) », *op. cit.*, p. 212.

En premier lieu, il s'illustra comme traducteur des œuvres de l'antiquité gréco-romaine. Il traduisit, notamment, l'*Histoire* de Thucydide, un traité de Théophraste sur le feu, l'*Apologie* de Lysias, des fragments des œuvres d'Homère, le *Prométhée enchaîné* d'Eschyle, les *Homélies spirituelles* de Saint-Macaire l'Égyptien ou le *Discours de la vie retirée* de Dion de Pruse[18].

En deuxième lieu, en tant qu'helléniste, latiniste et philologue chevronné, il collabora sa vie durant à l'édition des œuvres de Benito Arias Montano. C'est lui qui se chargea, notamment, de sélectionner, de rédiger et d'envoyer à Anvers les passages d'auteurs classiques qui furent publiés ensuite dans les œuvres des *Commentaires bibliques*. Dès 1581, il participa au septième tome de la *Bible polyglotte* publiée à Anvers en 1584 sous le titre *Biblia hebraica. Eorum latina interpretaio*. En 1589, il prépara et compila l'œuvre poétique intitulée *Poemata in quatuor tomos distincta* qui vit le jour à Anvers l'année suivante. À la mort de Benito Arias Montano, il se mit en quête de mécènes pour éditer les œuvres complètes de son maître. Il prit activement part à la lutte contre le dominicain Andrés de León qui voulait faire inclure certaines œuvres de l'humaniste dans les index inquisitoriaux[19].

En troisième lieu, Pedro, dans la lignée des faiseurs de projets (*arbitristas*), s'intéressa aux problèmes politiques et économiques de son temps. Dans les années 1602-1606, il envoya une lettre au duc de Feria, vice-roi de Sicile sur la population et le redressement économique de la ville de Zafra. En 1603, il écrivit un traité sur les hidalgos *De l'état des hidalgos* (*Acerca del estado de los hijosdalgo*) qu'il adressa à Alonso Ramírez de Prado, membre de la Junte de la gestion (*Junta de desempeño*). Par l'intermédiaire du confesseur de Philippe III, Fray Diego de Mardones, il adressa en 1605 un *Discours sur le prix du pain* (*Discurso sobre la tasa del pan*). La même année il rédigea un traité sur la monnaie de billon (*Discurso de Pedro de Valencia acerca de la moneda de vellón*). En 1606, il composa un traité sur la question des Morisques, dans lequel il proposait des solutions alternatives à l'expulsion (*Tratado acerca de los moriscos de España*). Entre 1608 et 1611, il développa des questions de société qui lui tenaient particulièrement à cœur, comme l'agriculture (*Discours sur l'accroissement du labeur de la terre*) (*Discurso sobre el acrecentamiento de la labor de la tierra*),

18 Gaspar Morocho Gayo, « El humanismo español en Pedo de Valencia : tres claves para su interpretación », *op. cit.*, p. 75-76.

19 *Ibid.*, p. 163-175.

l'oisiveté (*Discours contre l'oisiveté*) (*Discurso contra la ociosidad*), l'aumône (*Discours pour que dans la réduction des dépenses on ne supprime pas une partie de l'aumône*) (*Discurso para que en la reducción de los gastos no se suprima parte de las limosnas*), la sorcellerie (*Discours sur les histoires des sorcières adressé à l'Illustrissime Don Bernardo de Sandoval y Roxas*) (*Discursos sobre los quentos de las brujas, dirigido al Illimo Sr. Don Bernardo de Sandoval y Roxas*), etc.[20]

En dernier lieu, il ne faut pas oublier que Pedro de Valencia était également historien. À la suite de sa nomination en tant que chroniqueur des Indes et du royaume de Castille, il fut chargé de réaliser les *Relaciones de Indias*, vaste synthèse basée en partie sur des réponses aux questionnaires que le Conseil des Indes avait envoyées à toutes les audiences. Ces *Relations* constituent une véritable mine de renseignements sur le Nouveau Monde et, plus particulièrement, sur les indigènes, les conquistadors, les colons, les missionnaires, les officiers de l'administration[21]... On sait, par ailleurs, que Pedro de Valencia écrivit une histoire de Philippe II, dont on a aujourd'hui perdu la trace[22].

En dépit de cette activité intellectuelle foisonnante, un silence entoure la personnalité et l'œuvre de Pedro de Valencia. Cet oubli est dû principalement à quatre raisons :

- l'humaniste de Zafra abritait une véritable méfiance à l'égard de l'imprimerie, ce qui fait que la plupart de ces écrits circulèrent de façon manuscrite dans des cercles restreints, dans l'entourage du roi Philippe III, du confesseur royal, de l'Inquisiteur général ou de certains prélats ;
- il cultivait un élitisme de la pensée. Il se méfiait énormément du peuple, dont l'opinion, d'après lui, était instable et versatile, et ne souhaitait pas que ses œuvres atterrissent entre les mains du *vulgo* ;
- il rédigea la plupart de ces œuvres en latin, une langue qui avait perdu une grande partie de son aura dès la fin du XVIe siècle, et qui n'était lu que par une poignée d'intellectuels ;

20 Gaspar Morocho Gayo, « Introducción a una lectura de Pedro de Valencia. Segunda parte (1588-1620) », *op. cit.*, p. 185-200.

21 Gaspar Morocho Gayo, « El humanista Pedro de Valencia y las relaciones geográficas de la audiencia de Quito en 1614 », dans : *Pedro de Valencia. Obras Completas*, I, León, Universidad de León, 2015, p. 331-345.

22 Gaspar Morocho Gayo, « Una historia de Felipe II escrita por Pedro de Valencia », dans : *Homenaje al Profesor Juan Torres Fontes*, Murcie, 1987, t. II, p. 1141-1151.

– il était en avance sur son temps, et certaines de ses idées comme le travail des femmes, les mesures de réforme sociale, les critiques des livres de plomb de Grenade, ses prises de position à l'égard de la minorité morisque, etc., purent heurter la sensibilité de certains de ses contemporains qui le rangèrent parmi les auteurs suspects ou hétérodoxes. Chantal Colonge va jusqu'à affirmer que Pedro de Valencia était « un esprit du XVIIIe siècle égaré à l'aube du XVIIe siècle[23] ».

Quoi qu'il en soit, on peut affirmer que Pedro de Valencia était un représentant de l'humanisme chrétien de son temps, dans le sillage d'Érasme de Rotterdam ; un adepte de la philosophie grecque de tendance cynique, dont les principales figures étaient Socrate, Antisthène et Diogène ; et un physiocrate convaincu qui était persuadé que la richesse des États résidait davantage dans le travail des hommes, le développement de l'agriculture et de l'élevage, que dans les métaux précieux du Nouveau Monde qui étaient à l'origine de l'inflation et du développement d'une mentalité de type somptuaire[24].

LE *TRAITÉ SUR LES MORISQUES D'ESPAGNE* DE PEDRO DE VALENCIA

Le *Traité sur les Morisques d'Espagne* n'a jamais été imprimé de son temps et a circulé de façon manuscrite tout au long du XVIIe siècle. La lettre à Fray Diego de Mardones, confesseur du roi, datée du 25 janvier 1606, qui sert de dédicace au traité, nous permet de situer sa date de rédaction en 1605[25]. À la demande de ce même confesseur, une copie du texte a été réalisée en 1613 au collège faculté des dominicains d'Avila.

23 Chantal Colonge, « Reflets littéraires de la question morisque entre la guerre des Alpujarras et l'expulsion (1571-1610) », *Boletín de la Real Academia de Buenas Letras de Barcelona*, XXXIII, 1969-1970, p. 137-243 [p. 214].

24 José Antonio Maravall, « Reformismo social-agrario en la crisis del siglo XVII : tierra, trabajo y salario según Pedro de Valencia », *Bulletin Hispanique*, 72, 1970, p. 5-55.

25 *Carta a fray Diego de Mardones, confesor del Rey Nuestro Señor, remitiéndole el Tratado acerca de los moriscos de España* (BNE, Ms 8888, f° 1r°-3r°).

À l'heure actuelle, trois manuscrits sont conservés à la Bibliothèque Nationale de Madrid (BNE)[26]. Le manuscrit 7855 (f° 4-42) est une copie du XVIIe siècle due vraisemblablement à la plume du gendre de Pedro de Valencia, Juan Moreno Ramírez ; le manuscrit 7855 (f° 45-102), une copie du XIXe siècle ; et le manuscrit 8888, une copie du XVIIIe siècle. Le codex qui porte la date du Ier novembre 1777 comprend plusieurs œuvres : outre le *Traité sur les Morisques d'Espagne* (*Tratado acerca de los moriscos de Espana*), se trouvent le *Discours sur le prix du pain* (*Discurso sobre el precio del pan*) (f° 162r°-238v°), le *Discours sur la monnaie de billon* (*Discurso acerca de la moneda de vellón*) (f° 239r°-273v°), ainsi que la *Réponse à certaines répliques formulées contre le discours du prix du pain* (*Respuesta a algunas réplicas que se han hecho contra el discurso del precio del pan*) (f° 275r°-340v°)[27].

L'humaniste s'explique sur le caractère intimiste de son œuvre. Son texte ne s'adresse pas au vulgaire dont il trouve l'opinion peu fiable et trop versatile, mais au roi Philippe III et à son entourage immédiat[28]. C'est la raison pour laquelle il n'a jamais été imprimé du vivant de son auteur, demeurant à l'état d'éternel manuscrit. Il est destiné à une communication privée qui ne doit pas sortir des coulisses du palais royal. Dans la plus pure tradition horatienne du *odi profanum vulgus*, Pedro de Valencia affiche son mépris vis-à-vis des vaines opinions du vulgaire. Dans *Odes*, II, 16, Horace affirme son « dédain inné pour le malin vulgaire » et dans *Odes*, III, 1, il déclare « J'abhorre et j'exclus le vulgaire profane[29] ». À la même époque, on retrouve une conception similaire chez l'humaniste Cipriano de la Huerga qui fustige « les vaines opinions du vulgaire[30] ».

La matière dont traite l'humaniste est bien trop grave pour qu'elle puisse circuler entres toutes les mains. Ce dernier, conscient de sa

---

26 *Acerca de los moriscos de España. Tratado de Pedro de Valencia* (BNE, Ms 7845, f° 4r°-42v° ; Ms 7845, f° 45r°-102r° ; Ms 8888, f° 3r°-160v°) (Dorénavant : *Tratado*).

27 Pedro de Valencia, *Obras Completas*, IV/1, León, Universidad de León, 1999, p. 69.

28 *Tratado*, f° 38r°.

29 Horace, *Odes et Épodes et Chants séculaires*, Trad. de M. Le Comte de Séguier, Paris, A. Quantin, 1883.

30 *Cipriano de la Huerga. Obras completas*, VIII, Leon, Universidad de Leon, 1994, p. 77, note 88. Sur la question du mépris du vulgaire, on lira : Otis H. Green, « On the Attitude toward the Vulgo in the Spanish Siglo de Oro », *Publications of the Renaissance Society of America*, IV, New York, p. 190-200 ; Alberto Porqueras Mayo, « Sobre el concepto de *vulgo* en la Edad de Oro », dans : *Temas y formas de la Literatura Española*, Madrid, Gredos, 1972, p. 114-127.

responsabilité en tant qu'intellectuel, ne veut surtout pas réveiller la crainte ou la colère du public, deux passions qu'il juge contraire à la raison. Il ne souhaite pas non plus revivre l'expérience de Jérémie. Le prophète avait annoncé aux habitants de Jérusalem que ceux qui resteraient dans la ville mourraient par l'épée, la famine ou la peste, mais que ceux qui se rendraient aux Chaldéens auraient la vie sauve. Ses propos déclenchèrent aussitôt la haine des chefs militaires, qui pensaient que Jérémie agissait pour le malheur de la communauté et non pour le bien public. C'est alors qu'ils décidèrent de jeter le prophète dans la citerne de Malkija, fils du roi Sédécias, qui se trouvait dans la cour de la prison[31].

Dans l'abondante bibliographie consacrée aux Morisques, et en dehors de quelques auteurs comme Francisco Márquez Villanueva[32], Chantal Colonge[33] ou Henry Méchoulan[34], le traité de l'humaniste de Zafra brille par son absence. Il faudra attendre la fin du XXe siècle pour qu'il soit enfin édité. Si l'édition de Joaquín Gil Sanjuan précède de deux ans celle de Rafael González Cañal, elle ne dispose pas d'un appareil critique suffisamment étoffé pour pouvoir resituer correctement le texte dans ses contextes historique, social et littéraire[35].

Le traité de Pedro de Valencia s'inscrit dans cette littérature de controverse qui oppose à l'époque, ceux que l'on appelle les apologistes (partisans de l'expulsion), et ceux que l'on nomme les réformateurs (adversaires de l'expulsion). Les premiers entendaient par leurs écrits légitimer *a posteriori* un événement qui avait déjà eu lieu ; les seconds souhaitaient, au contraire, influer sur le cours des événements et empêcher le roi Philippe III de prendre une décision qui était dans l'air du temps depuis au moins la fin du XVIe siècle. Il s'agit également d'une réflexion théologico-morale sur les Empires et l'humanité à la lumière des Écritures Saintes. Par ailleurs, le traité se rapproche de la para-littérature

31 Jérémie, XXVIII, 1-6. Pedro de Valencia cite le verset 4 en latin : *De industria enim dissolvit virorum bellantium* (*Tratado*, f° 38r°).

32 Francisco Márquez Villanueva, *El problema morisco (desde otras laderas)*, Madrid, Libertarias/Prodhufi, 1991.

33 Chantal Colonge, « Reflets littéraires de la question morisque entre la guerre des Alpujarras et l'expulsion (1571-1610) », *op. cit.*, p. 213-238.

34 Henry Méchoulan, *Le sang de l'autre ou l'honneur de Dieu*, Paris, Fayard, 1979, p. 235-237.

35 Pedro de Valencia, *Tratado acerca de los moriscos de España*, Éd. de Joaquín Gil Sanjuan, Málaga, Algazara, 1997 ; *Acerca de los moriscos de España. Tratado de Pedro de Valencia*, Éd. de Rafael González Cañal, dans : *Pedro de Valencia. Obras Completas*, IV/1, León, Universidad de León, 1999, p. 73-139.

des faiseurs de projets (*arbitristas*) dans la mesure où l'humaniste de Zafra se présente comme un médecin de la république qui propose des remèdes pour éviter la ruine et la perte de la monarchie hispanique. En effet, à la fin du XVIe et au début du XVIIe siècle, l'Espagne entra dans une phase de crise, une crise qui n'était pas spécifique à la péninsule ibérique mais qui touchait l'ensemble de l'Europe méditerranéenne. Le centre de gravité de la puissance politique et économique se déplaça lentement de l'est vers l'ouest, et du sud vers le nord. Venise fut peu à peu remplacée par Lisbonne qui, à son tour, fut détrônée par Anvers. La Méditerranée qui avait affirmé son hégémonie tout au long du XVIe siècle, se vit peu à peu supplantée par l'Atlantique et les pays nordiques[36]. Des *arbitristas* tels que Luis Ortiz ou Martín González de Cellorigo essayèrent d'avertir leurs contemporains des dangers que représentaient pour l'Espagne l'arrivée massive de métaux précieux en provenance des Indes. Ceux-ci avaient provoqué une formidable inflation, un frein pour le développement industriel et agricole et une dépendance accrue vis-à-vis de l'étranger. Dans leurs doléances, les Cortès dénonçaient le phénomène de l'évasion fiscale qui contribuait à transformer l'Espagne en Indes de l'Europe :

> Nos royaumes, alors qu'ils pourraient être les plus riches du monde par l'abondance de l'or et de l'argent qui y sont entrés et y entrent des Indes, sont les plus pauvres parce qu'ils servent de pont pour les faire passer dans d'autres royaumes qui sont nos ennemis, et ennemis de Notre Sainte Foi Catholique[37].

L'Espagne offrait ainsi le curieux paradoxe d'être un pays pauvre… par excès de richesses.

Pedro de Valencia ne s'adressait pas directement au roi, comme il l'avait fait à d'autres occasions, mais à son confesseur, le dominicain Fray Diego de Mardones, à qui il avait envoyé à la même époque toute une série de discours sur le prix du pain, les impôts, la monnaie de billon, etc. Les deux hommes d'ailleurs se connaissaient bien ; ils s'étaient rencontrés à l'Escurial pour les fêtes de la Toussaint de 1603 auxquelles le roi avait assisté[38]. Fray Diego de Mardones demeura peu de temps à

36 Joseph Pérez, « Los Austrias menores (1598-1700) » dans : *La frustración de un imperio (1476-1714)*, t. V, Barcelone, Labor, 1989, p. 222-223.

37 Pierre Vilar, *Or et monnaie dans l'histoire*, Paris, Flammarion, 1974, p. 205. Il s'agit des Cortès de 1588.

38 Gaspar Morocho Gayo, « Introducción a una lectura de Pedro de Valencia. Segunda parte (1588-1620) », *op. cit.*, p. 186.

son poste, car il bénéficiait des faveurs de la reine Marguerite d'Autriche qui se trouvait à la tête d'un mouvement d'opposition contre le duc de Lerma, le favori de Philippe III. C'est ce qui explique que, dès 1606, il fut nommé évêque de Cordoue et remplacé par Jerónimo Javier, maître général de l'ordre dominicain. À la mort subite de celui-ci en 1608, P. Luis Aliaga devint à son tour confesseur du favori. En outre, Fray Diego de Mardones faisait partie de cette faction du clergé qui manifestait son hostilité à l'expulsion des Morisques pour des raisons morales, canoniques et théologiques[39].

S'adresser au roi par l'intermédiaire de son confesseur n'était pas un procédé anodin. Il y avait là une stratégie délibérée de la part de Pedro de Valencia de vouloir pénétrer dans l'intimité du monarque, voire de toucher la conscience royale. Au début du XVIIe siècle, sous le règne des *Austrias menores*, la figure du confesseur royal jouait un rôle clé dans les rouages politico-administratifs de la monarchie hispanique[40]. Ce dernier avait des compétences politiques qui excédaient largement son ministère spirituel. Le confesseur était le seul à pouvoir administrer le sacrement de la pénitence au roi et à l'entendre chaque semaine en confession. Il examinait les lettres et mémoires qui parvenaient à la cour et recevait les avis des conseillers royaux exprimés sous forme de consultes individuelles ou collectives. Il donnait son avis à travers des réponses rédigées sur des feuillets libres. Il accompagnait le roi lors de ses différents déplacements. Il participait aux conseils et aux juntes, commissions *ad hoc* formées pour résoudre des points ponctuels. Le plus souvent, il était membre du Conseil d'État, qui devait comprendre un prélat de haut rang. Il veillait à la provision des bénéfices ecclésiastiques, à la réforme des ordres religieux et à la discipline du clergé, ainsi qu'aux relations diplomatiques avec Rome. Mais, par-dessus tout, le confesseur symbolisait le gardien de la conscience royale, tâche ô combien importante lorsqu'il s'agissait, par exemple, de débattre du sort à réserver à la minorité morisque :

> Pendant le ministère du P. Aliaga, la question de l'expulsion des Morisques d'Espagne fut l'une de ces décisions graves, sans doute la plus importante du règne sur le plan intérieur. Or les modalités de l'expulsion présentaient

---

39 Luis Gómez Canseco, *El humanismo después de 1600 : Pedro de Valencia*, Sevilla, Universidad de Sevilla, 1993, p. 72-73.

40 Juan Ibáñez Castro, *El confesor real en la España moderna : un agente político en la corte*, Mémoire de maîtrise inédit, Universidad de la Rioja, 2014.

> diverses difficultés tant pratiques que morales et canoniques. Une grande consulte du conseil d'État, le 15 septembre 1609, en distinguait quelques-unes : ainsi l'expulsion des enfants en bas âge était souhaitable pour éviter les réactions de colère de leurs parents, mais déconseillée moralement puisqu'elle devait causer la perte de ces jeunes âmes. De même, l'expulsion des femmes morisques mariées à des vieux-chrétiens constituait une rupture du sacrement du mariage, et allait vouer ces femmes à commettre l'adultère et à procréer des enfants non-chrétiens. Le conseil préconisait donc la formation de commissions de théologiens à la Cour et dans le royaume de Valence, laboratoire de l'expulsion, afin de résoudre les questions de conscience[41].

Trois ans avant l'expulsion des Morisques valenciens qui débuta en 1609, Pedro de Valencia nourrissait toujours l'espoir qu'une autre politique était encore possible. Par la force de son argumentation et de ses exemples tirés de la Bible et de la littérature gréco-latine, et en chuchotant à l'oreille du roi par confesseur interposé, il espérait pouvoir convaincre Philippe III d'adopter des mesures davantage compatibles avec celles d'un véritable prince chrétien. À ce titre, son traité se présente comme une véritable arme de combat, destinée à infléchir la volonté du prince et de ses conseillers. Si *a posteriori*, les événements devaient lui donner tort, il ne faut pas pour autant sous-estimer la démarche louable de cet humaniste de Zafra qui se prit à rêver que la raison finirait par l'emporter sur la passion.

À première vue, le *Traité sur les Morisques d'Espagne*, semble dépourvu de structure d'ensemble, et le lecteur a l'impression que les phrases épousent librement les circonvolutions de la pensée de son auteur. Mais à y regarder de plus près, un plan méthodique et rigoureux se dégage de l'ouvrage. Après avoir mené une réflexion générale sur la naissance, le développement et la fin des Empires, qu'il applique ensuite au cas de l'Espagne, l'humaniste envisage les remèdes qu'il faut à tout prix éviter et ceux, au contraire, qu'il convient d'adopter. Au rang des premiers, figurent l'excision ou la mort, la captivité ou l'esclavage, l'expulsion et la déportation ; parmi les seconds, la dispersion, la conversion, la « permixtion » (ou mélange), la contrainte et la surveillance. Cet exposé dialectique permet à Pedro de Valencia de présenter les arguments des apologistes de l'expulsion, pour mieux les réfuter et faire passer ses

---

41 Isabelle Poutrin, « Cas de conscience et affaires d'État : le ministère du confesseur royal en Espagne sous Philippe III », *Revue d'histoire moderne et contemporaine*, 2006, n° 53/3, p. 7-28 [p. 26].

idées. Si l'auteur a recours, par le biais de l'analogie essentiellement, à une rhétorique argumentative, à certains moments il ne peut contenir ses émotions, notamment lorsqu'il évoque la barbarie que représenterait le massacre d'enfants morisques innocents[42].

TIRER PEDRO DE VALENCIA DE LA « SÉPULTURE DE L'OUBLI » (LAZARILLO DE TORMES)

Si certains passages du traité de Pedro de Valencia peuvent choquer la sensibilité du lecteur actuel, habitué à la liberté de conscience et rompu au multiculturalisme, il faut bien avoir à l'esprit que l'auteur faisait preuve d'une grande modernité pour son époque.

En Espagne, sous les règnes de Philippe II et de Philippe III, plusieurs voix favorables à l'extermination des Morisques – par le biais de la castration, notamment – se firent entendre au sein des élites laïques et ecclésiastiques, censées mettre en pratique les enseignements de l'Évangile[43].

Envisagé, dans un premier temps, pour les gitans, l'imaginaire de la solution finale finit par s'étendre aux Morisques à la fin du XVIe siècle[44]. En 1587, le frère augustin Pedro Arias était partisan d'appliquer à ces derniers la peine de mort et la confiscation de leurs biens, et estimait qu'il ne serait pas injuste de les « passer au fil de l'épée[45] ». L'année suivante, le notable sévillan Alonso Gutiérrez proposait de castrer les Morisques de sexe masculin, comme le faisaient déjà les propriétaires d'esclaves avec leurs Indiens dans les territoires du Nouveau Monde[46]. L'évêque de Segorbe, don Martín de Salvatierra, avait eu l'idée de les déporter

42 *Tratado*, f° 55r°.

43 Jean Vilar, « De quelques barbares conseils (L'imaginaire de la solution finale au siècle d'or) », dans : Jean-Paul Duviols et Annie Molinié-Bertrand (éds.), *La violence en Espagne et en Amérique (XVe-XIXe siècles)*, Paris, Presses de l'Université de Paris-Sorbonne, 1997, p. 255-269.

44 Jean Bodin, *La République*, 1583, Paris, Poche, 1993, Livre V, chapitre 2, p. 438 ; Sancho de Moncada, *Restauración política de España*, Éd. de Jean Vilar, Madrid, Instituto de Estudios Fiscales, 1974, Discurso VIII, chap. 4, f° 12r°-13v°.

45 Pascual Borronat y Barrachina, *Los moriscos españoles y su expulsión*, 2 vol., Valence, 1901 (facsimilé publié à Grenade en 1992), t. II, p. 91.

46 *Ibid.*, t. I, p. 637.

sur l'île Bacalao (Morue) ou à Terre-Neuve afin qu'ils y mourussent de froid ou de mort naturelle, et de castrer la population masculine… et féminine[47]. Dans une lettre du 10 avril 1605 adressée au Conseil d'État, le Père Jaime Bleda, reprenant les thèses de l'archevêque de Valence, Juan de Ribera, avertissait le roi qu'il n'avait pas d'autre choix que d'exterminer ou d'expulser les Morisques de ses royaumes[48]. Dans son *Expulsión justificada* publiée en 1612, le licencié Pedro Aznar Cardona rappelait que l'on aurait pu raisonnablement ôter la vie aux nouveaux-chrétiens à cause du crime de lèse-majesté divine et humaine dont ils s'étaient rendus coupables, mais que la monarchie espagnole avait préféré user de miséricorde à leur égard en décidant de les expulser[49].

Il va sans dire que l'humaniste de Zafra, Pedro de Valencia, ne pouvait se montrer que farouchement hostile à tous ces barbares conseils qui bafouaient les droits élémentaires de la vie et de la dignité humaine[50]. À l'instar des humanistes chrétiens, comme Érasme ou Juan Luis Vives, ou des théoriciens de l'École de Salamanque, comme Francisco de Vitoria, il ne concevait la peine de mort que dans le cadre de la guerre juste[51]. D'après lui, et en dépit de ce que pouvaient croire certains de ses contemporains[52], mener une guerre contre les Morisques s'avérait non seulement inhumain et injuste, mais aussi contraire à la religion chrétienne et aux intérêts de l'État.

---

47 *Ibid.*, t. I, p. 634.

48 *Ibid.*, t. I, p. 460.

49 Pedro Aznar Cardona, *Expulsión justificada de los moriscos españoles y suma de las excellencias christianas de nuestro Rey Don Felipe el Catholico Tercero*, Huesca, Pedro Cabarte, 1612, f° 3v° : « …no de mandalles quitar las vidas, con tan iustissimo titulo a muerte violenta obligadas, ni de dar lugar a que se viessen correr rios de sangre enemiga y traydora, sino mezclando la justicia con misericordia ».

50 Pedro de Valencia, *Obras completas, volumen IV, Escritos sociales. Escritos políticos*, Éd. de Rafael González Cañal, León, Universidad de león, 1999, *Tratado de los moriscos de España*, p. 71-138.

51 Sur le concept de « guerre juste », on lira, entre autres : Jean-Claude Margolin, *Érasme par lui-même*, Paris, Seuil, 1970, p. 87 et suivantes ; Augustin Redondo, *Antonio de Guevara et l'Espagne de son temps*, Genève, Droz, 1976, p. 649-660.

52 Pascual Borronat y Barrachina, *Los moriscos españoles y su expulsión*, *op. cit.*, I, p. 450. Le Père Jaime Bleda, le cardinal Fray Juan de Torquemada ou l'évêque d'Orihuela, Joseph Estevan, pensaient que l'on pouvait mener une guerre contre les Morisques à titre préventif, pour préserver la monarchie espagnole de tout danger : « Comiença con que el cardenal fray Juan de Torquemada, famoso doctor español, escriviendo sobre el decreto y comentando las calamidades de nuestros tiempos enseña que a los moros de España, se les puede hazer la guerra aunque actualmente no nos ynquieten, y da la razon por que y saca una conclusion : que es mejor prevenirlos que ser prevenidos dellos ».

À travers plusieurs exemples, tirés en majorité de l'Ancien Testament, et par le biais de l'analogie, Pedro de Valencia essaie de démontrer que seul Dieu peut prendre l'initiative de la colère et de la vengeance, et que la guerre juste est l'unique forme de violence qui puisse être légitimée d'un point de vue théologico-moral.

À tous ceux qui considéraient les Morisques comme une race à part, Pedro de Valencia répondait qu'ils étaient aussi espagnols que les autres sujets de Sa Majesté, et que sur les plans physique et intellectuel, ils ne se distinguaient en rien du reste de la population. À la répression inquisitoriale généralisée, il préconisait la création de tribunaux civils composés de juges ordinaires qui instruiraient toutes les affaires concernant les traditions et les coutumes : habillement, langue, alimentation, fêtes, etc., et était d'avis que l'Inquisition n'intervînt que dans les cas d'hérésie formelle avérée. À l'évangélisation forcée qui s'attachait presque exclusivement aux signes extérieurs de piété chrétienne, il préférait, tout comme Bartolomé de las Casas avec les Indiens du Nouveau Monde, agir sur « l'homme intérieur » par une pédagogie adaptée à chacun et des sermons efficaces, dépouillés de leurs oripeaux rhétoriques. Face aux différences de sang qu'introduisaient, d'une part, la distinction entre hidalgos et *pecheros*[53], et, d'autre part, celle entre vieux et nouveaux-chrétiens, il rappelait, à la suite de saint Paul que les hommes n'avaient qu'un seul sang. Face à l'obsession de la tache et de la souillure, il encourageait les mariages mixtes entre vieux et nouveaux-chrétiens, « permixtion » qui ne pouvait se produire que si l'on considérait les enfants issus de ces unions comme des vieux-chrétiens. À ceux qui entendaient traiter les Morisques comme des esclaves, à l'instar des Hilotes à Lacédémone ou des Pénestes en Thessalie, il conseillait, au contraire, de leur octroyer le statut de citoyen à part entière, à savoir celui qui peut jouir pleinement de ses droits civiques en accédant aux offices publics, aux bénéfices ecclésiastiques et aux charges honorifiques. Finalement, à l'expulsion des Morisques, préjudiciable d'un point de vue religieux, militaire et économique, Pedro de Valencia opposait la dispersion des Morisques de la couronne d'Aragon à travers les territoires péninsulaires et extra-péninsulaires de la monarchie, à l'exception des Indes Occidentales… où les Morisques

53 Le *pechero* est l'équivalent du roturier français ; c'est celui qui paie le *pecho*, l'impôt obligatoire dont doivent s'acquitter ceux qui ne sont pas nobles.

risqueraient d'exercer, à ses yeux, un dangereux prosélytisme sur les pauvres Indiens !

En espérant que ces quelques pages donneront au lecteur l'envie de lire un texte qui, jusqu'à présent, n'avait jamais été traduit en français, nous mettons un point final à cette brève introduction.

BRÈVE CHRONOLOGIE DE L'HISTOIRE DES MORISQUES

1492 Expulsion des Juifs et fin de la Reconquête avec la prise de Grenade par les Rois Catholiques.

1499-1500 Révolte des *Mudéjares* de l'Albaicín de Grenade et des régions montagneuses de l'ancien royaume de Grenade.

1500-1502 Conversions au christianisme des *Mudéjares* de Grenade et de la couronne de Castille.

1525-1526 Conversions au christianisme des *Mudéjares* de la couronne d'Aragon.

1526 Charles Quint réunit une commission d'experts à Grenade pour résoudre la question morisque. Elle doit déboucher sur une évangélisation effective des Morisques et sur leur assimilation culturelle : interdiction de parler arabe, de s'habiller à la musulmane, de pratiquer l'abattage rituel des animaux, de porter l'*almalafa* pour les femmes, etc. La pragmatique du 7 décembre 1526 donne force de loi aux propositions de l'assemblée.

1529 Campagne d'évangélisation menée successivement à Valence par Pérez de Mieres et le Père Bartolomé de los Ángeles.

1534 Mise en place d'un réseau de nouvelles paroisses dans l'archevêché de Valence sous l'autorité de l'inquisiteur général Manrique. Plus de 190 paroisses voient ainsi le jour.

1540 Antonio Ramírez de Haro, évêque de Ciudad Rodrigo, rédige les *Instructions et ordonnances pour les nouveaux convertis du royaume de Valence.*

1554 Synode de Guadix réuni par Martín de Ayala. Celui-ci reprend les dispositions de l'assemblée de Grenade de 1526.

1559 Création de la *Casa de la doctrina del Albaicín* pour l'instruction des jeunes Morisques.

1563 Désarmement des Morisques valenciens.

1566 Concile provincial de Grenade réuni par l'archevêque Pedro Guerrero pour organiser l'application des décrets du Concile de Trente, renoue avec l'interdiction des usages et des pratiques morisques. Commission de Madrid siège sous l'autorité du cardinal Diego de Espinosa.

1567 Publication le 1er décembre 1567 d'un décret interdisant la plupart des manifestations de la culture morisque. Plus de 400 000 livres de science, médecine, philosophie, astronomie et littérature, écrits en langue arabe, sont brûlés à Grenade, malgré les protestations des Morisques et des avertissements du gouverneur de la ville, le marquis de Mondéjar.

1568-1570 Guerres de Grenade ou soulèvement des Morisques des Alpujarras.

1570-1571 Déportation des Morisques grenadins à travers toute l'Espagne. Début de la répression inquisitoriale du crypto-mahométisme.

1582 *Junte des Morisques* à Lisbonne où est débattue pour la première fois l'idée d'expulsion générale.

1609-1614 Expulsion générale des Morisques des couronnes de Castille et d'Aragon.

TRAITÉ SUR LES MORISQUES D'ESPAGNE

DE PEDRO DE VALENCIA

ACERCA DE LOS MORISCOS DE ESPAÑA. TRATADO DE PEDRO DE VALENCIA[1]

[f° 3r°] (1) De las fortificaciones que se han inventado y usado en todos los siglos para defensa y seguridad de las Ciudades y Republicas, ninguna es tan importante como la desconfianza, y recato con que se está siempre sobre aviso, y [f° 3v°] con prevencion contra qualesquiera acontecimientos, no teniendose por seguros de nadie, ni en ningun tiempo, para descuidarse.

1 Pour l'établissement de ce texte, nous nous sommes basé sur la copie figurant dans le manuscrit 8888. La version établie par Rafael González Cañal et Hipólito B. Riesco Álvarez (voir référence dans l'introduction et la bibliographie finale) nous a été également d'une grande utilité.

À PROPOS DES MORISQUES D'ESPAGNE. TRAITÉ DE PEDRO DE VALENCIA[1]

(1) De toutes les fortifications[2] qui ont été inventées et utilisées, aujourd'hui comme naguère, pour la défense et la sécurité des villes et des républiques, aucune n'est aussi efficace que la méfiance et la prévention avec lesquelles on est toujours sur ses gardes et prévoyant face à toute éventualité, ne faisant jamais confiance à personne et restant vigilant[3].

---

1 Comme nous l'avons signalé dans l'introduction, il existe trois copies du traité qui figurent dans deux manuscrits de la Biblioteca Nacional d'Espagne (BNE) : le manuscrit 8888 (f° 3r°-160v°) (M), le manuscrit 7845 (f° 4r°-42v°) (S1) et le manuscrit 7845 (f° 45r°-102r°) (S2).

2 Avec les progrès de l'artillerie et le perfectionnement des canons à l'époque moderne, les fortifications devinrent une nécessité pour les États européens qui durent s'adapter aux nouvelles exigences de la guerre. L'art de la fortification fait partie de l'architecture militaire, comme le soulignent les auteurs de traités sur la question. Voici en quels termes Antoine de Ville parle de l'histoire de cet art : « Tout ainsi que les remedes du corps ont esté trouvez apres la cognoissance du mal ; de mesmes l'art de la fortication a esté inventé apres avoir experimenté l'offence de l'ennemy. Au commencement un peu de closture suffisoit pour se defendre des bestes : mais la malice & la dissenssion venant à se semer parmy les hommes, il falut bastir des murailles, qui estoient pourtant simples, ainsi que leurs armes l'estoient alors. L'invention de nuire croissant, celle de se defendre s'augmenta : de façon que pour resister aux artifices de ce temps qui estoient, Balestres, Catapultes, Scorpions, Tours de bois, & autres semblables, on haussa des Tours quarrées pour flanquer, commander & combattre ceux qui s'approchoient à la faveur de ces machines. Cette sorte de fortifier a duré tout autant que celle d'attaquer a subsisté de mesmes ; iusques à ce que Bertold trouva la poudre & d'autres apres luy le Canon, la plus furieuse & epouvantable machine qui a esté iamais au monde, laquelle agissant entierement par le feu, il est necessaire qu'elle soit la plus violente de toutes, ainsi qu'il est le plus subtil de tous les Elemens : aussi rien de ce qui servoit autres fois à se defendre ne peut resister à sa furie, & ce qui estoit tenu pour fort, est facilement mis en poudre par sa violence. Le seul remede qu'on a trouvé contre cette force a esté de faire de grandes levées de terre qu'on a disposé en forme pointue avec ses flancs & faces, & à ces corps on a donné le nom de Bastion. Les premiers qui furent faits estoient beaucoup plus petits, & differents en plusieurs choses de ceux de present, qui sont plus parfaits, parce que peu à peu recognoissant les defauts des autres, on les a corrigez, & rendus à la perfection qu'ils sont maintenant ; & ceux-cy seront le sujet de nostre Discours » (Antoine de Ville, *Les fortifications du chevalier Antoine de Ville*, Lyon, Chez Irénée Barlet, 1628, p. 1).

3 À l'art de la fortification, Pedro de Valencia oppose cette disposition de l'âme qu'est la prudence, l'arme la plus efficace, à ses yeux, pour lutter contre un ennemi. À la suite d'Aristote,

Sin aqueste recato, ni las muchas fuerzas ni las riquezas ni la valentia natural de una Nacion, ni la reputacion con que se persuade que es respetada y temida de los estraños, ni los muros y fosos anchos y ondos, son de probecho, y, por fuerte y valiente que un hombre sea, y por mui armado, y pertrechado que se halle si se descuida, y se duerme, lo puede atar y matar una flaca muger. En lo que menos conviene fiar para seguridad y descuido, es en la potencia, y grandeza [fº 4rº] del Imperio. Porque al que muchos temen, y muchos ha vendido, y sugetado, muchos tambien lo asechan y aborrecen, y de suio esta seguridad, que promete la presuncion de fuerzas y armas propias, ofende e irrita a Dios, cuya condicion, y uso antiguo y propio, es humillar y rendir los grandes y levantados, y engrandecer y levantar a los humildes y pequeños.

Bien ha mostrado esto la sucesion de los Imperios, que siempre desde que los hubo, las Naciones menos poderosas, y sugetas han vencido, y despojado a las mas poderosas y fuertes, y que se hallaban superiores y con ventaja, y puestas [fº 4vº] en las cervices, y les han quitado los Reynos y Monarquias. Si esto no hubiera acontecido siempre assi, no hubiera habido mudanza en ellos.

Sans cette prévention, les nombreuses forces et richesses, le courage naturel d'une nation, la réputation avec laquelle elle est persuadée d'être respectée et redoutée par les étrangers, les murailles et fossés larges et profonds, ne sont d'aucune utilité et, aussi fort et courageux, bien armé et équipé un homme soit-il, s'il baisse la garde et s'endort, il peut être attaché et tué par une faible femme[4]. La puissance et la grandeur de l'Empire sont la dernière des choses sur lesquelles on puisse compter pour notre sécurité et notre insouciance. Car l'Empire que beaucoup craignent, et qui a vendu et soumis bien d'autres Empires, beaucoup également l'espionnent et le haïssent ; et en soi, cette assurance que confère la présomption de ses forces et de ses propres armes, offense et irrite Dieu, dont la condition, l'usage ancien et personnel, consiste à humilier et à vaincre les grands et les orgueilleux, et à grandir et à relever les humbles et les petits. La succession des Empires, depuis leur fondation, l'a bien montré ; les nations les moins puissantes et soumises ont vaincu et dépouillé les nations les plus puissantes et les plus fortes qui avaient la supériorité, l'avantage et la suprématie, et leur ont ôté leurs royaumes et leurs monarchies. S'il n'en avait pas toujours été ainsi, il n'y aurait eu aucun changement parmi eux[5].

---

saint Thomas d'Aquin traite longuement de la prudence dans sa *Somme théologique* (IIa, IIae Pars, Questions 47-52). Il s'agit d'une vertu cardinale qui regarde le bien propre, le bien de la famille et le bien commun, et peut se trouver aussi bien chez les sujets que chez les princes. Dès lors, il existe une prudence individuelle, une prudence domestique, une prudence politique et une prudence militaire. La prudence s'oppose à la précipitation, à la témérité, à l'inapplication et à l'inconstance. Les parties de la prudence qu'on peut appeler intégrante sont la mémoire, l'intellect ou intelligence, la docilité, la sagacité, la raison, la prévoyance, la circonspection et l'attention précautionneuse. Pour ce qui est des parties subjectives de la prudence, on mentionnera l'institution des lois, la politique, le gouvernement domestique et l'art militaire.

4 L'exemple le plus emblématique est celui de Judith dans l'Ancien Testament. En effet, celle-ci profite de l'imprudence et de la faiblesse du général Olopherne, commandant en chef du roi Nabuchodonosor, pour le séduire, s'introduire dans sa tente, le tuer avec l'arme de sa victime, complètement ivre, et lui couper la tête : « Puis, s'étant avancée vers la barre du lit qui était contre la tête d'Olopherne, elle en retira le cimeterre de celui-ci ; et s'étant approchée du lit, elle saisait la chevelure de sa tête et elle dit : "Fortifie-moi, Seigneur, Dieu d'Israël, en ce jour !". Alors elle le frappa au cou deux fois de toute sa force et elle lui coupa la tête. Puis elle fit rouler le corps de la couche et elle enleva la moustiquaire des colonnes ; peu après elle sortit, elle remit à sa servante la tête d'Olopherne, et celle-ci la jeta dans son sac à provisions » (Judith, XIII, 6-10). Un épisode similaire est celui de Samson et Dalila, qui parvient à couper les sept tresses du fils de Manoach, secret de sa force herculéenne, et le livrer à ses ennemis, les Philistins (Juges, XVI, 4-31).

5 La mort des Empires et des civilisations est un topique classique que l'on trouve chez des auteurs comme Polybe, Tite-Live et Suétone qui dissertent sur les causes de la ruine de

Y el primero que hubo en el mundo, el Imperio de Nemrod y el de los Assirios, perseverara hoy. En tanta manera es necesario este recato, y prevencion, que ni aun la profesion de la Religion verdadera, y la confianza de el Divino favor, y amparo prometido a los Reynos y Republicas, que proceden [conforme] a la voluntad y ley de Dios, se ha de usurpar para seguridad descuidada, ni para dexar de hacer en cada cosa, y negocio, lo combeniente en regla de prudencia moral, y [fº 5rº] politica, para que suceda bien. Con su exemplo, y hecho, nos mostro bien aquello el sabio Rey Salomón, pues teniendo promesa Divina de seguridad y paz por sus dias, vivio siempre prevenido para guerra mas que otro ninguno Rey de Israel, antes ni despues.

Et le premier Empire du monde, l'Empire de Nemrod et des Assyriens, existerait encore aujourd'hui. Cette prévoyance et cette prévention sont d'autant plus nécessaires, que même la profession de la vraie religion et la confiance dans la faveur et la protection divine, accordée aux royaumes et aux républiques qui agissent selon la volonté et la loi de Dieu, ne doit pas être usurpée pour une sécurité insouciante ou pour ne pas manquer de faire en toute chose, ce qui est convenable en matière de prudence morale et politique, pour en garantir la réussite. Par son exemple et son action, le sage roi Salomon nous l'a bien montré, car ayant reçu de Dieu, pendant sa vie, la promesse de la sécurité et de la paix, il vécut toujours dans la crainte de la guerre, plus que tout autre roi d'Israël, avant et après lui[6].

---

l'Empire romain, et qui est repris à l'époque moderne par les théoriciens de la raison d'État, comme Nicolas Machiavel, Jean Bodin ou Giovanni Botero. N'oublions pas que *Le Prince* de Machiavel est traduit en Espagne en 1552 par Juan Lorenzo Ottevanti à Medina del Campo, et que *Les six livres de la République* (1576) de Bodin font, à leur tour, l'objet d'une traduction en castillan en 1590 par Gaspar de Añastro. Chez Machiavel, qui constate qu'il ne reste plus rien dans la Florence de son époque de l'ancienne puissance étrusque, la destruction des Empires n'obéit pas à des causes naturelles, mais à des mobiles d'ordre essentiellement humain. La décadence des Empires s'inscrit également dans le cadre d'une réflexion eschatologique sur les quatre royaumes prophétisés par Daniel. Elle met parfaitement en lumière le processus de dégénérescence qui s'établit d'une civilisation à l'autre – chacune étant inférieure à la précédente –, ainsi que la vanité et la caducité des Empires terrestres. Dans le deuxième livre de Daniel, le prophète rapporte le songe de Nabuchodonosor lors de la deuxième année de son règne. Dans sa vision, il voit une statue « dont la tête était d'or fin, la poitrine et les bras, d'argent ; les reins et les cuisses de bronze ; les jambes, de fer ; les pieds en partie de fer et en partie d'argile » (Daniel, II, 32-33). Daniel, dont la sagesse provient de Dieu, explique au roi que l'or désigne Nabuchodonosor et l'Empire babylonien ; l'argent, Darius et l'Empire des Mèdes ; le bronze, l'Empire des Perses, dont l'étendue a dépassé les limites des Empires connus jusqu'alors dans l'ancien Orient ; et le fer, l'Empire grec qui commencera sa domination avec le règne d'Alexandre le Grand, avant d'être divisé en plusieurs royaumes. Il est clairement explicité que l'Empire chaldéen, fondé par Nemrod (Genèse, X, 8-10), fils de Coush et petit-fils de Noé, cèdera la place aux Empires des Mèdes, des Perses et des Grecs : « Après toi [Nabuchodonosor] s'élèvera un autre royaume, inférieur au tien ; puis encore un troisième royaume, qui sera de bronze et dominera sur toute la terre. Un quatrième royaume sera dur comme le fer, semblable au fer qui pulvérise et broie tout ; et comme le fer qui a écrasé, il les pulvérisera et les écrasera tous » (Daniel, II, 32-44). Face au « système grec », défendu dans l'Antiquité par saint Éphrem et par Cosmas Indicopleustès, d'autres commentateurs, comme saint Jérôme ou saint Augustin, ont adopté le « système romain » et vu dans les quatre royaumes la succession suivante : Babyloniens, Perses et Mèdes, Grecs et Romains (Saint Augustin, *De la cité de Dieu : contenant le commencement et progrez d'icelle Cité, avec une Defense de la Religion Chrestienne...*, par Gentian Hervet, chanoine de Rheims, Paris, Chez Nicolas Chesneau, Chap. XXIII, p. 278).

6 L'homme prudent est celui qui voit loin, aux dires de saint Isidore, qui est doué de la faculté de délibérer correctement et de savoir ce qui est bon pour lui de façon particulière et bon

Entendiendo prudentemente, que le tocaba tambien a el hacer lo combeniente por su parte, para que la merced y promesa de Dios se certificase.

(2) Esta desconfianza para vivir con prevención, y estar sobre aviso en las cosas de guerra, debe tener la Monarquia de España en estos tiempos mas que ningun otro Reyno [fº 5vº] o Imperio de los que ahora son, o han sido en el mundo, porque la profesion unica de Potentado Catholico, y el esfuerzo, y valentia con que ha hollado a otras Naciones de Europa, y aventaxadoseles con arrogancia y jactancia, y las riquezas de oro y plata, y señorio de la Navegacion y Comercio de el Mundo, la hacen odiosa, y embidiada, y asechada de todos los Principes y Potentados de la tierra, cercanos, y lexanos, fieles, y infieles. De manera que se halla como una Isla en medio de la Mar de las Naciones, combatida por todas partes de el furor, y impetu de sus [fº 6rº] olas, como lo dice el Santo Profeta Isaias de la antigua Gerusalen.

Comprenant, avec prudence, qu'il lui incombait également de faire de son côté ce qui était convenable, pour que la grâce et la promesse de Dieu pussent se réaliser.

(2) Par les temps qui courent, la monarchie d'Espagne doit faire preuve de cette méfiance, vivre avec prévention et être sur le qui-vive en cas de guerre, plus qu'aucun autre royaume ou Empire qui existe actuellement ou a existé dans le monde. En effet, la profession unique de potentat catholique, l'acharnement et le courage avec lesquels il a piétiné les autres nations d'Europe, et les a dépassées avec arrogance et vantardise, ainsi que les richesses d'or et d'argent, l'hégémonie maritime et la maîtrise du commerce mondial, rendent l'Espagne odieuse, enviée et convoitée par tous les princes et potentats de la terre, proches et lointains, fidèles et infidèles. De telle sorte qu'elle se trouve comme une île au beau milieu de la mer des nations, battue de toutes parts par la fureur et la violence des vagues, comme le dit le prophète Isaïe à propos de l'ancienne Jérusalem[7].

pour l'homme de façon générale. Pour Pedro de Valencia, l'homme prudent par antonomase est le roi Salomon, qui surpassait en sagesse tous les fils de l'Orient et toute la sagesse des Égyptiens : « À Gabaon, Iahvé apparut à Salomon dans un songe de nuit et Dieu lui dit : "Demande ce que je dois te donner". Et Salomon dit : [...] "Donne à ton serviteur un cœur qui comprenne, pour juger ton peuple, en discernant entre le bien et le mal, car qui peut juger ton peuple qui est si considérable ?". Cette parole plut aux yeux d'Adonaï parce que Salomon avait demandé cette chose. Dieu lui dit : « Puisque tu as demandé cette chose, que tu n'as pas demandé pour toi de longs jours, que tu n'as pas demandé pour toi la richesse, que tu n'as pas demandé la vie de tes ennemis, mais puisque tu as demandé pour toi de discerner pour comprendre la jurisprudence, voici que j'agis suivant ta parole, voici que je te donne un cœur sage et intelligent, en sorte qu'il n'y aura eu avant toi de pareil à toi et qu'il n'existera après toi pas de pareil à toi » (I Rois, III, 5-14). Pour Aristote, l'homme prudent était Périclès, qualifié par Thucydide de « premier citoyen de sa patrie ».

7 Pour exprimer que l'Espagne est entourée, de toutes parts, par des nations chrétiennes et infidèles ennemies, qui jalousent son hégémonie religieuse, politique et économique, Pedro de Valencia a recours à une métaphore maritime : celle de l'île menacée par les vagues de l'océan, que l'on trouve chez Platon (Platon, *Œuvres complètes*, Trad. de Victor Cousin, Paris, Pichon et Didier, 1831, Tome 7, *Les Lois*, Livre VI, p. 320). Il compare également l'Espagne du temps de Philippe III à la Jérusalem assiégée, dont le temple fut détruit une première fois par Nabuchodonosor en 587 av. J.-C., et une deuxième fois par l'empereur romain Titus en l'an 70. Jérusalem était en proie à la colère divine et aux attaques de toutes les nations, comme le rappelle le prophète Isaïe : « Tu seras visitée par Iahvé des armées avec tonnerre, tremblement de terre, grand vacarme, ouragan, tempête et la flamme d'un feu qui dévore. Comme un rêve, une vision de la nuit, ainsi sera la multitude de toutes les nations qui guerroient contre Ariel, ainsi seront les armées qui sont chez elle, le retranchement contre elle, et ceux qui la serraient de près » (Isaïe, XXIX, 6-7).

(3) Universal debe ser este recato y guarda para con todos, sin cobardia, empero, ni perturbacion, mas no igual sino maior para contra los mas enemigos, y mas poderosos, y para los que disimulan la embidia y aguardan tiempo para acometernos en nuestras flaquezas y aprietos con menos riesgo suio. Odioso, y mayor asunto que para mi seria intentar a decir en particular los principados que nos asechan, y que fuerzas y oportunidad tienen para poder hacer daño al Reyno, y que tal prevención les seria [f° 6v°] combeniente para defenderse de cada uno. Diré haora lo perteneciente a la materia presente.

(4) Los derechamente enemigos declarados, y manifiestos de toda la Christiana Iglesia, y como fatales contrarios, en quanto a encuentro, y guerra exterior, son los Moros; digo, todos los que profesan y tienen por religion la secta de Mahoma, que son de la familia, y casa de Ismael, o se refieren a ella: porque los Christianos todos somos y nos llamamos hijos de Abrahan, por la via de Isac, como hijos de promision nacidos sobrenaturalmente [f° 7r°] por la fee; y como Ismael, que nacio segun la carne, perseguia a su hermano Isac, que nacio segun el espiritu, asi la descendencia y casa de aquel aborrece y persigue con fiereza barbara a la casa y familia de estotro, que es la de Dios en la Tierra. Asi lo dixo el Angel a Agar, antes que pariese, [que] Ismael, y a su exemplo todos sus descendientes y allegados, havia de ser: *ferus homo: manus eius contra omnes, et manus ómnium contra eum: et e regione universorum fratrum suorum figet tabernacula.* A la letra dice: *Hic erit onager homo.* Este hombre serà una zebra, sus manos seràn contra todos, y las [f° 7v°] de todos seràn contra èl enfrente, y contra todos sus hermanos asentarà sus tiendas.

(3) Sans [sombrer] pour autant dans la crainte et la confusion, cette prévention et cette défiance envers tout le monde, doivent être universelles mais non égales, et plus fortes encore envers les ennemis les plus puissants, et envers ceux qui cachent leur jalousie et attendent le meilleur moment pour nous attaquer, [profitant de] nos faiblesses et de nos ennuis, sans se mettre en danger. Il serait odieux, et cela excèderait mes capacités, de vouloir indiquer par le menu, les territoires qui nous espionnent, quelles forces et quelles chances ils ont de pouvoir nuire au royaume, et quelle prévention serait souhaitable pour se défendre de chacun d'entre eux. Je vais parler maintenant de ce qui a trait à la matière présente.

(4) Les Maures sont les ennemis jurés et manifestes de toute l'Église chrétienne, en tant qu'adversaires funestes, en matière de conflits et de guerres extérieures. Par Maures, j'entends tous ceux qui professent et ont pour religion la secte de Mahomet[8], appartiennent à la famille et à la maison d'Ismaël, ou y sont apparentés. Car nous autres chrétiens, sommes tous fils d'Abraham, par la branche d'Isaac, et portons son nom, en tant que fils de la promesse nés surnaturellement par la foi. Et comme Ismaël, né selon la chair, persécutait son frère Isaac, né selon l'esprit, ainsi la descendance et la maison d'Ismaël haïssent et persécutent avec une barbare sauvagerie la maison et la famille d'Isaac, qui est celle de Dieu sur terre. C'est ce que dit l'Ange à Hagar, avant qu'elle n'accouchât : qu'Ismaël et, suivant son exemple, tous ses descendants et proches, seraient *ferus homo : manus eius contra omnes, et manus omnium contra eum : et e regione universorum fratrum suorum figet tabernacula.* Mot à mot, cela signifie : *Hic erit onager homo.* « Cet homme sera un zèbre, il frappera tous les hommes de ses mains, et les mains de tous les hommes le frapperont en retour, et il dressera ses tentes contre tous ses frères[9] ».

8 Pour Pedro de Valencia, comme pour les inquisiteurs de son temps, l'islam n'est pas vraiment une religion, mais une secte, au même titre que la « secte de Luther ». Seuls le judaïsme et le christianisme méritent le titre de loi : loi de Moïse pour le premier, loi du Christ pour le second.

9 La prophétie de l'Ange à Hagar annonce qu'Ismaël livrera une guerre sans merci contre tous ses ennemis, semi-nomades et sédentaires. Pedro de Valencia explique que par rapport à Isaac, le fils légitime d'Abram et de Saraï, Ismaël doit être considéré comme le fils bâtard, car il est le fruit de l'union entre Abram et sa servante Hagar. Isaac et ses descendants sont fils de Dieu, nés surnaturellement par l'Esprit, tandis qu'Ismaël et ses descendants sont fils de l'homme et vivent au niveau de la chair. « L'Ange de Iahvé

(5) Este oráculo se ve cumplido a la letra, mas notablemente despues que los Ismaelitas, siguiendo a Mahoma, se hicieron caudillos y defensores de la falsa Religion; el intento, y fin de la qual fuè y ès hacer guerra para pervertir por fuerza de armas a todos los que profesan otra Religion, principalmente la verdadera, para que la nieguen y se pasen a aquel su herror. En muchas partes del Alcoràn denuncia Mahoma enemistad y guerra perpetua à todos los que no creyeren, y admitie [fº 8rº] ren su ley, y manda a los suyos, que apremien y fuercen con las armas à los incredulos, para que la recivan y crean.

(5) Cette prophétie s'est réalisée au pied de la lettre, notamment après que les Ismaélites, à la suite de Mahomet, devinrent des chefs militaires et les défenseurs de la fausse religion, dont l'intention et le but furent et sont de faire la guerre, pour pervertir par la force des armes, tous ceux qui professent une autre religion, principalement la vraie religion, pour qu'ils la renient et souscrivent à leur erreur[10]. Dans de nombreux passages du Coran, Mahomet déclare son hostilité et la guerre éternelle à tous ceux qui ne croiront pas et n'adhèreront pas à sa loi, et il ordonne à ses fidèles de contraindre et de forcer les incroyants par les armes, afin qu'ils la reçoivent et croient en elle[11].

---

lui dit : "Je multiplierai ta race au point qu'on ne pourra la dénombrer, tant elle sera nombreuse". L'Ange de Iahvé lui dit : "Voici que tu es enceinte et tu enfanteras un fils. Tu l'appelleras du nom d'Ismaël, car Iahvé a entendu ton humiliation. Quant à lui il sera un maître onagre. Sa main sera contre tous et la main de tous sera contre lui. Il demeurera face à tous se frères" [...] Hagar enfanta un fils à Abram et Abram appela son fils, celui qu'avait enfanté Hagar, Ismaël. Abram était âgé de quatre-vingt-six ans, lorsque Hagar enfanta Ismaël à Abram » (Genèse, XVI, 10-16). Selon notre humaniste, les Ismaélites, au rang desquels figurent les fils d'Ismaël, Nabayoth, Quédar, Abdeël, Mibsam, Mishma, Doumah, Massa, Khadad, Teima, Yetour, Naphish et Quedmah, sont les ancêtres directes des Maures (Genèse, XXV, 12-15).

10 En tant que nomades vivant « dans la région de Hawilah jusqu'à Shour qui est en face de l'Égypte en direction d'Ashour » (Genèse, XXV, 18), les Ismaélites seront en conflit permanent avec les tribus semi-nomades et les sédentaires. L'onagre, auquel est assimilé Ismaël, fait allusion au mode de vie indépendant du Bédouin et à la barbarie (Daniel, V, 21). Claude Élien, historien, zoologiste et orateur romain de langue grecque, insiste sur la force, la rapidité et la sauvagerie de cet animal, assimilé à l'âne indien : « Tout leur corps est blanc, sauf leur tête, qui se rapproche du pourpre, et leurs yeux, qui diffusent une couleur bleu foncé. Ils ont sur le front une corne qui atteint bien une coudée et demie de long : la base de la corne est blanche, la pointe rouge vif, et la partie médiane d'un noir profond [...] d'après Ctésias, les ânes indiens qui possèdent une corne [...] sont plus rapides que les ânes, et même plus rapides que les chevaux et les cerfs [...]. Voici jusqu'où va la force de ces animaux : rien ne peut résister à leurs coups et tout cède et, le cas échéant, est complètement broyé et mutilé. Il leur arrive même fréquemment de déchirer les flancs de chevaux, en se ruant sur eux, et de leur faire sortir les entrailles [...]. Il est pratiquement impossible de capturer un adulte vivant, et on les abat avec des lances et des flèches [...] » (Claude Élien, *La personnalité des animaux*, Trad. par Arnaud Zucker, Paris, Les Belles Lettres, 2001, Livre IV, chapitre 52, p. 107). Le fait que la corne soit « bariolée » est toujours un signe négatif dans l'imaginaire des auteurs antiques de bestiaires.

11 Aux yeux de Pedro de Valencia, cette prophétie de l'Ange à Hagar trouve son illustration dans le concept de guerre sainte (*djihad*) qui figure dans plusieurs passages du Coran (Alfred Morabia, *Le Gihad dans l'islam médiéval*, Paris, Albin Michel, 1993 ; Jean Flori, *Guerre sainte, jihad croisade : violence et religion dans le christianisme et l'islam*, Paris, Point, 2002). En effet, la littérature coranique divise la terre et l'humanité en deux zones : la Maison de l'islam (*Dar al-Islam*), domaine de la soumission à Dieu où s'applique la loi de la *charia* et où vivent les musulmans, et le « domaine de la guerre » (*Dar al-Harb*) où résident les non-musulmans. Le

Diceles, que es muy pequeña, y corta la tierra, y que asi no deben consentir que un palmo de ella sea posehido de otros, que de los que conocen y reverencian a Dios conforme a su doctrina. Pone toda la perfeccion de la Piedad y Religion y guarda de su ley en hacer guerra y pelear contra las Naciones y Pueblos que no la creen. Las leyes de guerra que establece contra los Infieles, y no de su secta, son cruelissimas. Sigue tambien aquel horror de los fariseos: *Diliges proximum tuum*, [f° 8v°] *et odio habebis inimicum tuum*, que llamaban proximos, y decian se les devia amor, y caridad solamente a los que profesaban su Religion, pero que los Gentiles y Samaritanos no eran próximos, y se les debia aborrecimiento y todo mal trato.

Il leur explique que la terre est minuscule et peu étendue et que, par conséquent, ils ne doivent pas en céder un pouce à d'autres que ceux qui connaissent et révèrent Dieu selon sa doctrine. Il emploie toute la perfection de sa piété et de sa religion, ainsi que l'observance de sa loi, à faire la guerre et à lutter contre les nations et les peuples qui n'y croient pas. Les lois de la guerre qu'il établit contre les infidèles et ceux qui n'appartiennent pas à sa secte, sont extrêmement cruelles. Il adhère aussi à cette abomination des Pharisiens : *Diliges proximum tuum, et odio habebis inicum tuum*, qui appelaient prochains uniquement ceux qui professaient leur religion, et prônaient amour et charité à leur égard, mais qui expliquaient que les Gentils et les Samaritains n'étaient pas des prochains, et qu'on devait les haïr et les maltraiter au plus haut point[12].

---

djihad devient obligatoire, dès lors que *Dar al-Harb* envahit *Dar al-Islam*, que les deux lignes commencent à se rapprocher, qu'un *alfaqui* exhorte une personne ou un pays à combattre, ou que des non-musulmans capturent et emprisonnent un groupe de musulmans. Dans tous les cas, ceux-ci doivent contraindre les infidèles à se convertir à l'islam. Des peines très sévères sont prévues à l'égard des incrédules. Ainsi de la sourate IV, 101-102 : « Et quand vous parcourez la terre, ce n'est pas un péché pour vous de raccourcir la Salat, si vous craignez que les mécréants ne vous mettent à l'épreuve, car les mécréants demeurent pour vous un ennemi déclaré. Et lorsque tu [Muhammad] te trouves parmi eux, et que tu diriges dans la Salat, qu'un groupe d'entre eux se mette debout en ta compagnie, en gardant leurs armes. Puis lorsqu'ils ont terminé la prosternation, qu'ils passent derrière vous et que vienne l'autre groupe, ceux qui n'ont pas encore célébré la Salat avec toi, prenant leurs précautions et leurs armes. Les mécréants aimeraient vous voir négliger vos armes et vos bagages, afin de tomber sur vous en une seule masse. Vous ne commettez aucun péché si, incommodés par la pluie ou malades, vous déposez vos armes ; cependant prenez garde. Certes, Allah a préparé pour les mécréants un châtiment avilissant », ou de la sourate XLVII, 4-6 : « Lorsque vous rencontrez au combat ceux qui ont mécru frappez-en les cous. Puis, quand vous les avez dominés, enchaînez-les solidement. Ensuite, c'est soit la libération gratuite, soit la rançon, jusqu'à ce que la guerre dépose ses fardeaux. Il en est ainsi, car si Allah voulait, Il se vengerait Lui-même contre eux, mais c'est pour vous éprouver les uns par les autres. Et ceux qui seront tués dans le chemin d'Allah, Il ne rendra jamais vaine leurs actions. Il les guidera et améliorera leur condition, et les fera entrer au Paradis qu'Il leur aura fait connaître ».

12 Dans leur mépris des chrétiens, les Ismaélites ressemblent étrangement aux Pharisiens qui recommandent l'amour du prochain et la haine des Gentils et des Samaritains, attitude que Jésus ne manque pas de fustiger très fermement en préconisant l'amour envers nos propres ennemis : « Vous avez entendu qu'on a dit : "Tu aimeras ton proche et détestera ton ennemi". Et moi je vous dis : "Aimez vos ennemis, priez pour ceux qui vous poursuivent" ; alors vous serez fils de votre père qui est aux cieux, car il fait lever son soleil sur les mauvais et sur les bons et pleuvoir sur les justes et les injustes. Car si vous aimez ceux qui vous aiment, quel salaire aurez-vous ? Les percepteurs mêmes n'en font-ils pas autant ? Vous donc vous serez parfaits comme votre père céleste est parfait » (Matthieu, V, 43-48). Les Samaritains sont cités à deux reprises dans le Coran (Sourate XX, 85-87 ; Sourate LXXXVII, 90, 95-96).

Assi Mahoma manda à los suyos que se amen, y hagan bien unos a otros entre sì, pero que aborrezcan y maltraten à todos los que no fueren de su secta, y, para que los suyos no pudiesen sèr semejantemente compelidos con violencia, y temor a dexar su ley, inventò una maquina Diabolica, y ès que les concede a los Moros [f° 9r°] que si les hicieren fuerza y corrieren riesgo por la profesion de su ley, la nieguen libremente, y coman puerco y las demàs cosas vedadas y hagan qualesquiera muestras de negacion exteriores, sin que por esto incurran en infidelidad ni culpa alguna.

Aussi Mahomet ordonne-t-il à ses fidèles de s'aimer et de se venir en aide mutuellement, mais de haïr et maltraiter tous ceux qui n'appartiendront pas à sa secte. Pour que ses fidèles ne fussent pas, à leur tour, contraints par la violence et la peur à abandonner sa loi, il inventa un artifice diabolique qui consiste à accorder aux Maures, s'ils subissent une pression et courent un danger parce qu'ils observent leur loi, de pouvoir librement la renier, manger du porc et d'autres aliments interdits, et faire toutes les manifestations extérieures de reniement, sans pour autant basculer dans l'infidélité ou le péché[13].

13 Bien qu'ayant reçu le baptême, une majorité de Morisques continuait à pratiquer en secret les préceptes de la loi de Mahomet. La *taqiyya* était vue comme une « machine diabolique » inventée par le prophète lui-même. Elle consistait à renier extérieurement l'islam tout en lui restant fidèle en son for intérieur, pour échapper à un contexte coercitif dans lequel la pratique islamique risquait de mettre en danger les personnes et les biens. Chez certains Morisques, toutefois, la dissimulation n'était pas seulement une stratégie de défense face à un environnement hostile. Elle pouvait être également revendiquée avec fierté comme une forme d'identité culturelle et religieuse. Mercedes García Arenal souligne que la *taqiyya* peut faire partie de ces identités choisies (*identidades escogidas*) qu'une communauté décide d'adopter librement (Mercedes García Arenal, « Introducción. *Taqiyya* : disimulo legal », *Al-Qantara*, XXIX, 2, 2013, p. 345-355). Souvent teintée d'espérances messianiques, la résistance des Morisques s'apparentait parfois à des tentatives iréniques de concilier islam et révélation chrétienne, comme l'illustrent l'épisode du parchemin de la tour Turpiana et les *Libros plúmbeos* de la grotte de Valparaíso de Grenade. Comme l'explique Pedro de Valencia, cette dissimulation religieuse était parfaitement prévue dans deux sourates du Coran : « Que les croyants ne prennent pas, pour alliés, des infidèles au lieu de croyants ! Quiconque le fait contredit la religion d'Allah, à moins que vous ne cherchiez à vous protéger d'eux. Allah vous met en garde à l'égard de Lui-même. Et c'est Allah le retour. Dis : "Que vous cachiez ce qui est dans vos poitrines ou bien vous le divulguiez, Allah le sait. Il connaît tout ce qui est dans les cieux et sur la terre. Et Allah est Omnipotent" » (III, 28) ; « Quiconque a renié Allah après avoir cru...– sauf celui qui y a été contraint alors que son cœur demeure plein de la sérénité de la foi – mais ceux qui ouvrent délibérément leur cœur à la mécréance, ceux-là ont sur eux une colère d'Allah et ils ont un châtiment terrible. Il en est ainsi, parce qu'ils ont aimé la vie présente plus que l'au-delà. Et Allah, vraiment, ne guide pas les gens mécréants » (XVI, 106). Une *fatwa* d'Al-Maghrawi rédigée en 1504 à Fès légalisait la pratique de la *taqiyya* ; il n'est pas étonnant de voir que des copies de la version *aljamiada* de ce texte circulaient encore au milieu du XVIe siècle et à la veille de l'expulsion : « Le fait que des copies de la version *aljamiada* du texte d'Al-Maghrawi aient été effectuées en 1563, et encore en 1609 à la veille de l'expulsion, tendrait à montrer que ce texte est resté important pour les Morisques tout au long du XVIe siècle, et qu'il circulait au sein de la communauté. L'importance de ce texte réside dans le fait qu'il légalise en quelque sorte pour les Morisques l'attitude consistant à dissimuler leur vraie foi, en l'occurrence l'islam, et à montrer les signes extérieurs d'une adhésion au christianisme » (Abdelkhalek Cheddadi, « Emigrer ou rester ? Le dilemme des Morisques entre les *fatwas* et les contraintes du vécu », *Cahiers de la Méditerranée*, 79, 2009, p. 31-50, [p. 44]).

(6) Conforme, pues, a aquel oraculo del Angel se ven oy todos los hijos de la Iglesia y quantos profesan el nombre Christiano en Europa cercados por todas partes de Tabernaculos, y habitacion enemiga de Ismaelitas, inflamados con odio belicoso, y capital, que ellos tienen por obligatorio, y religioso, engañados con la [fº 9vº] seducción de su falso Profeta, y mas derechamente estan opuestos con la habitacion, y con la persuasion y con animo de guerra a las Tierras y Señorios del Rey Catholico, desde el Reyno de Napoles, y Sicilia, y las demas Islas que son de S. M. en el Mediterraneo, y plazas que tiene en Africa hasta la costa de España. Tienen esta mayor oposicion y odio contra el Rey de España, como contra mayor, y universal caudillo en lo temporal de el pueblo catholico, y de quien verosimilmente pueden temer, y estan persuadidos que les tiene usurpada a España [fº 10rº] que fue de Moros, y diz que les pertenece, como conquista propia y legitima, y estàn sentidos, y quexosos de tantas, y tan grandes victorias como contra ellos ha tenido España desde el rey Don Pelayo hasta oy casi todos los años.

(6) Donc, d'après cette prophétie de l'Ange, tous les fils de l'Église et tous ceux qui se réclament du nom de chrétien en Europe, se voient aujourd'hui encerclés, de toutes parts, par les tabernacles et les demeures ennemies des Ismaélites mus par une haine belliqueuse et viscérale qu'ils considèrent comme une obligation religieuse, et trompés par les charmes de leur faux prophète. En raison de leur emplacement, de leurs convictions et de leur esprit guerrier, ils sont plus particulièrement en conflit avec les terres et les possessions du Roi Catholique [qui s'étendent] des royaumes de Naples et de Sicile à la côte espagnole, en passant par les autres îles qui appartiennent à Sa Majesté en Méditerranée et les places fortes qu'il possède en Afrique[14]. Ils se montrent extrêmement hostiles envers le roi d'Espagne et lui vouent une haine féroce, car il est le chef le plus puissant et le plus universel en matière temporelle du peuple catholique dont ils peuvent se méfier à juste titre. Ils sont persuadés qu'il a usurpé l'Espagne, qui avait appartenu aux Maures ; et ils disent qu'elle leur appartient, en tant que conquête propre et légitime, et ils se sentent offensés et déplorent les si nombreuses victoires que l'Espagne a remportées contre eux, depuis [l'époque du] roi don Pélage jusqu'à ce jour, presque chaque année[15].

---

14 En Italie, l'Empire espagnol dispose d'un ensemble très dense mais discontinu. Au nord, se trouvent le duché de Milan (1535), les présides de Toscane (Orbetello, Talamone, Porto Ercole, Montefilippo, Monte Argentario, Porto San Stefano) (1557) et l'île d'Elbe (1548) ; au sud, les royaumes de Naples, de Sicile et de Sardaigne. Les deux ensembles sont séparés par les États du Saint-Siège et la république de Florence devenue grand-duché de Toscane en 1569. Héritage de la Reconquête et de la politique expansionniste menée par les Rois Catholiques, l'Empire espagnol possède aussi des territoires en Afrique du Nord. Parmi les principaux, citons la ville marocaine de Melilla (1497), les villes algériennes de Mers-el Kébir (1505), d'Oran (1509), de Bougie (1510) et de La Goulette gagnée en 1535 et reprise par les Turcs en 1574. L'union dynastique de la couronne de Castille et de la couronne du Portugal en 1580, vient rajouter les villes de Ceuta et de Mazagan. Dans les années médianes du XVIe siècle, un chapelet continu de présides allant du détroit de Gibraltar à la Toscane, constitue un système d'occupation restreinte qui vise à prévenir le péril musulman et à combattre les incursions des corsaires barbaresques en Méditerranée (Fernand Braudel, *Autour de la Méditerranée*, Paris, De Fallois, 1996, p. 31-120).

15 À la suite de nombre de ses contemporains, Pedro de Valencia reprend le thème apocalyptique de la destruction de l'Espagne et de l'invasion des Morisques qui rêvaient de reconquérir les territoires d'Al-Andalus soumis par leurs ancêtres au VIIIe siècle. Les nouveaux-chrétiens voulaient se venger des victoires chrétiennes passées lors de la Reconquête et de la récente victoire de Lépante en 1571, et accaparer une terre qu'ils considéraient comme la leur. Il s'agissait là d'une véritable psychose collective, comme ne manque pas de le rappeler Alain Milhou dans l'un de ses articles : « Tout au long du XVIe siècle, jusqu'à Lépante, les Espagnols vécurent dans la terreur d'une cinquième colonne : les Morisques. Prêts à s'allier aux corsaires algériens quand ils faisaient des incursions sur les côtes méditerranéennes, ces

Particularmente les duele y tienen en la memoria la Naval de Lepanto, y aun ès de entender que tienen mayor rencor y enquentro con el Reyno de Portugal, que se les opone y resiste a sus armas y a su Secta por toda la costa de Africa, desde el estrecho de Gibraltar, y las Islas del Oceano meridional, y oriental, hasta en Arabia, Etiopia, Persia [f° 10v°] la India, la China, el Japon, predicando, y propagando la Religion Christiana, y estorvando el progresso de la Secta de Mahoma, que es lo que los Moros mas sienten, y entienden que les corre forzosa obligacion en conciencia de defenderlo con las armas hasta morir, y en la misma manera y, aun mas gravemente, sienten los Moros, que un grande numero de los suyos estèn en España (a su parecer) oprimidos y tiranizados en servidumbre, con deshonor y desprecio, ultrajados y forzados con violencia a dexar la ley de Mahoma [f° 11r°] y, en razon de esto presos y privados de las haciendas y de las vidas, azotados y quemados, como cada día lo saben por relacion de los mismos Moriscos de España, de la comunidad de ellos, que les avisaràn desde acà y de algunos que se pasan à Berberia, y a otras provincias de Moros y Turcos,

Ils ont bien du mal, en particulier, à se remettre de la bataille navale de Lépante et ne parviennent pas à l'effacer de leur mémoire ; et il y a tout lieu de croire qu'ils éprouvent encore plus de rancœur et d'animosité envers le royaume du Portugal qui s'oppose à eux, résiste à leurs armes et à leur secte tout au long de la côte africaine et depuis le détroit de Gibraltar et les îles de l'Océan austral et oriental, jusqu'à l'Arabie, l'Éthiopie, la Perse, l'Inde, la Chine, le Japon, en prêchant et en propageant la religion chrétienne et en freinant le progrès de la secte de Mahomet, ce qui affecte le plus les Maures, et ils comprennent qu'ils ont l'impérieuse nécessité de la défendre par les armes jusqu'à la mort[16]. De même, et plus gravement encore, les Maures déplorent qu'un grand nombre de leurs coreligionnaires vivent en Espagne (d'après eux), dans l'oppression, dans la tyrannie, dans la servitude, dans le déshonneur et le mépris, outragés et contraints par la violence à abandonner la loi de Mahomet et, ce faisant, en état de captivité, privés de leurs biens et de leur vie, condamnés au fouet et au bûcher, comme ils l'apprennent chaque jour à travers les récits des Morisques espagnols en personne, des membres de leur communauté qui doivent les informer depuis l'Espagne et de certains d'entre eux qui passent en Berbérie et dans d'autres provinces habitées par les Maures et les Turcs[17].

Maures mal convertis représentaient vers 1530 plus de la moitié de la population du royaume de Grenade et un tiers de celle du royaume de Valence. Jusqu'à l'expulsion des Morisques décidée en 1609, apparaît dans quantité de prophéties la crainte d'une nouvelle destruction de l'Espagne, c'est-à-dire une répétition de l'invasion musulmane du VIIIe siècle. Il faut dire qu'au prophétisme chrétien, expression de la peur de l'autre, répondaient les *jofores* morisques, c'est-à-dire les prophéties musulmanes, souvent contaminées par l'eschatologie chrétienne » (Alain Milhou : « 1492-1598 : un climat favorable au messianisme ibérique », in : Jean Franco et Francis Utéza, *Millénarismes et messianismes dans le monde ibérique et latino-américain*, Montpellier, ETILAL, 2000, p. 17-18). La prise d'Oran en 1509 par le cardinal Cisneros, l'expédition d'Alger de 1540 et la bataille de Lépante, ne firent que réactiver les espérances messianiques dans toute l'Espagne chrétienne, et Philippe II put se prendre à rêver d'incarner le pasteur de la tradition joachimite qui détruirait l'islam et réformerait toute la chrétienté.

16 Avec l'incorporation du royaume du Portugal à la couronne espagnole en 1580, l'Empire espagnol atteignit une dimension véritablement planétaire qui allait du Brésil au Japon, en passant par l'Afrique, l'Inde et la Chine. Si les jésuites portugais mirent tous leurs efforts en Asie à éradiquer les religions autochtones – hindouisme, jaïnisme, confucianisme, bouddhisme, etc. –, ils s'attaquèrent également à l'islam. Un des exemples les plus connus est la mission d'évangélisation de Moghol entreprise en Inde du Nord auprès des empereurs Akbar en 1591 et en 1595-1605, Jahangir (1605-1627) et Shah Jahan (1627-1658).

17 L'Espagne avait non seulement mauvaise presse dans les milieux protestants et marranes, mais aussi parmi les nations infidèles – Empire ottoman et régences barbaresques d'Afrique du Nord – qui voyaient dans l'Inquisition l'occasion rêvée de critiquer la barbarie espagnole et de trouver des mobiles objectifs de *casus belli*. En effet, dès que les tribunaux

que es de entender que se lamentaran de esta opresion y la representaran lastimosamente, invocando el auxilio de los potentados de su Secta y haciendoles grave cargo por la omision de esta venganza, y prometiendoles grandes favores, y premios de parte de Dios [f° 11v°] y de el Profeta en cielo y en tierra si emprenden aquesta empresa. No me parece que encarezco, sino que deberemos prudentemente entender que pasa esto como digo, ò mas apretadamente.

Il y a tout lieu de croire qu'ils doivent déplorer cette oppression et la représenter avec des accents pathétiques, en invoquant l'aide des dirigeants de leur secte, en leur reprochant lourdement l'omission de cette vengeance, et en leur promettant de grandes faveurs et récompenses de Dieu et du Prophète, au ciel comme sur terre, s'ils se lancent dans cette entreprise. Je ne pense pas exagérer, et nous devrons comprendre, avec prudence, que tout se passe comme je le dis, ou [de manière] bien pire encore.

---

inquisitoriaux de Valence, de Murcie ou de Grenade intentaient un procès contre un Morisque, la nouvelle était aussitôt connue et commentée de l'autre côté du détroit de Gibraltar et à Alger. Le cas d'Alí Caxet, « relaxé au bras séculier » par l'Inquisition de Valence le 4 novembre 1576 en apporte la preuve éclatante (AHN, Inq., leg. 548, exp. 1). Jusqu'à la fin, devant le jésuite Jerónimo de Mur qui prêchait l'évangile en arabe, Alí Caxet s'obstina à dire qu'il était fils et petit-fils de maure, qu'il voulait mourir dans la foi musulmane et que son père avait reçu le baptême contre son propre gré. Après être parti clandestinement à Alger, où il exerça la course pendant plus de dix ans, ce Morisque originaire de la seigneurie d'Oliva, revenait de temps à autre en Espagne pour y embarquer des coreligionnaires et y faire des razzias (Abd El Hadi Ben Mansour, *Alger : XVIe-XVIIe siècle : journal de Jean-Baptiste Gramay, "évêque d'Afrique"*, Paris, CERF, 1998, p. 449 et suivantes). C'est lors d'une de ces incursions qu'il fut arrêté et fait prisonnier par le tribunal valencien. Lorsque Alicax (*alias* Caxetta), qui résidait à Cherchel, apprit par des chrétiens captifs la triste nouvelle de la « relaxation au bras séculier » de son frère, il décida aussitôt de venger sa mort – à ses yeux héroïque et digne d'un martyr de l'islam – en faisant subir à Fray Miguel de Aranda, religieux de l'ordre militaire de Montesa qu'il avait acheté comme esclave sur la place d'Alger, un supplice équivalent à celui des premiers martyrs chrétiens. Le 18 mai 1576, face à une foule hostile qui l'insultait, lui tirait la barbe, lui crachait dessus et lui jetait des pierres, le bénédictin comparut devant un échafaud dressé au milieu du port d'Alger, pour donner plus de publicité à l'événement, et fut brûlé vif sur le bûcher. Ses cendres furent ensuite dispersées en pleine mer, pour empêcher qu'il ne reçût une sépulture chrétienne et que des chrétiens de la région ne vinssent à l'avenir lui rendre hommage : « *Ya que todos estavan cansados de apedrear al bienaventurado martyr de Christo, truxeron (cada uno como pudo, a gran contienda, y a quien mas podia) mucha de aquella leña y brusca que estava por alli : y cubriendo con ella todo el cuerpo ya muerto, le pusieron fuego, el qual luego se encendio en grandes llamas, las quales aun los que estavamos por la ciudad en los terrados escuchando el ruydo y tumulto de la gente, y su grita, viamos que subian al cielo, tristes por una parte, por ver y oyr blasfemar, y perseguir tan cruelmente, la honra, Fè, y nombre de nuestro Señor Iesu Christo, y por otra alavando su divina Magestad, que ansi delante todos, y con una constancia tan grande animo, y esfuerço, peleasse tan gloriosamente, por este mismo Señor, este Santo glorioso. Y ansi en el medio de aquellas llamas, y grande humo, se nos representava como su bendita alma subia derecho al cielo, y alla era del Señor recibida en los coros de sus Angeles* » (Fray Diego de Haedo, *Topographia e historia general de Argel, repartida en cinco tratados...*, Valladolid, Diego Fernandez de Cordova y Oviedo, 1612, f° 182 v°). Ainsi, l'Inquisition ne faisait-elle qu'alimenter la haine et la vengeance des communautés musulmanes, et provoquait-elle des effets contraires à ceux que l'on escomptait.

(7) Si, pues, tras de esto se entendiese que el Turco y los Reyes de Africa traìan al presente en España algun numero de espias, por pequeño numero que fuese, que temor y recato se deberia tener y que tal diligencia convendria hacer para descubrirlas, y prenderlas, y entender y prevenir los designios de el enemigo? Aun solo el poder de los moros de Africa [f° 12r°] debe ser mui espantoso à España, pues sabe en quan breve tiempo y con quan pequeña resistencia la conquistò toda, quanto mas si se juntase con el poder y disciplina militar de los Turcos, aunque sean menos fuertes y animosos los Africanos que los Españoles, pero son una multitud innumerable y, por via de muchedumbre, langostas y ratones, han destruido y despoblado provincias enteras.

(8) No son diez, ni ciento, ni mil, ni cien mil, sino muchas mas las espias y soldados que el Imperio y Secta de los Ismaelitas tienen en España, porque son a lo que no para legitima con [f° 12v°] denacion y castigo, sino para la prudente desconfianza y recato que dixe al principio;

(7) Si donc, de surcroît, on apprenait que le Turc et les rois d'Afrique entretenaient à l'heure actuelle en Espagne un certain nombre d'espions à leur solde, aussi infime fût-il, quelle crainte faudrait-il avoir, de quelle prévention faudrait-il faire preuve, et quelle diligence conviendrait-il de faire pour les découvrir et les arrêter, et déjouer les plans de l'ennemi ? À elle seule, la puissance des Maures d'Afrique devrait suffire à effrayer l'Espagne, car elle sait avec quelle rapidité et avec quelle faible résistance elle fut entièrement conquise, et à plus forte raison, si ces Maures s'unissaient à la puissance et à la discipline militaire des Turcs, car même si les Africains sont moins forts et moins courageux que les Espagnols, ils représentent une foule considérable au même titre que les sauterelles et les souris qui ont détruit et dévasté des provinces entières[18].

(8) Les espions et les soldats que l'Empire et la secte des Ismaélites entretiennent en Espagne, ne sont pas au nombre de dix, cent, mille ou cent mille, mais bien davantage, et ils doivent faire l'objet non d'une condamnation et d'une punition légitimes, mais de la prudente méfiance et de la prévention dont j'ai parlé au début[19].

18 L'auteur fait allusion à la conquête musulmane de la péninsule Ibérique qui s'échelonna de 711 à 714. En 711, Tarik Ibn Ziya et ses troupes composées en grande partie de berbères, débarquèrent aux environs de Gibraltar et vainquirent à Guadalete les armées de Rodrigue, dernier roi wisigoth. En 712, son supérieur Musa Ibn Nusayr se lança à la conquête de Séville et de Mérida, avant de rejoindre son lieutenant à Tolède. À partir de cette ville, les deux hommes remontèrent vers Saragosse et se dirigèrent ensuite vers la cordillère Cantabrique. En 714, la conquête de ce qui allait devenir Al-Andalus était quasiment achevée (Pierre Guichard, *Al-Andalus (711-1492)*, Paris, Hachette, 2000). Pedro de Valencia compare le débarquement des Maures sur les côtes andalouses à une invasion de sauterelles. Celle-ci fait partie des dix plaies d'Égypte que Dieu infligea à Pharaon pour qu'il laissât partir le peuple d'Israël qu'il maintenait en esclavage. Il s'agit plus précisément de la huitième plaie : « Quand il fut matin, le vent d'est avait apporté les sauterelles. Les sauterelles montèrent sur tout le pays d'Égypte et elles se déposèrent dans tout le territoire d'Égypte. Ce fut très grave : auparavant il n'y avait pas eu de sauterelles comme celles-ci et ensuite il n'y en eut jamais autant. Elles couvrirent la surface de toute la terre et la terre en fut obscurcie ; elles mangèrent toute herbe de la terre et tout fruit d'arbre qu'avait laissé la grêle : rien ne fut laissé de vert aux arbres et aux herbes des champs dans tout le pays d'Égypte » (Exode, X, 13-15).

19 L'auteur dramatise à dessein l'importance numérique des Morisques espagnols en disant qu'ils ne sont pas dix, cent, mille ou cent mille, mais bien davantage, sans donner un chiffre précis. Selon les données dont on dispose à l'heure actuelle, on estime qu'à la veille de l'expulsion, les Morisques représentaient environ 320 000 personnes réparties

se debe creer todos los pueblos, y familias en general de los que llamamos Moriscos, cuyo numero puede saber facilmente S. M. Estos habitan en el Reyno, parte esparcidos por las provincias, y lugares de èl, parte juntos en pueblos de por si, y en muchos pueblos juntos, como en el Reyno de Valencia y Aragon y Murcia. Para dañar como espias mas son de temer los esparcidos: para hacer rebelion y ofender en forma de exercito, y para poder llamar, y admitir enemigos de fuera [f° 13r°] y juntarse con ellos, y para perseverar en su secta peor y con mas riesgo nuestro, estàn los que se hallan juntos y a solas en pueblos enteros, y peor los que habitan en muchos pueblos juntos de su Nacion, y peor estando éstos, como estàn, cercanos al mar Mediterraneo para mas facil comunicación con los Moros de Africa.

De façon générale, on doit identifier tous les villages et toutes les familles de ceux que nous appelons Morisques, dont Sa Majesté peut aisément connaître le nombre. Ces Morisques habitent dans le royaume, en partie dispersés dans ses provinces et ses villages, en partie regroupés dans des villages isolés, et ensemble dans de nombreux villages, comme dans les royaumes de Valence, d'Aragon et de Murcie. Pour nuire en tant qu'espions, les Morisques dispersés sont les plus à craindre ; pour organiser des rébellions et se mettre en ordre de bataille, pour pouvoir faire appel à des ennemis extérieurs, les intégrer et s'unir à eux, et pour persévérer dans leur secte, ceux qui se trouvent regroupés dans des villages entiers sont pires et bien plus dangereux pour nous ; et ceux qui habitent ensemble dans de nombreux villages de leur nation sont bien pires encore, à plus forte raison lorsqu'ils se trouvent, comme c'est souvent le cas, près de la mer Méditerranée, pour communiquer plus facilement avec les Maures d'Afrique[20].

comme suit : royaume de Valence (135 000), royaume de Castille (116 000), royaume d'Aragon (61 000) et Catalogne (8000). Les Morisques de Grenade avaient été déportés en Andalousie et en Castille à la suite de la révolte des Alpujarras. En Castille, les Morisques vivaient dispersés et n'étaient pas soumis au régime seigneurial, tandis qu'en Aragon, à Valence et à Murcie, ils étaient concentrés et dépendaient des seigneurs au niveau juridictionnel. Aussi était-il plus facile de les contrôler que leurs coreligionnaires castillans beaucoup plus mobiles. Par-delà leur nombre, Pedro de Valencia insiste sur les solidarités existantes entre les Morisques de la couronne de Castille et de la couronne d'Aragon (solidarités internes), ainsi qu'entre les Morisques espagnols et les Maures d'Afrique du Nord (solidarités externes). Comme le signale Tulio Halperín Donghi, la société morisque reposait sur la solidarité nationale, dont les piliers étaient la religion (foi en Mahomet) et la famille (solidarités lignagères) (*Un conflicto nacional. Moriscos y cristianos viejos en Valencia*, Valence, 1980).

20 Pedro de Valencia parle de la crainte au sens où l'entend Aristote : « La crainte sera donc une peine, ou un trouble causé par l'idée d'un mal à venir, ou désastreux, ou affligeant : car tous les maux indifféremment ne donnent pas un sentiment de crainte ; telle, par exemple, la question de savoir si l'on ne sera pas injuste ou inintelligent ; mais c'est plutôt ce qui implique l'éventualité d'une peine ou d'une perte grave, et cela non dans un lointain avenir, mais dans un temps assez rapproché pour que ces maux soient imminents » (*Rhétorique*, Livre II, Chapitre 5, 1).

(9) Los unos y los otros, los esparcidos y los que havitan juntos, hacen un pueblo y una conspiración, y concordia entre si para mal, y se comunican y corresponden [f° 13v°] en suma, en ellos concurren todas las cosas que se pueden juntar para causarles odio y enemistad contra el Reyno y para que por esta mala voluntad y mucho poder que tienen debamos temerlos, y convenga en todas maneras prevenirnos y atajar sus fuerzas, y intentos y porque el conocimiento particular de las enfermedades es totalmente necesario para que la cura de ellas se haya de intentar y salir acertada diré todas las cosas que hallo en esta Nacion que nos la hacen enemiga poderosa [f° 14r°] y de temer.

(10) La primera es su falsa religion, opuesta en todo y en todo contraria a la Cristiana y verdadera (como he dicho), por que en lugar de la caridad, y paz tiene por fin y perfeccion principal la enemistad y odio, y el hacernos guerra; y siendo asi, como todos los sabios enseñan y todas las Naciones y Republicas han experimentado, que no puede haver paz ni concordia firme ni de fiar entre los que son de diversa profesion de fe religiosa, por que como ha de amar al otro y desearle bien [f° 14v°] alguno, el que lo condena y tiene por enemigo de Dios? Aqui la diversidad de fe hace una mui desigual y injuriosa ventaja contra nosotros. Pues que ellos estan no solo sueltos sino incitados por su ley à mentirnos, engañarnos, robarnos y matarnos como quiera que pudieren,

(9) Les uns et les autres, les Morisques dispersés et ceux qui vivent regroupés, forment un même peuple, une même conspiration et une même alliance, à notre grand dam ; et ils communiquent et correspondent entre eux. En somme, on trouve chez eux, tout ce que l'on peut réunir pour qu'ils éprouvent de la haine et de l'inimitié envers le royaume, et pour qu'en raison de cette mauvaise volonté et de leur immense pouvoir, nous ayons peur d'eux. Il convient, de toute façon, de nous protéger, d'affaiblir leurs forces et de déjouer leurs plans et, comme la connaissance particulière des maladies est absolument indispensable pour qu'on puisse les soigner avec succès, je dirai de cette nation tout ce qui fait d'elle un ennemi puissant et redoutable[21].

(10) Le premier point a trait à sa fausse religion, [qui est] opposée et contraire en tout point à la vraie religion chrétienne, comme je l'ai déjà dit, car au lieu de la charité et de la paix, elle a pour but et principal objectif, l'inimitié, la haine et la guerre contre les chrétiens. Et puisque, comme l'enseignent tous les sages et comme l'ont experimenté toutes les nations et républiques, il ne peut y avoir de paix, de concorde stable et fiable parmi ceux qui sont de confessions religieuses différentes, car comment l'homme qui condamne et considère son prochain comme un ennemi de Dieu, pourrait-il l'aimer et lui vouloir du bien[22] ? En Espagne, la diversité des croyances constitue un avantage très inégal qui joue en notre défaveur ; leur loi les y incitant, ils sont libres de nous mentir, de nous tromper, de nous voler et de nous tuer comme bon leur semblera.

21 Pedro de Valencia endosse ici le rôle de médecin de la république, terme que s'attribuaient bien volontiers à l'époque les faiseurs de projets (*arbitristas*).

22 Selon Pedro de Valencia, la pluralité religieuse au sein d'un même État ne peut être que préjudiciable à la concorde et à la paix civile. C'est ce que pense, notamment, Agathias le Scholastique, historien du règne de Justinien qui poursuivit l'œuvre de Procope de Césarée. À ses yeux, les hommes hésitent à s'associer et à se faire confiance, s'ils ne partagent pas la même religion. Sans cet élément de cohésion, les liens de famille, d'amitié et de race ne peuvent que se dissoudre ou demeurer à un niveau très superficiel : « Chez les hommes, la différence de religion produit toujours le refus de s'associer : une confiance durable, qui ne soit ni influencée par la crainte, ni provoquée par un bienfait, n'existe entre eux que s'ils partagent les mêmes croyances. Les liens de famille, d'amitié, de race, si cet élément est absent, n'expriment un rapport intime que par le nom, mais il est démenti par les actes » (Agathias, *Histoires, guerres et malheurs du temps sous Justinien*, Paris, Les Belles Lettres, III, 12, 10).

y nosotros, por el contrario, nos conocemos obligados por precepto Divino a amarlos de corazon, guardarles fe y palabra, y desearles y procurarles todo bien, no castigarles sino legítimamente, y con conocimiento de causa, no matarlos ni herirlos sino en guerra justa,

Nous nous sentons obligés, au contraire, par précepte divin, de les aimer de tout notre cœur, de leur garder notre foi et de leur tenir parole, de désirer pour eux toutes sortes de biens et de les leur procurer, de ne pas les punir, si ce n'est légitimement et en parfaite connaissance de cause, de ne pas les tuer ou les blesser, si ce n'est à l'occasion d'une guerre juste[23].

23 Le concept de « guerre juste », très en vogue au XVIe siècle dans les milieux pacifistes et érasmistes, a été popularisé par saint Thomas d'Aquin qui, à son tour, reprend les thèses développées par saint Augustin dans plusieurs de ses écrits. Pour ce dernier, la guerre juste est celle qui « punit une injustice lorsqu'une nation ou une cité doit être punie parce qu'elle a négligé soit de châtier les injustices de ses sujets, soit de rendre ce qui a été pris injustement ». Aussi paradoxal que cela puisse paraître, les partisans de la guerre juste partageaient une idéologie pacifiste et ne toléraient la guerre qu'en ultime recours. Trois conditions devaient être réunies pour qu'une guerre fût juste : il fallait qu'elle émane d'une autorité souveraine et légitime, qu'elle soit menée au nom d'une cause juste et avec une intention droite. En d'autres termes, son but était de réparer la violation d'un droit et de rétablir la paix, et non de satisfaire la cupidité, la soif de domination ou la cruauté d'un individu ou d'un groupe. Pour paraphraser saint Augustin, il ne s'agissait pas de chercher la paix pour faire la guerre, mais de faire la guerre pour obtenir la paix. C'est ce qu'explique très clairement saint Thomas dans la *Somme théologique* : « Pour qu'une guerre soit juste, trois conditions sont requises : 1° L'autorité du prince, sur l'ordre de qui on doit faire la guerre. Il n'est pas du ressort d'une personne privée d'engager une guerre, car elle peut faire valoir son droit au tribunal de son supérieur; parce qu'aussi le fait de convoquer la multitude, nécessaire pour la guerre, n'appartient pas à une personne privée. Puisque le soin des affaires publiques a été confié aux princes, c'est à eux qu'il appartient de veiller au bien public de la cité, du royaume ou de la province soumis à leur autorité. De même qu'ils le défendent licitement par le glaive contre les perturbateurs du dedans quand ils punissent les malfaiteurs, selon cette parole de l'Apôtre (Rm 13, 4) : "Ce n'est pas en vain qu'il porte le glaive; il est ministre de Dieu pour faire justice et châtier celui qui fait mal" ; de même aussi il leur appartient de défendre le bien public par le glaive de la guerre contre les ennemis du dehors. C'est pour cela qu'il est dit aux princes dans le Psaume (82,4) : "Soutenez le pauvre, et délivrez le malheureux de la main des pécheurs", et que S. Augustin écrit : "L'ordre naturel, appliqué à la paix des mortels, demande que l'autorité et le conseil pour engager la guerre appartiennent aux princes". 2° Une cause juste : il est requis que l'on attaque l'ennemi en raison de quelque faute. C'est pour cela que S. Augustin écrit : "On a coutume de définir guerres justes celles qui punissent des injustices quand il y a lieu, par exemple de châtier un peuple ou une cité qui a négligé de punir un tort commis par les siens, ou de restituer ce qui a été enlevé par violence". 3° Une intention droite chez ceux qui font la guerre : on doit se proposer de promouvoir le bien ou d'éviter le mal. C'est pour cela que S. Augustin écrit : "Chez les vrais adorateurs de Dieu les guerres mêmes sont pacifiques, car elles ne sont pas faites par cupidité ou par cruauté, mais dans un souci de paix, pour réprimer les méchants et secourir les bons. "En effet, même si l'autorité de celui qui déclare la guerre est légitime et sa cause juste, il arrive néanmoins que la guerre soit rendue illicite par le fait d'une intention mauvaise. S. Augustin écrit en effet : "Le désir de nuire, la cruauté dans la vengeance, la violence et l'inflexibilité de l'esprit, la sauvagerie dans le combat, la passion de dominer et autres choses semblables, voilà ce qui dans les guerres est jugé coupable par le droit" » (*Somme théologique*, IIa, IIae pars, Question 40, article 1).

porque aunque [f° 15r°] ellos nos sean, y se hayan con nosotros como paganos, nosotros debemos habernos con ellos como cristianos, y no embidiarles esta ventaja que les ha de estar mal en este mundo y en el otro. *Noli aemulari in malignantibus neque zelaveris facientes iniquitatem.*

(11) Pero es recia cosa, y en todas maneras desconveniente para el comercio y trato ordinario de los ciudadanos de una Republica y para la seguridad pública, tener entre si hombres que tengan por fee una tan descomunal persuasion y tan contraria a la [f° 15v°] naturaleza de el hombre, que es animal amigable, social y comunicable, y que su vivir es en comunidad. Los sucessores de Alexandro, que reinaron en Asia, y otros Reyes Griegos tuvieron en sus Reynos, y los Romanos en su Imperio muchas Naciones de diferentes professiones de Religion, y todas las toleraban como no siguiesen opiniones que impidiesen la paz publica. Generalmente las falsas religiones se compadecian unas con otras, porque los Gentiles creian que cada Nacion [f° 16r°] y provincia tenía sus Dioses particulares y propios de aquella Region à los quales debia y hacia bien en reverenciar. Pero a la verdadera Religion todas las [Religiones] Naciones engañadas la aborrecieron, incitadas a esto del Demonio, y tambien por competencia, y enojo de que ella condenaba todas las otras Religiones y Dioses y decia: *Quoniam (omnes) dii Gentium daemonia.*

Et même si ce sont des païens et qu'ils se comportent de la sorte avec nous, nous devons les traiter comme des chrétiens, et ne pas leur envier cet avantage qui leur fera du tort en ce bas monde et dans l'autre. *Noli aemulari in malignantibus neque zelaveris facientes iniquitatem*[24].

(11) Mais il est mauvais, et en tout cas préjudiciable, pour le commerce ordinaire des citoyens d'une république et pour la sécurité publique, d'abriter en son sein des hommes qui ont pour foi une conviction si profondément ancrée et si contraire à la nature de l'homme, qui est un animal amical, social et sociable et qui vit en communauté[25]. Les successeurs d'Alexandre, qui ont régné sur l'Asie, d'autres rois grecs dans leurs royaumes et les Romains dans leur Empire, abritèrent de nombreuses nations qui pratiquaient différentes religions, et ils les toléraient toutes, du moment où elles ne suivaient pas des opinions qui troublassent la paix publique. En général, les fausses religions sympathisaient entre elles, car les Gentils croyaient que chaque nation ou province avait ses dieux particuliers et propres à cette région, qu'elle se devait et faisait bien d'adorer. Mais toutes les religions trompeuses eurent en horreur la vraie religion, mues en cela par le diable, ainsi que par la rivalité et la colère, car elle condamnait toutes les autres religions et tous les autres dieux, en disant : *Quoniam omnes dii gentium daemonia*[26].

24 Si les Morisques se comportent avec les Espagnols comme des Gentils (païens), les Espagnols, en revanche, doivent continuer à les traiter comme des chrétiens. Tels sont les conseils de sagesse et de piété que l'on trouve dans l'Ancien Testament : « Ne t'indigne pas à propos des malfaisants, n'envie pas ceux qui commettent l'injustice, car, comme l'herbe, ils se fanent bientôt et, comme la verdure du gazon, ils se flétrissent » (Psaume, XXXVI, 1).

25 Aux dires de Pedro de Valencia, l'islam est une religion barbare, contraire à la raison naturelle et à la nature humaine, telle que la définit Aristote : « De là cette conclusion évidente, que l'État est un fait de nature, que naturellement l'homme est un être sociable, et que celui qui reste sauvage par organisation, et non par l'effet du hasard, est certainement, ou un être dégradé, ou un être supérieur à l'espèce humaine : C'est bien à lui qu'on pourrait adresser ce reproche d'Homère : Sans famille, sans lois, sans foyer… L'homme qui serait par nature tel que celui du poète ne respirerait que la guerre ; car il serait alors incapable de toute union, comme les oiseaux de proie » (Aristote, *Politique*, Éd. de Barthélemy Saint-Hilaire, Paris, Librairie philosophique de Ladrange, 1874, Livre I, 9).

26 Dans le Psaume XCVI, 5, la grandeur du vrai Dieu, créateur et juge du monde, est opposée aux dieux des peuples et à ces idoles auxquelles certains hommes rendent un culte. C'est dans ce sens que saint Paul reprend ce psaume dans l'*Épître aux Corinthiens* : « Il y a beaucoup de dieux de cette sorte et beaucoup de seigneurs, mais pour nous, il n'y a qu'un Dieu, le Père de qui tout vient et pour qui nous sommes et qu'un seigneur, Jésus-Christ, par qui tout existe et par qui nous sommes » (I Corinthiens, VIII, 5-6).

Y en razon de esta competencia tambien se encontraban las falsas, si la una negaba los Dioses de la otra, pero para que el aborrecimiento [fº 16vº] y persecusion de los Profesores de la verdadera Religion y feè tuviese alguna apariencia de justicia, persuadio el Demonio a la Gentilidad que enseñaban y seguian aquella perniciosissima opinion de amar a los de su profesion solamente y aborrecer y hacer mal a todos los demas. Por esto persiguieron los Gentiles primero a los Judios, y los reyes de Siria, no por celo de Religion, sino por consejo de estado, pretendieron apartarlos de la feè y hacerlos Gentiles y Griegos. Y en cuanto a los judios vino a ser [fº 17rº] verdad que en los tiempos posteriores tuvieron aquel herror engañados de sus escrivas con falsa interpretacion de la Ley. Pero lo mismo nos opusieron con falsedad los Romanos y los demás Gentiles a los Cristianos, y en esto se fundò la primera persecucion de la Iglesia por Neron,

Les fausses religions n'échappaient pas non plus à cette rivalité, dès lors que l'une ne reconnaissait pas les dieux de l'autre[27]. Mais pour que la haine et la persécution des docteurs de la vraie religion et de la vraie foi eussent un semblant de justice, le diable persuada les Gentils que ceux-là enseignaient et suivaient cette opinion, ô combien pernicieuse, qui consistait à n'aimer que ceux qui professaient leur foi, et à haïr et à faire du mal à tous les autres. C'est pourquoi les Gentils persécutèrent, en premier lieu, les Juifs et les rois de Syrie ; ils essayèrent de les détourner de la foi et d'en faire des Gentils et des Grecs, non par zèle pour la religion mais par avis de leurs conseillers[28]. Quant aux Juifs, il s'avéra par la suite qu'ils tombèrent dans la même erreur, abusés par leurs scribes et de fausses interprétations de la loi. Mais les Romains et d'autres Gentils nous opposèrent fallacieusement la même erreur ; elle fut à l'origine de la première persécution de l'Église par Néron[29],

27 Dans ses *Satires*, Juvénal parle de la barbarie des Grecs, qui adorent des animaux et des plantes en guise de Dieu, et s'adonnent au cannibalisme en toute impunité. Il raconte la rivalité entre les habitants d'Ombos et de Tentyre dont chacun détestait les dieux de l'autre : « Il règne encore, entre les habitans d'Ombos & ceux de Tentyre leurs voisins, une haine violente & tellement invétérée que l'ulcère en est incurable. La fureur de ces deux Cités vient de ce que chacune déteste les dieux de l'autre, persuadée qu'on ne doit rendre hommage qu'aux seuls objets de son culte. Un jour que les habitans de Tentyre célébroient une fête, les nobles & les chefs d'Ombos résolurent d'en troubler la joie, de les surprendre au milieu de leurs festins, à ces tables dressées dans les temples, dans les places, & autour desquelles la septième aurore a coutume de les retrouver étendus sur leurs lits [...] Reprenons le fil de notre histoire. Les Tentyres, renforcés par leurs concitoyens, tirent le glaive, décochent des flèches, & recommencent un nouveau genre de combat. L'ennemi prend la fuite ; ils volent sur ses traces. Un Ombite, dont la terreur précipitoit le pas, glisse & tombe : on le prend, on le coupe en mille pieces, afin que chacun des vainqueurs puisse en avoir sa part. On ne songea pas à le faire bouillir ou rôtir : la troupe impatiente, rejetant ces apprêts, le mangea tout palpitant, & dévora jusqu'à ses os » (*Satires de Juvénal*, Traduites par M. Dusaulx, Paris, Chez Lambert & F. Baudouin, 1782, *Satire XV*, p. 538-540).

28 Au nom de la raison d'État, les rois d'Assyrie persécutèrent les Juifs et essayèrent de les convertir à l'hellénisme. La révolte des Maccabées est à la fois une révolte des Juifs de Judée contre les Séleucides, mais aussi un conflit interne qui oppose les Juifs traditionalistes aux Juifs hellénisants, partisans du métissage culturel et de l'intégration de la culture grecque. Ce n'est qu'en 170 av. J.-C. que le roi Démétrios leva le joug que les Gentils faisaient peser sur Israël : « En l'année cent soixante-dix le joug des Gentils fut enlevé à Israël, et le peuple commença à écrire sur les actes et les contrats : « En la première année de Simon, grand prêtre insigne, général et commandant des Juifs » (I Maccabées, XIII, 41).

29 En 64, l'empereur Néron décréta la première persécution contre les chrétiens, sous prétexte qu'ils s'étaient rendus coupables de l'incendie de Rome et étaient les ennemis déclarés du genre humain. À cette occasion, les chrétiens jouèrent clairement le rôle de boucs-émissaires. « Mais aucun moyen humain, ni largesses impériales, ni cérémonies expiatoires ne faisaient

diciendo que por el odio con que los Cristianos aborrecian a todos los que no lo son hubiesen puesto fuego a Roma. Assi lo dice Cornelio Tacito, que fueron condenados, no tanto porque se les probase el incendio, que no se [f° 17v°] les probò, cuanto porque parecio que qualquiera mal hecho podian haver cometido hombres que profesaban aborrecer à todo el linage humano: *haud perinde (dice) in crimine incendii quam odio <humani generis> convicti sunt.* Oy los aborrecedores, y perseguidores de todos los hombres son los Moros, y, assi no es posible que vivan seguros en comunidad con ellos, los que no son de su Secta.

(12) Y que para prudencia y recato se deba presuponer que los Moriscos de España, por [f° 18r°] la mayor parte, y en general, son Moros, està bien confirmado con experiencias de cada dia, que yo no refiero en particular por notorias, y por no hacerlos mas odiosos de que ellos son. Para indicio y argumento basta ver que no solamente no procuran ni quieren parecer Cristianos, sino que antes,

qui disait que les chrétiens avaient mis le feu à Rome, en raison de la haine qu'ils vouaient à tous ceux qui n'étaient pas chrétiens. Cornelius Tacite raconte qu'ils furent condamnés, non pas parce qu'on avait prouvé leur responsabilité dans l'incendie, laquelle n'a jamais été établie, mais bien plutôt parce que des hommes qui prétendaient haïr toute la race humaine étaient, semble-t-il, capables de commettre n'importe quel méfait : *haud perinde in crimine incendii quam odio humani generis convicti sunt*[30]. Aujourd'hui, ce sont les Maures qui haïssent et persécutent tous les hommes, et il est donc impossible pour ceux qui ne font pas partie de leur secte, de vivre en sécurité et en harmonie avec eux.

(12) Qu'il faille admettre, par prudence et prévoyance[31], que la plupart des Morisques d'Espagne sont maures en général, les événements nous en apportent chaque jour la preuve ; je ne les passe pas en revue, car c'est de notoriété publique, et pour ne pas rendre les Morisques plus odieux qu'ils ne le sont déjà. À titre indicatif, et en guise d'argument, il suffit de constater que non seulement ils ne veulent pas avoir l'air chrétiens et ne cherchent pas à l'être, mais que, bien au contraire,

---

taire le cri public qui accusait Néron d'avoir ordonné l'incendie. Pour apaiser ces rumeurs, il offrit d'autres coupables, et fit souffrir les tortures les plus raffinées à une classe d'hommes détestés pour leurs abominations et que le vulgaire appelait chrétiens. Ce nom leur vient de Christ, qui, sous Tibère, fut livré au supplice par le procurateur Pontius Pilatus. Réprimée un instant, cette exécrable superstition se débordait de nouveau, non seulement dans la Judée, où elle avait sa source, mais dans Rome même, où tout ce que le monde enferme d'infamies et d'horreurs afflue et trouve des partisans. On saisit d'abord ceux qui avouaient leur secte ; et, sur leurs révélations, une infinité d'autres, qui furent bien moins convaincus d'incendie que de haine pour le genre humain. On fit de leurs supplices un divertissement : les uns, couverts de peaux de bêtes, périssaient dévorés par des chiens ; d'autres mouraient sur des croix, ou bien ils étaient enduits de matières inflammables, et, quand le jour cessait de luire, on les brûlait en place de flambeaux. Néron prêtait ses jardins pour ce spectacle, et donnait en même temps des jeux au Cirque, où tantôt il se mêlait au peuple en habit de cocher, et tantôt conduisait un char. Aussi, quoique ces hommes fussent coupables et eussent mérité les dernières rigueurs, les cœurs s'ouvraient à la compassion, en pensant que ce n'était pas au bien public, mais à la cruauté d'un seul, qu'ils étaient immolés » (Tacite, *Annales*, Trad. Jean-Louis Burnouf, Paris, 1859, XV, 44).

30 Tacite, *Annales*, XV, 44, 4.

31 Le *recato* équivaut à l'attention précautionneuse dont parle saint Thomas d'Aquin dans la *Somme théologique* : « La matière de la prudence, ce sont les réalités contingentes relatives à l'action. De même que le vrai s'y mêle au faux, ainsi le mal se mêle au bien, à cause de la grande diversité de ces actions où le bien est souvent empêché par le mal, et où le mal prend l'apparence du bien. C'est pourquoi l'attention précautionneuse est nécessaire à la prudence pour que le bien soit accueilli de façon à éviter le mal » (IIa IIae pars, Question 49, Article 8).

de proposito y como cosa de que se precian, hacen en todo por distinguirse, y apartarse de los antiguos Cristianos, en la lengua, en el trage, en las comidas, en los casamientos, en el huir de las Iglesias y oficios Divinos [fº 18vº], y siendo tan grande honra en España el nombre de Cristiano viejo ni aun quieren encubrirse ni parecer que lo son. Que es esto sino que tienen por bueno el ser Moros? Porque ningun hombre es tan perdido (dice Quintiliano), que se huelgue de parecer malo. No quieren honra mas que con su pueblo y nacion, y esa ganan con mostrarse Moros, y la perdieran con lo contrario; pero quando llegan a correr riesgo la vida o hacienda, como saben que Mahoma no quiso Martires ni esperò que ninguno huviese de querer [fº 19rº] morir por su mentira, niegan luego y dicen ser ò querer ser Cristianos, sin por ello perder la feè con Mahoma, ni la honra con los suios, ni dexar de ser Moros como antes. Fue diabolica traza esta, como he dicho, y que nos causa grande perplexidad y descomodidad, si nunca nos havemos de poder asegurar de su feè, por mas que digan o desdigan; pero queda la seña cierta y a que solo se debe advertir: *Ex operibus eorum cognoscetis eos*, y esta no se halla jamàs en ellos.

en toute connaissance de cause et comme s'ils en étaient fiers, ils font tout pour se démarquer et s'éloigner des chrétiens de vieille souche par la langue, l'habillement, l'alimentation, les mariages, et leur façon de déserter les églises et de ne pas assister aux offices divins. Bien qu'en Espagne le nom de vieux-chrétien soit un très grand honneur, ils ne veulent même pas cacher [leurs origines], ni faire semblant d'être chrétiens[32]. Qu'est-ce à dire, si ce n'est qu'ils sont fiers d'être maures ? Car, comme le dit Quintilien, nul n'est plus misérable que celui qui se réjouit d'avoir l'air méchant[33]. Le seul honneur dont ils se targuent, est celui qu'ils obtiennent auprès de leur peuple et de leur nation, en ayant l'air de Maures, et qu'ils perdraient autrement[34]. Mais lorsque leur vie ou leurs biens sont en danger, comme ils savent que Mahomet ne voulait pas de martyrs et ne s'attendait pas à ce qu'on voulût mourir pour son mensonge, ils renient aussitôt [leur religion] et disent qu'ils sont ou veulent être chrétiens, sans pour autant perdre la foi de Mahomet, l'honneur des leurs, ni cesser d'être maures comme auparavant. Comme je l'ai dit, il s'agit là d'un artifice diabolique, qui nous rend très perplexe et nous met dans l'embarras, car nous ne serons jamais en mesure de nous assurer de leur foi, quoi qu'ils disent ou ne disent pas[35] ; il y a un signe qui ne trompe pas, le seul dont on doive tenir compte : *Ex operibus eorum cognoscetis eos*[36], mais on ne le trouve jamais chez eux.

---

32 Dans la logique des statuts de pureté de sang mis en place en Espagne dans le courant du XVe siècle, le vieux-chrétien est celui qui descend d'un lignage chrétien depuis toujours, qui n'a pas d'ancêtres Juifs ou Maures, ni d'individus condamnés par l'Inquisition pour « crime d'hérésie ou d'apostasie » dans sa famille.

33 Nous n'avons pas réussi à identifier précisément la citation de Quintilien. Ce qui est certain, c'est qu'elle fait allusion à ce passage de la Bible où il est dit que le cœur des humains est rempli de méchanceté et de folie (Ecclésiaste, IX, 3).

34 L'honneur est une valeur à la fois sociale et personnelle, qui découle de l'estime de soi et de l'opinion publique. Cette double dimension se retrouve dans la distinction que la langue espagnole établit entre *honor* (honneur) et *honra* (réputation). Par son caractère public, l'honneur est une valeur socialisée qui dépasse l'individu. C'est pourquoi l'on peut perdre l'honneur sans avoir commis d'actions infamantes. Dans leurs écrits, les moralistes espagnols distinguent trois types d'honneur : l'honneur-apparence, qui découle du train de vie, de la pompe, de l'alimentation, des vêtements, etc. ; l'honneur-récompense, qui découle des faveurs, des grâces, de la réputation, de la dignité, des diplômes, etc., et l'honneur-excellence, qui découle de la vertu, de la noblesse, de l'état et du lignage (Claude Chauchadis, *Honneur, morale et société dans l'Espagne de Philippe II*, Paris, CNRS, 1984).

35 Pedro de Valencia revient ici sur la pratique de la *taqiyya*, à savoir de la dissimulation religieuse, qui se situe aux antipodes du martyre. À la différence du martyr chrétien, le Morisque n'entend pas se laisser tuer en témoignage de sa foi et préfère abjurer extérieurement sa loi.

36 Matthieu, VII, 20 : « Eh bien, vous les reconnaîtrez à leurs fruits ».

(13) Otra circunstancia nos los [f° 19v°] hace mas enemigos, y que nos quieran mas mal que los que estan en Berberia: que aquellos estan en salvo y no temen que les prenda la Inquisicion de España y los queme y confisque sus haciendas, pero estotros saben que viven con este riesgo y que, si fuesen conocidos por moros, padecerian estas cosas, y asi nos aborrecen como à Gente que los quieren matar, y de buena gana se librarian de este miedo si pudieran, aunque fuese matandonos a todos en un dia, y no es de entender que ellos quieren que **[fol. 20r]** persevere y sea poderosa la Republica de España, cuio poder les està tan mal y en cuya perdicion està su salvacion y libertad.

(14) La segunda cosa, que nos los hace enemigos es el linaje y nacion que hà profesado, y profesa odio genuino desde Ismael (como hemos dicho) con todos los hijos de Sara, que es la Iglesia, señaladamente en los de Europa, y mas contra Españoles.

(15) La tercera es la diversidad de la lengua, y de la letra, y forma de escribir, en todo diferente, y aun contraria, pues nosotros y [f° 20v°] todos los Europeos procedemos escriviendo el renglon de la mano izquierda à la derecha, y el suyo viene al contrario, como hilera de soldados que marcha à encontrarse y combatir. Es tan propio para causar discordia y disencion la diversidad de lenguaje,

(13) Une autre circonstance qui fait que ce sont nos pires ennemis, c'est qu'ils nous veulent plus de mal que les Maures qui se trouvent en Berbérie : car ces derniers sont à l'abri et ne craignent pas d'être arrêtés par l'Inquisition espagnole, d'être brûlés et de voir leurs biens confisqués, alors que les Morisques d'Espagne savent qu'ils vivent [avec cette épée de Damoclès sur la tête] et subiraient le même sort, si l'on découvrait qu'ils étaient maures. C'est pour cela qu'ils nous détestent en tant que personnes qui veulent les tuer, et ils se débarrasseraient bien volontiers de cette peur s'ils pouvaient, quitte à nous tuer tous en un seul jour, et il va sans dire qu'ils ne souhaitent pas que la république d'Espagne résiste et soit puissante, cette république dont la puissance leur est si préjudiciable, car c'est de son effondrement que dépendent leur salut et leur liberté.

(14) La deuxième raison pour laquelle ce sont nos ennemis, c'est leur lignée et leur nation qui, comme nous l'avons déjà dit, ont manifesté et manifestent depuis Ismaël une véritable haine envers tous les fils de Sarah, qui représente l'Église, notamment envers ses fils européens, et plus encore envers les Espagnols.

(15) La troisième raison réside dans les différences au niveau de la langue et de l'alphabet, ainsi que de la façon d'écrire fort différente, pour ne pas dire opposée, car les Espagnols et tous les Européens écrivent leurs lignes de gauche à droite, tandis qu'eux écrivent les leurs de droite à gauche, comme des rangées de soldats partant au combat. La pluralité des langues[37] est de nature à provoquer la discorde et la dissension,

37 Par rapport à la situation linguistique des Morisques, Bernard Vincent souligne qu'entre le monolinguisme de langue arabe et la maîtrise absolue du bilinguisme, il y a la place pour toute une série de nuances linguistiques que nous connaissons tous dans nos sociétés contemporaines (« Los moriscos y los idiomas árabe, castellano y catalán », *Proyección de España en sus tres culturas : Castilla y León, América y el Mediterráneo*, Junta de Castilla y León, t. I, 1993, p. 373). La langue est étroitement liée au degré d'acculturation ; plus grand est celui-ci, moindre est la connaissance de l'arabe. Dans la couronne d'Aragon, l'usage de l'arabe dialectal était majoritaire, même si le bilinguisme arabe/catalano-valencien était très répandu. En Castille, la plupart des Morisques parlaient le castillan et ne connaissaient plus l'arabe. À Grenade et à Valence, le monolinguisme arabe était la règle générale, et à peine parlait-on le castillan ou le valencien. À l'exception des *alfaquis*, l'utilisation de l'arabe classique ou coranique était quasiment méconnue.

que escogio Dios este medio para estorvar la concordia con que para mal se havian juntado los edificadores de la Torre de Babel. Ellos son de una lengua para conocerse y comunicarse de secreto, y estar de acuerdo para conjuracion y para [f° 21r°] apartarse y discordar de nosotros y tener contrario corazon. A este capitulo podemos referir también la diversidad en el trage, costumbres, usos y comidas, cosas que suelen causar discordia y parcialidades, aun entre los de una lengua, provincia y linage.

et c'est pourquoi Dieu choisit cette mesure pour mettre un terme à l'harmonie avec laquelle les bâtisseurs de la tour de Babel s'étaient unis, pour le pire[38]. Les Morisques parlent la même langue pour être reconnaissables, communiquer en secret, se mettre d'accord pour comploter, faire bande à part, manifester leur désaccord et leurs divergences avec nous[39]. À ce propos, nous pouvons rajouter également les différences au niveau de l'habillement[40], des coutumes, des usages et de l'alimentation[41], autant d'éléments qui d'ordinaire sèment la discorde et la division, y compris chez ceux qui parlent la même langue, vivent dans la même région et appartiennent à la même lignée.

38 D'un point de vue biblique, la pluralité des langues équivaut à un châtiment divin et est synonyme de confusion. Pour châtier l'orgueil des hommes qui voulaient rivaliser avec le créateur, en construisant une tour qui s'élevait jusqu'au ciel, Dieu introduisit le multilinguisme en guise de punition. « Toute la terre avait un seul langage et un seul parler. Or il advint, quand les hommes partirent de l'Orient, qu'ils rencontrèrent une plaine au pays de Shinear et y demeurèrent. Ils se dirent l'un à l'autre : "Allons ! Briquetons des briques et flambons-les à la flambée !". La brique leur servit de pierre et le bitume leur servit de mortier. Puis ils dirent : "Allons ! Bâtissons-nous une ville et une tour, dont la tête soit dans les cieux et faisons-nous un nom, pour que nous ne soyons pas dispersés sur la surface de toute la terre !". Iahvé descendit pour voir la ville et la tour que bâtissaient les fils des hommes, et Iahvé dit : "Voici qu'eux tous forment un seul peuple et ont un seul langage. S'ils commencent à faire cela, rien désormais ne leur sera impossible de tout ce qu'ils décideront de faire. "Allons ! Descendons et ici même confondons leur langage, en sorte qu'ils ne comprennent plus le langage les uns des autres". Puis Iahvé les dispersa de là sur la surface de toute la terre et ils cessèrent de bâtir la ville » (Genèse, XI, 1-9).

39 La langue arabe était considérée, surtout après la rébellion de Grenade, comme la langue de l'ennemi intérieur, qui se servait de ce charabia (*algarabía*) pour comploter contre les vieux-chrétiens. On pensait que l'arabe, véhicule de l'islam, représentait un obstacle à la diffusion de la religion chrétienne (Youssef El Alaoui, « Le castillan, langue impériale ? », dans : Laurence Villard (éd.), *Dominant Languages, Dominate Languages*, Rouen, Publications des Universités de Rouen et du Havre, 2008, p. 197-208).

40 Pour ce qui est du vêtement morisque, très tôt le débat s'est cristallisé sur le voile des femmes, appelé en espagnol *almalafa*. En 1513, un édit de la reine Jeanne interdisait aux Morisques grenadines de se couvrir le visage. La même année, un autre édit étendait l'interdiction aux vieilles-chrétiennes qui, pour imiter la mode féminine des nouvelles-chrétiennes, portaient l'*almalafa*. Quant aux hommes, la législation les obligeait tout bonnement à s'habiller à la chrétienne (Antonio Gallego y Burín et Alfonso Gamir Sandóval, *Los moriscos del reino de Granada según el sinodo de Guadix de 1554*, Grenade, Archivum, 1996, p. 178-180).

41 Alors que les vieux-chrétiens cuisinaient avec du saindoux (*manteca*), les Morisques et les convers utilisaient de l'huile d'olive. À la différence des vieux-chrétiens, les nouveaux-chrétiens mangeaient une grande variété de légumes préparés avec des sauces relevées, égorgeaient rituellement les animaux, consommaient de la viande *halal* et observaient les interdictions contenues dans l'Ancien Testament à propos des animaux considérés comme impurs. Par ailleurs, les Morisques ne respectaient pas les prescriptions du Carême, pendant lequel ils ne s'abstenaient pas de manger de la viande.

Tienen enojo con nosotros tambien porque entienden que toda España es suia y les pertenece por el titulo mas legitimo y fuerte que ellos pueden imaginar, que es por haberla ganado por las armas en demanda de la propagacion de su secta y en obediencia [f° 21v°] de su Profeta. Esto interpretan que fue darles Dios esta tierra hechando a los godos y privando de ella à los naturales como a injustos y impios posehedores, de la manera que dio la de Canaan a los Israelitas y el haverles dado su Dios, ò su oráculo una Provincia, es el titulo mas autorizado y firme que las Naciones alegan conforme a aquello que le dice Jefte al Rey de los Amonitas: *Nonne ea, quae possidet Chamos deus tuus, tibi iure debentur? Quae autem Dominus Deus noster victor obtinuit, in nostrum cedent possesionem.* De manera [f° 22r°] que ellos juzgan que havitan en esta tierra, siendo propia suia, como en agena de que violenta y injustamente son privados, y estan persuadidos con persuasion, que tienen religiosa y pia, que Dios les encarga y manda que la cobren, y que les ayudarà para ello.

Junto con esto, es de considerar que todos estos Moriscos, en cuanto a la complexion natural, y por el consiguiente en cuanto al ingenio, condicion y brio son Españoles como los demàs que havitan en España [f° 22v°] pues ha casi novecientos años que nacen, y se crian en ella, y se echa de ver en la semejanza ò uniformidad de los talles con los demas moradores de ellos; y asi, es de entender que llevaran con impaciencia y corage el agravio que juzgan que se les hace en privarles de su tierra, y en no tratarlos con igualdad de honra y estimacion con los demas ciudadanos y naturales. Por que ellos, de la forma que ahora estàn, no se tienen por ciudadanos, no participando de las honras y oficios [f° 23r°] publicos y siendo tenidos en reputación tan inferior, notados con infamia y apartados en las Iglesias y Cofradias, y en otras Congregaciones y lugares.

Ils nous en veulent également, car ils estiment que toute l'Espagne est à eux, et qu'elle leur appartient au titre le plus légitime et le plus prestigieux qu'ils puissent imaginer, à savoir, par le fait de l'avoir conquise par la force des armes, en vue de la propagation de leur secte et par obéissance à leur prophète. Ils interprètent que Dieu leur a donné cette terre en en chassant les Goths et en en privant les habitants, en tant que possesseurs injustes et impies, de la même façon qu'il avait donné la terre de Canaan aux Israélites. Que Dieu ou son oracle leur ait donné un territoire, représente le titre le plus glorieux et le plus solide que les nations puissent revendiquer, selon ce que Jephté dit au roi des Ammonites : *Nonne ea, quae possider Chamos deus tuus, tibi iure debentur ? Quae autem Dominus Deus noster victor obtinuit, in nostrum cedent possesionem*[42]. De telle sorte qu'ils ont l'impression de vivre dans ce pays, qui est le leur, comme en un pays étranger, dont ils sont violemment et injustement privés, et ils sont intimement persuadés, par une conviction religieuse et pieuse, que Dieu leur ordonne de le récupérer, et qu'il les aidera dans leur entreprise.

Par ailleurs, il faut avoir présent à l'esprit que tous ces Morisques, quant à leur complexion naturelle, et partant, quant à leur intelligence, condition et esprit, sont aussi espagnols que ceux qui vivent en Espagne, puisqu'il y a presque neuf cents ans qu'ils y naissent et y grandissent, et on le voit à leur aspect physique qui ressemble étrangement à celui des autres habitants. Ainsi, il faut croire qu'ils endureront avec patience et courage l'affront qu'ils considèrent qu'on leur fait, en les privant de leur terre et en ne les traitant pas avec le même honneur et la même estime que les autres citoyens autochtones. Dans leur situation actuelle, ils ne se considèrent pas comme des citoyens, car ils ne jouissent pas des honneurs et des offices publics, sont moins bien considérés que les autres, discriminés ignominieusement et tenus à l'écart des églises, des confréries et d'autres congrégations.

42 Les Morisques voulaient reconquérir les territoires conquis par leurs ancêtres musulmans au VIIIe siècle. De la même façon que Dieu avait fait don de la terre promise aux Israélites quand ils sortirent d'Égypte (le livre de Josué raconte la conquête de Canaan par Josué et son partage entre les tribus d'Israël) ou que Jephté, juge d'Israël, s'était vu offrir le royaume d'Amnon (Juges, XI, 24), les Morisques, interprétant l'histoire en termes providentialistes, pensaient qu'Allah leur avait attribué les territoires d'Al-Andalus, comme signe de leur élection divine.

Y es asi como Platon y Aristoteles, y otros, que tratan de Republicas lo enseñan, que los que son excluidos de magistrados, y judicaturas, y oficios del gobierno, no son verdadera y enteramente ciudadanos, y se refieren à nombre y condicion de siervos, aunque no sean propios de ninguno de los ciudadanos, sino como en Lacedemonia los que [f° 23v°] llaman Ilotas y en Tesalia los « penestas », y otros a este modo en Creta, y en otras muchas partes, que no eran esclavos de este ni de aquel particular, sino que eran de las Naciones que antes poseian aquellas tierras

C'est ainsi que Platon, Aristote et d'autres auteurs qui traitent des républiques, nous apprennent que ceux qui sont exclus des charges de magistrats et de juges, et des fonctions gouvernementales, ne sont pas vraiment des citoyens à part entière, et ils parlent de serviteurs pour évoquer leur condition, même si ce qualificatif ne convient à aucun des citoyens, à l'exception de ceux qu'on nomme les Hilotes à Lacédémone, les Pénestes en Thessalie, et d'autres personnes de même condition en Crète et dans de nombreux endroits, qui n'étaient pas esclaves de tel ou tel particulier[43], mais faisaient partie des nations qui possédaient autrefois ces territoires

43 Aristote, *Politique*, Livre II, Chapitre VI, 2-4 : « Plus d'une fois l'esclavage des Pénestes a été dangereux aux Thessaliens, comme celui des Hilotes aux Spartiates. Ce sont d'éternels ennemis, épiant sans cesse l'occasion de mettre à profit quelque calamité [...] La première insurrection des esclaves chez les Thessaliens éclata précisément à l'occasion de leur guerre contre les Achéens, les Perrhèbes et les Magnésiens, peuples limitrophes [...] Traités avec douceur, ils deviennent insolents et osent bientôt se croire les égaux de leurs maîtres ; traités avec sévérité, ils conspirent contre eux et les abhorrent. Évidemment on n'a pas très bien résolu le problème quand on ne sait provoquer que ces sentiments-là dans le cœur de ses Hilotes » ; Athénée de Naucratis, *Le banquet des savants*, Livre VI, Chapitre XVIII, 85 (Pénestes) : « Les Thessaliens appelant Pénestes, non ceux qui sont nés d'esclaves, mais ceux qui ont été pris à la guerre, Théopompe le comique a fait un abus du mot Péneste lorsqu'il a dit : « D'un maître Péneste, le sénat (la maison) est toujours sale et sans ordre ». Les Pénestes s'appelaient aussi *Thessaloikètes*, selon ce que dit Philocrate, dans le second livre de l'histoire de Thessalie, si cependant cet ouvrage est vraiment de lui. Archémachus dit, dans son histoire d'Eubée, liv. 3 : « Des Béotiens qui avaient habité Arnaia, quelques-uns ne retournèrent pas en Béotie, mais arrêtés, par les attraits du pays d'Arna, ils se donnèrent aux Thessaliens pour en être les serfs, à condition qu'on ne les vendrait pas pour sortir de cette contrée, et qu'on n'aurait pas le droit de vie et de mort sur eux ; que de leur côté, ils cultiveraient la terre, et rendraient un tribut annuel des productions. S'étant donc fixés là, moyennant ces conditions, après avoir donné la propriété de leurs personnes, ils furent appelés Ménestes, maintenant Pénestes, et plusieurs d'entre eux sont actuellement plus riches que leurs maîtres » ; 87 (Hilotes) : « Platon remarque, dans le sixième livre de ses Lois, que l'état de l'esclavage présente mille difficultés. De tous les esclaves de la Grèce, les Ilotes de Lacédémone sont ceux sur qui il est le plus difficile de se prononcer ; les uns soutenant que la forme et la nature de cet esclavage sont avantageuses à cette république, et les autres les trouvant mauvaises. Il est moins difficile de se décider sur la servitude des Mariandyniens, esclaves des habitants d'Héraclée, et sur celle des Pénestes chez les Thessaliens [...] Ces hommes qui sont en la possession d'autrui, ont prouvé par expérience combien ils sont dangereux. On a vu, par les défections fréquentes des Messéniens, par ce qui est arrivé aux villes qui possédaient un grand nombre d'esclaves de la même nation, ou qui parlaient la même langue, combien il peut en résulter de maux. Ajoutons à cela les déprédations et les brigandages de toute espèce, à quoi se sont portés les esclaves marrons devenus pirates sur les côtes de l'Italie [...] Il n'y a donc que deux partis à prendre, 1° c'est de ne pas avoir d'esclaves du même pays si l'on veut en tirer un meilleur service, et, autant qu'il est possible, d'éviter qu'ils parlent la même langue ; 2° de les bien nourrir, encore plus par rapport à soi-même, que

y se havian quedado en ellas sugetos, sin nombre, ni privilegio de ciudadanos, y sin heredades ni posesiones, tenidos en poco y ocupados en viles ministerios. Todos los que en esta forma havitan en una provincia se hallan con disgusto y se tienen por agraviados y aborrecen à [f° 24r°] los ciudadanos y al estado presente de la Republica, y desean que se pierda y trastorne para que se vuelba lo de abaxo arriba, y se hagan los señores siervos y los siervos señores. No puede estar segura una Republica, no queriendo todas las partes de ella que salte y conserve, y no lo pueden querer los que entienden que les està mal la conservacion de ella. A la Republica de los Lacedemonios, que por muchas cosas de buen govierno fue celebrada, y loada, y la imitaron [f° 24v°] los Romanos,

et y étaient restés en état de soumission, sans avoir le nom et le privilège de citoyens, sans propriétés et possessions, discrédités et s'adonnant à de viles besognes[44]. Tous ceux qui vivent de la sorte dans un territoire, éprouvent du mécontentement, se sentent lésés et exècrent les citoyens et l'état actuel de la république ; ils souhaitent sa perte et sa dissolution, afin que le bas occupe le haut, que les seigneurs deviennent des domestiques et les domestiques des seigneurs[45]. Une république ne peut vivre en sécurité, si tous ses membres ne veulent pas assurer sa survie et sa conservation, et ceux qui réalisent que sa conservation leur fait du tort, ne peuvent le vouloir. Aristote blâme grandement la république des Lacédémoniens, [qui fut] célébrée, louée pour ses nombreuses actions de bon gouvernement et imitée par les Romains,

---

par considération pour eux ; de ne pas être violent, ni injuste à leur égard ; de les faire punir avec équité ; de ne point leur faire de représentations amicales, comme à des gens libres : ce ton ne servirait qu'à les amollir ».

44 Platon, *Les Lois*, Livre VI, 776c-777 : « L'Athénien : Je le conçois aisément, Mégillos, parce que, dans toute la Grèce, l'existence des Hilotes à Lacédémone est ce qui cause le plus d'embarras et de controverse, les uns soutenant que c'est une mauvaise, les autres une bonne institution. La dispute est moins vive à propos des Mariandynes, réduits en esclavage par les habitants d'Héraclée et la nation des Pénestes, esclaves des Thessaliens [...] Nous savons que tout le monde dit qu'il faut avoir des esclaves très bien intentionnés et très bons, et qu'il s'en est trouvé beaucoup qui ont été meilleurs à tous égards que des frères ou des fils, et qui ont sauvé leurs maîtres, ses biens et toute sa famille. Nous savons qu'on dit cela des esclaves. L'Athénien : Mais on dit aussi le contraire, qu'il n'y a rien de sain dans une âme d'esclave, et que, pour peu qu'on ait de sens, il ne faut jamais se fier en aucune manière à cette engeance [...] Les uns n'ont aucune espèce de confiance dans la race des esclaves ; ils les mènent à coup d'aiguillons et de fouets comme des bêtes féroces, et rendent leur âme non pas seulement trois fois, mais dix fois plus esclave ; les autres font tout le contraire. L'Athénien : Par conséquent l'esclave est une possession bien embarrassante. L'expérience l'a souvent démontré, témoin les révoltes habituelles si fréquentes chez les Messéniens, les maux qui arrivent dans les États où il y a beaucoup d'esclaves parlant la même langue, les vols et brigandages de toute sorte commis en Italie par ceux qu'on appelle des rôdeurs. À la vue de tous ces désordres, on est embarrassé sur le parti qu'il faut prendre en ces matières. Il ne reste que deux moyens : le premier, c'est d'avoir des esclaves qui ne soient pas du même pays et qui, autant que possible, ne parlent pas la même langue, si l'on veut qu'ils supportent plus aisément la servitude ; le second, de les bien traiter, non seulement pour eux-mêmes, mais plus encore en vue de notre propre intérêt. Ce traitement consistera à ne point abuser de son autorité à leur égard et à être encore, si c'est possible, plus juste envers eux qu'envers nos égaux [...] ».

45 Pedro de Valencia reprend ici le topique médiéval du monde à l'envers qui s'inscrit dans une culture de type carnavalesque. Le Baroque lui confère une dimension plus dramatique : celle d'un monde en crise en proie à la confusion (Mikhaïl Bakhtine, *L'œuvre de François Rabelais et la culture populaire au Moyen Âge et sous la Renaissance*, Paris, Gallimard, 1970).

reprehende y culpa mucho Aristoteles, por haber tenido en la tierra aquellos Ilotas, que debiera o haverlos hechado fuera, ò hecho amigos o ciudadanos, que se mezclaran y confundieran con los demàs. Por que es posession y hacienda mui desacomodada esta de los siervos o vecinos inferiores en las Republicas, que si los sueltan y les dan un buen trato, se entonan y quieren ser tan buenos como sus amos, y si los aprietan y maltratan, aborrecen y estàn en asechanzas [f° 25r°], esperando la suia. Algunas veces se levantaron los Ilotas contra los Lacedemonios, y les dieron bien en que entender, favoreciendose de los enemigos comarcanos de la Republica. Semejantemente acontecio a todas las Republicas que tuvieron en aquella manera, alguna gente apartada de el cuerpo de su comunidad en menor estimacion y tratamiento no tal. Por que es como una apostema, y achaque perpetuo, que se tiene con daño y riesgo ordinario de corrupcion, con que se venga à inficionar y corromper los miembros sanos [f° 25v°]. No solamente a las Republicas que tuvieron nacion de siervos dentro de si en aquesta manera, sino à todas las que permitieron a sus ciudadanos mucho numero de esclavos, les estuvo mal y padecieron Rebeliones de ellos y guerras serviles, que los pusieron en aprieto. Los Schitas, los Athenienses, el mismo Imperio Romano, quando estaba en su mayor grandeza, demàs de otros tumultos de menor consideracion, tuvo tres guerras serviles notables, en que perdio Exercitos y Capitanes, Pretores y Consules, y se vio [f° 26r°] en muy grande riesgo. Siendo las Rebeliones en Italia o Sicilia y estando los Exercitos serviles cercados por todas partes de amigos y subditos de aquel Imperio, sin haver reino ni poder extraño de que los siervos se pudiesen valer.

et il lui reproche d'avoir entretenu ces Hilotes sur son territoire, car elle aurait dû soit les expulser, soit en faire des amis et des citoyens, qui se seraient mêlés et mélangés aux autres. Dans les républiques, les domestiques ou citoyens de condition inférieure représentent une possession et un bien très embarrassants, car si on leur laisse la liberté et qu'on les traite bien, ils se haussent du col et veulent avoir autant que leurs maîtres, et si on les malmène et les maltraite, ils éprouvent de la haine et se mettent à l'affût, en attendant de tendre un guet-apens. À plusieurs reprises, les Hilotes s'étaient soulevés contre les Lacédémoniens et leur avaient donné du fil à retordre, en demandant l'aide des ennemis voisins de la république. Il est arrivé la même chose à toutes les républiques qui ont maintenu, de la sorte, des gens à l'écart du corps de leur communauté, en les discréditant et en les traitant mal. C'est comme une tumeur et un mal chronique qui représentent un danger et une menace ordinaire de contamination, et finiront par infecter et contaminer tous les membres sains. Les républiques qui ont hébergé en leur sein une communauté de domestiques, ainsi que toutes celles qui ont permis à leurs citoyens d'avoir un grand nombre d'esclaves, ont eu des problèmes, y compris des rébellions et des guerres serviles, qui les ont plongées dans l'embarras. Les Scythes, les Athéniens, l'Empire romain lui-même lorsqu'il était à son apogée, connut, en marge d'autres troubles de moindre envergure, trois guerres serviles importantes[46] au cours desquelles il perdit des armées, des capitaines, des préteurs et des consuls, et se trouva en grand danger. Les rébellions ayant lieu en Italie ou en Sicile, et les armées serviles étant partout entourées d'amis et de sujets de cet Empire, sans que les domestiques pussent compter sur un royaume et un pouvoir étranger.

46 Les trois guerres serviles se déroulèrent dans les zones intensives où l'exploitation des *latifundia* employait un grand nombre d'esclaves, durement traités, en Sicile et en Campanie. La première guerre servile (140 ou 139 av. J.-C.) était une révolte d'esclaves dirigée par Eunus, d'origine syrienne, dans la région d'Enna en Sicile. Les rebelles fondèrent un royaume sur une partie de la Sicile, appelé « royaume des Syriens » et administré selon le modèle des royaumes hellénistiques. La deuxième guerre servile (104 av. J.-C.) eut pour chefs Salvius-Tryphon et Athénion en Sicile et donna lieu également à la fondation d'un royaume hellénistique. La troisième guerre servile (73 av. J.-C.) fut la révolte de Spartacus à partir de Capoue en Campanie. Il s'agit de la dernière guerre que Rome dut livrer contre ses esclaves, mais la plus sérieuse, dans la mesure où elle vit la défaite de plusieurs unités romaines. À la suite de cette guerre, la condition des esclaves ruraux s'améliora sensiblement. Parmi les auteurs antiques ayant parlé de ces événements, on citera : Florus, *Abrégé de l'histoire romaine*, Livre II, chapitres 7 et 8 ; Tite-Live, *Histoire de Rome*, III, 15, IV, 7, 12, 45, XXXII, 26, XXXIII, 36 ; Tacite, *Annales*, IV, 27, XV, 46.

Conviene tener entendido que quantos esclavos hay en una casa o Republica, tantos enemigos mantiene, y fuera mejor con la posibilidad de la casa o del reino mantener a los amigos y ciudadanos fieles solamente; por que de mantener y multiplicar enemigos, se sigue tener muchos enemigos cerca, de [fº 26vº] nosotros, y donde mucho nos pueden ofender y privarnos de otros tantos amigos que se criaran y sustentaran con lo que se gasta en mantener enemigos.

Esta es cuenta y razon llana y evidente, que la han hecho todos los que bien han entendido y tratado de gobierno de Republicas. Cada Region y Provincia, conforme à su largueza, y fertilidad, y de la comodidad para labor y pastos puede mantener buenamente cierto numero de gente. Si aora se hiciese esta cuenta en España, comparando la tierra con [fº 27rº] la gente, se hallaría con mui menor numero de moradores de los que en otros tiempos ha tenido, y de los que es capaz y puede sustentar. Las causas de esta quiebra no son de este lugar. Ademàs de esto, se hallaria que la ocupan en gran parte havitadores enemigos, que estorvan y quitan el lugar a otros tantos amigos y mientras ellos más multiplicaren, menos seràn los amigos,

Il faut se dire que plus y a d'esclaves dans une maison ou une république, plus y a de bouches à nourrir, et il vaudrait mieux, en fonction des moyens de la maison ou du royaume, n'entretenir que des amis et des citoyens fidèles ; car, à force d'entretenir et de multiplier tout le monde sans exception, on se fait beaucoup d'ennemis domestiques qui peuvent nous attaquer et nous priver d'autant d'amis qui seraient élevés et nourris avec ce que l'on dépense pour l'entretien des ennemis.

C'est un constat clair et évident qu'ont fait tous ceux qui ont étudié et approfondi la question du gouvernement des républiques. Chaque région ou province, en fonction de sa richesse, de la fertilité de son sol, de son aptitude pour l'agriculture et l'élevage, peut subvenir aisément aux besoins d'un certain nombre de personnes. Si l'on faisait ce décompte à l'heure actuelle en Espagne, en comparant la superficie cultivable avec la population, on s'apercevrait qu'elle a un nombre d'habitants bien inférieur à celui qu'elle a eu par le passé, et qu'elle est en mesure d'entretenir[47]. Les causes de cette crise n'ont pas lieu d'être abordées ici[48]. En outre, on constaterait que l'Espagne est occupée en grande partie par des habitants ennemis, qui prennent la place de nombre de ses amis, et plus ils se reproduiront moins il y aura d'amis,

47 Pedro de Valencia évoque ici l'une des multiples facettes de la crise du XVIIe siècle : la chute démographique, phénomène qualifié de *despoblación* par les contemporains espagnols. L'Espagne du temps de Philippe III connaît un phénomène analogue à celui que connut la civilisation de Sparte à son déclin, comme le souligne à très juste titre Annie Molinié-Bertrand : « Les Spartiates, en effet, entre la fin du cinquième et le début du quatrième siècle avant Jésus-Christ, ont constitué une oligarchie terrienne et hégémonique ; ils ont gagné la guerre du Péloponnèse contre Athènes, la grande puissance maritime à la fin du siècle de Périclès : or, les Lacédémoniens ont très tôt souffert du nombre d'hommes, l'oligandrie. Ce terme, qui appartient à l'historiographie de la Grèce antique, désigne à la fois l'obsession fondée sur la constatation ou sur la crainte du manque d'hommes, notamment en pays dorien, et un concept important dans l'analyse des historiens comme Strabon, Xénophon et surtout Thucydide. Les Spartiates avaient en plus une hantise de l'eugénisme, de la noblesse de la race. Dans l'Espagne du Siècle d'or, on éprouve aussi la hantise du "despoblado", du désert d'hommes ; on a peur du dépeuplement ; dans ce pays qui a été puissamment impérial, on a ressenti pareillement l'obsession de la pureté de sang » (*Au Siècle d'or. L'Espagne et ses hommes*, Paris, Economica, 1985, p. 405-406).

48 L'humaniste de Zafra aborde cette question dans ses *Consideraciones acerca de enfermedades y salud del Reino* (*Considérations à propos des maladies et de la santé du Royaume*), discours rédigé entre 1613 et 1617. Comme le laisse entendre le titre, il s'agit d'une réflexion sur la politique impériale espagnole et sur les richesses des Indes (or et argent), considérées comme les deux causes principales de la crise qui affecte l'Espagne au début du XVIIe siècle (Pedro de Valencia, *Obras completas, IV. Escritos sociales*, León, Universidad de León, 1999, *Consideraciones acerca de las enfermedades y salud del Reino*, p. 513-527).

porque los iran impeliendo y hechando fuera, por no hacer la tierra tanta Gente, y havran de salir los mas ociosos y que han menester mas para mantenerse, y que [fº 27vº] tienen abierta puerta para Indias y Guerras y Religiones, y otras salidas que despues dirè, y quedaranse con la tierra los que trabajan y multiplican, y saben vivir con poco y no quieren salir ni tienen a qué.

(16) Conforme a estas consideraciones, fue muy advertido y prudente en razon de estado el temor y recato de Faraon, y de sus sabios acerca de los Israelitas: *Ecce populus filiorum Israel multus et fortior nobis est. Venite sapientes oprimamus eum, ne multiplicetur, et si ingruerit contra nos bellum, addatur inimicis [fº 28rº] nostris, et cet.*

Pero el medio que aquel rey tomó fue impío y desconveniente, y ninguno por prudentemente considerado e inventado que fuese, había de bastarle para estorbar el consejo de Dios.

(17) Las consideraciones dichas pertenecen por la maior parte a representar las razones que tiene el Reyno para recatarse de esta gente, como de enemigos certísimos. Restan las que pertenecen a mostrar que son muy de temer como poderosos. Estas son: que tienen el Turco y otros grandes imperios de su Nacion y secta a la [fº 28vº] mano, con que se pueden juntar,

parce qu'ils les inciteront à partir et les expulseront, car il n'y a pas assez de terres pour autant de monde ; les plus oisifs qui ont davantage besoin de subvenir à leurs dépenses, et qui ont la voie libre pour passer aux Indes, s'enrôler dans l'armée, entrer en religion et suivre d'autres voies dont je parlerai plus tard, devront quitter le territoire, tandis que ceux qui travaillent, se multiplient, savent se contenter de peu, ne veulent pas partir, et n'ont aucune raison de le faire, accapareront les terres.

(16) Au vu de ces considérations, la crainte et la méfiance de Pharaon et de ses sages envers les Israélites[49], étaient tout à fait justifiées et prudentes du point de vue de la raison d'État : « *Ecce populus filiorum Israel multus et fortio nobis est. Venite sapientes oprimamus eum, ne multiplicetur, et si ingruerit contra nos bellum, addatur inimicis nostris, et cet*[50] ».

Mais la mesure adoptée par ce roi, fut impie et inconvenante, et aucune autre, même si elle avait été pesée et élaborée avec prudence, n'aurait pu s'opposer à la volonté de Dieu.

(17) Les considérations précédentes visent, pour l'essentiel, à montrer pourquoi le royaume a raison de se méfier de ces personnes, et de les considérer comme ses ennemis jurés. Il reste celles qui entendent démontrer qu'ils sont extrêmement redoutables, à cause de leur puissance. Les voici : ils ont à portée de main le Turc et d'autres grands Empires de leur nation et de leur secte, avec lesquels ils peuvent s'allier[51],

---

49 Pour faire face à l'accroissement numérique des Israélites en Égypte, Pharaon envisagea des mesures qui étaient peut-être utiles d'un point de vue politique, mais profondément injustes d'un point de vue religieux et moral. Il entendait, ni plus ni moins, tuer à la naissance tous les nouveaux-nés de sexe masculin : « Les fils d'Israël fructifièrent et foisonnèrent, ils se multiplièrent et se renforcèrent beaucoup, beaucoup, si bien que le pays en fut rempli. Alors se leva sur l'Égypte un nouveau roi qui n'avait pas connu Joseph. Il dit à son peuple : "Voici que le peuple des fils d'Israël est plus nombreux et plus fort que nous. Allons ! Avisons-y, de peur qu'il n'augmente encore et que, lorsqu'une guerre surviendra, il ne se joigne à nos adversaires et guerroie contre nous pour remonter ensuite de ce pays !" [...] Puis le roi d'Égypte dit aux accoucheuses des Hébreux, dont l'une s'appelait Shifrah et la seconde Pouah : "Quand vous accoucherez les femmes des Hébreux et que vous verrez, sur le double siège, que c'est un fils, vous le ferez mourir ; mais si c'est une fille elle, elle pourra vivre" » (Exode, I, 7-16).

50 Exode, I, 10 : « Il dit à son peuple : "Voici que le peuple des fils d'Israël est plus nombreux et plus fort que nous. Allons ! Avisons-y, de peur qu'il n'augmente encore et que, lorsqu'une guerre surviendra, il ne se joigne à nos adversaires et guerroie contre nous pour remonter ensuite de ce pays !" ».

51 À partir de la rébellion des Alpujarras, l'alliance des Morisques avec les Turcs de l'Empire ottoman et les régences barbaresques d'Afrique du Nord en vue de la préparation d'un

cosa que no tenian los Israelitas en Egipto, ni los siervos que antiguamente se revelaron contra los Scithas, Lacedemonios, Chios y Romanos. La segunda es la muchedumbre y fecundidad de esta Nacion, con que ban creciendo grandemente cada dia, como se hallarà comparando los padrones o listas del numero que se repartio por el Reyno despues de la revelion de Granada, con el que aora ha resultado de ellos. Entiendese, a lo menos, que son oy sin comparacion muchos mas. Las causas [fº 29rº] de esta fecundidad y multiplicacion parece que son el ser toda esta gente en general exercitados y trabajadores, lo qual tambien les aprovecharà para que nazcan mas hijos varones que hembras, conforme a lo que dixo Hipocrates de los siervos de los Scithas: el ser templados y moderados en las comidas y no faltarles, por ser parcos y aplicados al trabajo, lo suficiente para mantenerse buenamente a si y a sus hijos, à los quales ponen desde mui pequeños en oficios y los muestran à trabajar y à que no sean ociosos y [fº 29vº] sin arte. Por esto no se ven mendigos casi ninguno.

ce qui n'était pas le cas des Israélites en Égypte, ni des domestiques qui jadis s'étaient soulevés contre les Scythes, les Lacédémoniens, les habitants de l'île de Chios et les Romains. La seconde considération concerne la prolificité et la fécondité de cette nation, raison pour laquelle les Morisques se reproduisent chaque jour davantage, comme on le verra en comparant les recensements ou les listes du nombre de ceux qui avaient été répartis dans tout le royaume à la suite de la rébellion de Grenade, avec leur nombre actuel[52]. Que l'on comprenne, du moins, qu'ils sont actuellement beaucoup plus nombreux. Les causes de cette fécondité et de cette multiplication, semblent être que tous ces gens sont, en général, besogneux et travailleurs, ce qui est un atout également pour que naissent plus d'enfants mâles que d'enfants femelles, selon ce que dit Hippocrate à propos des domestiques des Scythes : « leur frugalité et leur modération dans la nourriture, qui ne leur fait point défaut, car ils sont économes et appliqués dans leur travail, suffisamment pour subvenir aisément à leurs besoins et à ceux de leurs enfants, qu'ils mettent au travail dès leur plus jeune âge, et à qui ils apprennent à travailler et à ne pas rester oisifs et sans occupation, expliquent qu'il n'y ait presque pas de mendiants parmi eux[53] ».

---

complot, devint la véritable obsession de la monarchie hispanique. « Les Morisques de Grenade ayant été dispersés, l'attention se focalise sur la couronne d'Aragon. Le Saint-Office entretient la crainte d'une jonction des Morisques avec les ennemis de la monarchie espagnole, donnant à plusieurs reprises l'alerte sur des complots ourdis avec l'étranger. Ainsi, en 1574, après la perte de Tunis, l'Inquisition de Valence fait état des réjouissances des Morisques pour la victoire des Turcs, de livraisons d'armes venant d'Alger sur la côte de Gandia, et de contacts avec les protestants du Béarn. Trois ans plus tard, les inquisiteurs de Saragosse s'inquiètent d'un éventuel soulèvement des Morisques de Valence et peut-être d'Aragon, avec l'aide des Turcs [...] Le spectre d'une conspiration morisque ressurgit en 1582, quand l'Inquisition de Valence intercepte deux lettres en arabe destinées à Eudj Ali, qui gouverne Alger avec le soutien des Ottomans. Ces lettres mettent au jour un réseau de communications entre les Morisques et les ennemis de l'Espagne, joignant l'Aragon, Valence, la Castille, le Béarn et l'Afrique du Nord » (Isabelle Poutrin, *Convertir les musulmans. Espagne, 1491-1609*, Paris, PUF, 2012, p. 269-270).

52 Cette impression que les Morisques se reproduisent de façon exponentielle est due, en grande partie, au recensement inquisitorial de 1594 élaboré par les curés, dans lequel figuraient tous les Morisques grenadins qui avaient été déportés en Castille entre 1570 et 1571. Ce recensement laisse apparaître une hausse dans certaines zones castillanes, mais il s'agit-là d'un phénomène migratoire et non d'un accroissement naturel. Entre 1570 et 1609, le nombre de la population morisque est resté relativement stable, autour de 320 000 personnes (Antonio Domínguez Ortiz et Bernard Vincent, *Historia de los moriscos*, Madrid, Alianza Universidad, 1989, p. 83 et suivantes).

53 Hippocrate oppose les Scythes peu propres à la génération, à la fécondité de leurs esclaves : « Une race ainsi constituée ne saurait être féconde. Les hommes sont très peu portés aux

Juntase tambien lo que toda España hecha de ver y dice con sentimiento y temor: que de todos quantos nacen de esta gente ninguno se gasta en guerras ni pasa à las Indias, ni es clerigo ni fraile ni monja ni en otra manera por necesidad ni eleccion, ni se priva de dejar sucession; antes parece que todos, y cada uno de comun acuerdo procuran la multiplicacion de su Nacion, casan sus hijos y hijas mui muchachos, para que, si viven, tengan muchos hijos, y si mueren mozos, [fº 30rº] por temprano que sea, dejen alguno. También porque la pobreza no impida el casarse las mujeres, usan no darles dotes a las hijas, sino solamente un moderado ajuar y alhajas para ponerles casa. Puede ser que aqueste cuidado de multiplicar gente lo tengan por perteneciente a su Religion, para que haya muchos que la profesen, o que sea tambien consejo de Estado para crecer en mas numero que nosotros y poder mas y echarnos fuera. Para ambos intentos parece que procuro Mahoma la [fº 30vº] multiplicacion de los suyos por via de generacion, concediendo à cada Moro quatro mujeres legitimas, y de concubinas quantas cada uno pudiese mantener,

À ces raisons, vient s'ajouter également un phénomème que toute l'Espagne constate et ressent avec douleur et crainte : que parmi tous ceux qui naissent de ces gens, aucun ne va à la guerre ou aux Indes, n'est clerc, moine, religieuse ou autre, par nécessité ou par vocation, et ne se prive de laisser une succession. Bien au contraire, il semble que tous, et chacun d'entre eux, veillent, d'un commun accord, à l'accroissement de leur nation, marient leurs fils et leurs filles très jeunes, afin que, s'ils vivent, ils aient une nombreuse progéniture, et que s'ils meurent jeunes, même très jeunes, ils laissent quelques enfants. De la même façon, pour que la pauvreté n'empêche pas les femmes de se marier, ils ont l'habitude de ne pas doter leurs filles, mais de leur donner seulement un modeste trousseau et quelques bijoux pour leur installation. Il se peut qu'ils considèrent ce zèle à vouloir se multiplier comme faisant partie intégrante de leur religion, pour que ceux qui la professent soient plus nombreux, ou que ce soit aussi un avis de leurs conseillers pour se reproduire plus vite que nous, être plus puissants et nous mettre à la porte. Dans les deux cas, semble-t-il, Mahomet a cherché à accroître le nombre de ses fidèles, par le biais de la génération, en accordant à chaque Maure quatre épouses légitimes et autant de concubines qu'il serait en mesure d'entretenir[54].

plaisirs de l'amour, à cause de leur constitution humide, de la mollesse et de la froideur du ventre, circonstances qui rendent l'homme peu propre à la génération. Il faut encore ajouter que l'équitation continuelle les rend inhabiles à la copulation. Telles sont pour les hommes les cause d'impuissance. Pour les femmes, la surcharge de graisse et l'humidité des chairs empêchent la matrice de saisir la liqueur séminale. La purgation menstruelle ne se fait pas convenablement ; elle est peu abondante et ne revient qu'à de longs intervalles [...] Ajoutez à cela l'aversion pour le travail, l'embonpoint, la mollesse et la froideur du ventre. C'est pour toutes ces causes que la race scythe est nécessairement peu féconde. Les esclaves femelles en sont une grande preuve. Elles n'ont pas plutôt de commerce avec un homme, qu'elles deviennent enceintes, et cela parce qu'elles travaillent et qu'elles sont plus maigres que leurs maîtresses » (*Des airs, des eaux et des lieux*, chapitre 21). Comme le rappelle Juan Huarte de San Juan à la suite d'Hippocrate, l'oisiveté, les excès dans la nourriture et la boisson et le fait d'être toujours à cheval, sont des facteurs indéniables de stérilité, car ils rendent la semence masculine froide et humide (*Examen de los ingenios*, Éd. de Guillermo Serés, Madrid, Cátedra, 1989, p. 635, p. 85, note 46).

54 Dans le Coran, le prophète Mahomet condamne le célibat et encourage le mariage sous ses deux formes : monogame et polygame : « Mariez les célibataires d'entre vous et les gens de bien parmi vos esclaves, hommes et femmes. S'ils sont besogneux, Allah les rendra riches par Sa grâce. Car la grâce d'Allah est immense et Il est Omniscient » (Coran, XXIV, 32). La polygamie était prévue dans les cas où l'homme avait des moyens suffisants pour entretenir plusieurs épouses et concubines sous le même toit : « Et si vous craignez de n'être pas justes envers les orphelins... Il est permis d'épouser deux, trois ou quatre, parmi les femmes qui vous plaisent, mais, si vous craignez de n'être pas justes

porque sabia que para la guerra, que fue el principal intento de su Ley, el caudal principal, y el todo, son los muchos hombres, y que la tierra es herencia de los hijos de los hombres y que las tierras y posessiones de los que mueren y se acaban sin sucesion han de ser de los vivos y que quedan al mundo. Considerese, pues, a este paso que llevan los moriscos en multiplicarse, en quan pocos años nos vendran a exceder en numero, y por lo consiguiente [f° 31r°] en fuerzas. Por que si dos mercaderes pusiesen compañia con caudales desiguales (como poniendo uno ciento y otro diez) para ganar a respecto, y el que puso los ciento fuese gastando de sus ganancias, y el que havia puesto diez no gastase nada de las suias, sino las que fuese dexando para que acrecentasen el capital, con mucha brevedad seria este más rico que su compañero, y si el otro era gastador y no le bastaban las ganancias para el gasto ordinario, consumiria su capital y el que puso diez quedaria con toda la tienda. Asi parece [f° 31v°] que lo van haciendo de proposito y de pensado los Moriscos, mientras mas ven que nos vamos gastando, mas procuran ellos conservarse y crecer, hasta que hechen de ver que hemos quedado pocos, y que por ellos son muchos, y nos puedan decir: *Haec mea sunt veteres, migrate coloni.* Para este intento aiudales mucho el ser ellos mui conocidos entre si, y señalados con la diferencia de la lengua, no solo de la arabiga, sino que quando hablan la castellana, con el tono y el ayre del hablar, y con la pronunciacion de lo arábigo que en estotra retienen [f° 32r°], se conocen, y los conocemos, demas de en los trages y costumbres. Esto que sean ellos notables y conocidos entre si nos es una de las cosas mas perniciosas o la mas de quantas tiene esta gente.

Car pour la guerre, qui fut le principal objectif de sa loi, il savait que la principale richesse réside dans le nombre des hommes, que la terre est l'héritage des fils de l'homme, et que les terres et propriétés de ceux qui meurent sans succession, reviendront aux vivants et à ceux qui restent sur cette terre. Que l'on considère donc, à la vitesse à laquelle les Morisques se reproduisent, que dans très peu d'années, ils seront plus nombreux que nous et, par conséquent, plus forts. Si deux marchands montaient une affaire en apportant des montants inégaux (l'un mettant cent et l'autre dix, par exemple) pour gagner en proportion, et que celui qui avait mis cent dépensait ses bénéfices, et que celui qui avait mis dix n'en dépensait aucun, hormis ceux qu'il avait mis de côté pour accroître son capital, il deviendrait très vite plus riche que son associé ; si celui-ci était dépensier et n'avait pas assez de bénéfices pour ses dépenses ordinaires, il engloutirait le capital, et celui qui avait mis dix se retrouverait seul à la tête de la boutique[55]. C'est l'exemple que semblent suivre les Morisques, sciemment et en toute connaissance de cause ; plus ils voient que nous faiblissons, plus ils essaient de se renforcer et de s'accroître, jusqu'à ce qu'ils s'aperçoivent que nous sommes en petit nombre et qu'eux sont nombreux, et qu'ils puissent nous dire : *Haec mea sunt veteres, migrate coloni*[56]. À cette fin, la différence de langues les aide énormément à être reconnaissables et à se repérer entre eux. Lorsqu'ils s'expriment en arabe, mais aussi quand ils parlent le castillan, ils sont reconnaissables et nous les reconnaissons, à leur intonation, à leur façon de parler et à leur reste de prononciation arabe, sans parler de leur habillement et de leurs coutumes. Le fait qu'ils soient visibles et reconnaissables entre eux, est pour nous quelque chose de pernicieux, pour ne pas dire la chose la plus pernicieuse, de toutes celles que l'on trouve chez ces gens.

---

avec celles-ci, alors une seule, ou des esclaves que vous possédez. Cela afin de ne pas faire d'injustice (ou afin de ne pas aggraver votre charge de famille) » (Coran, IV, 3).

55 L'histoire des deux marchands rapportée par Pedro de Valencia ressemble, par certains côtés, à la parabole du riche marchand et du pauvre Lazare que l'on trouve dans le Nouveau Testament (Luc, XVI, 19-26).

56 Virgile, *Bucoliques*, Églogue IX, 4 : « –Moeris : Ah ! Lycidas, fallait-il vivre si longtemps pour voir enfin ce que nous n'avions jamais craint, un étranger maître de notre petit champ nous dire : "Ceci est à moi ; vieux habitants, émigrez ailleurs ?". Maintenant, forcés de céder, réduits à gémir, puisque le sort bouleverse tout, nous envoyons ces chevreaux au ravisseur : puisse la chose mal tourner pour lui ! ».

Por que por mui poderosos y muchos que ellos fuesen, si no estuviesen diferenciados ni se conociesen unos a otros, ni sabrian su numero ni sus fuerzas, ni se atreverian a levantar, ni se podrian juntar. Para los motines y reveliones es necesario, y sin que no se pueden comprender, que los rebeldes se conozcan las cabezas de ellos, por [fº 32vº] comunicacion para consejo, y los allegados por alguna insignia o señal, para atreverse y juntarse. En las reveliones de Flandes se vio esto y en cada levantamiento o motin se ha visto y vera todas las veces. Hay muchos ejemplos en las historias. Para esta consideracion y para la precedente, es muy a proposito lo que refiere Seneca en el capítulo 24 de el libro primero *De clemencia*: dice que se tratò en el Senado Romano que los siervos anduviesen distintos y diferenciados en trage y vestido conocido de los libres [fº 33rº] y ciudadanos, y aunque esto tenia alguna apariencia de ser conveniente, pero que bien considerado, se entendio a quan grande riesgo se ponía el estado de la Republica, si los siervos anduviesen señalados, y se conociesen, y supiesen en quan gran numero eran, y juntamente pudiesen contar a los libres para, en pareciéndoles que la ventaja no era mucha o que estaba de su parte, acometer y matarlos: *in dicta es aliquando a senatu sententia ut servos a liberis cultus distingueret; deinde adparuit quantum periculum inmineret, si servi nostri [fº 33vº] numerare nos coepissent.*

Ils auraient beau être nombreux et très puissants, s'ils n'étaient pas différenciés et ne se reconnaissaient pas mutuellement, ils ignoreraient leur nombre et leurs forces, n'oseraient pas se soulever et ne pourraient pas s'unir. Pour les émeutes et les rébellions, il est nécessaire, car sans cela elles n'aboutiraient pas, que les rebelles connaissent leurs chefs, pour communiquer et transmettre des informations, et les membres de leur entourage, pour se donner du courage et se rassembler à la vue d'un étendard ou au son du moindre signal. Ce fut le cas lors des rébellions en Flandre[57], et à chaque soulèvement ou mutinerie, c'est ce qui s'est produit et se reproduira. Ce ne sont pas les exemples qui manquent dans les livres d'histoire. Pour cette considération et pour la précédente, ce que rapporte Sénèque au chapitre 24 du premier livre *De clemencia*, tombe à point nommé. Il explique que le Sénat romain se demanda si les domestiques devaient porter des habits distinctifs pour que les citoyens libres pussent les reconnaître ; et bien que cette mesure semblât souhaitable à première vue, on s'aperçut très vite que l'on faisait courir un grand danger à l'état de la république, si les domestiques étaient marqués, pouvaient se reconnaître, savaient qu'ils étaient en très grand nombre et, par la même occasion, pouvaient dénombrer les citoyens libres, pour les attaquer et les tuer, dès qu'ils leur semblerait que l'avantage [numérique] était faible ou qu'il penchait en leur faveur : *dicta es aliquando a senatu sententia ut servos a liberis cultus distingueret ; deinde adparuit quantum periculum inmineret, si servi nostri numerare nos coepissent*[58].

57 La guerre des Quatre-Vingts-Ans, appelée également révolte des Pays-Bas, est le soulèvement armé que menèrent contre la monarchie espagnole de Philippe II et de Philippe III, de la bataille de Heiligerlee (1568) aux traités de Westphalie (1648) – avec une trêve de 1609 à 1621 –, les provinces s'étendant aujourd'hui sur les Pays-Bas, la Belgique, le Luxembourg et le nord de la France. En 1581, par l'Acte de La Haye les sept provinces septentrionales – Hollande, Zélande, Overjissel, Frise, Groningue, Gueldre et Utrecht – devinrent indépendantes sous le nom de Provinces-Unies. Cette indépendance ne fut reconnue officiellement par l'Espagne qu'en 1648 (Théodore Juste, *Histoire de la Révolution des Pays-Bas sous Philippe II*, Paris, Durand, 1855 [ouvrage en ligne]).

58 Sénèque, *De la clémence*, I, XXIV, 1 : « On fit jadis, dans le sénat, la proposition de distinguer par le vêtement les esclaves des hommes libres ; mais l'on sentit bien vite quel péril nous menacerait du jour où nos esclaves commenceraient à nous compter. Sachez que même chose est à craindre, si l'on ne fait grâce à personne : on verra bientôt combien l'emporte la masse des citoyens dépravés ».

Siendo esta distincion tan acomodada para sus intentos, y tan desconveniente y de peligro para la seguridad del Reyno, se les permite y dissimula contra la disposicion de algunas leyes, que han provehido en el particular de la lengua y en algunas otras cosas. Pero, lo que es mui peor, que se les concede que con provision y autoridad real y Comisarios propios hagan lista y Padron del numero de casas y personas que tienen en el Reyno, y de la hacienda de cada uno, que es como el censo que se hacia [f° 34r°] en Roma, prevencion convenientisima para guerra, que se tenga sabido qué tanta gente hay de hedad, y fuerzas para tomar armas, y que posibilidad de dinero. Pluguiera a Dios hiciera el Reyno diligencia semejante para su defensa, como lo permite y ve con descuido que la estàn haciendo los Moriscos para ofenderle. Dicen que para que repartan entre si las cargas de los tributos especiales que les tocan;

Cette distinction étant si commode pour mettre à exécution leurs projets, et si inconvenante et dangereuse pour la sécurité du royaume, on les autorise cependant à vivre dans la dissimulation, contre la disposition de certaines lois, qui ont statué sur la question de la langue et d'autres points[59]. Mais, bien pire encore, on les autorise par décret de l'autorité royale et de leurs propres commissaires, à établir des listes et des recensements du nombre de foyers et de personnes qui résident dans le royaume, avec la fortune de chacun d'entre eux, ce qui ressemble étrangement au recensement que l'on faisait à Rome, prévention des plus utiles avant de faire la guerre, de connaître le nombre de personnes qui sont en âge et en condition de porter les armes, et les moyens financiers dont on dispose. Ah si le royaume avait fait preuve de la même diligence pour sa défense que celle dont font preuve les Morisques pour l'attaquer, diligence qu'il autorise et constate avec négligence ! Ils disent [qu'ils le font] pour répartir entre eux les charges des tributs spéciaux dont ils doivent s'acquitter ;

59 En matière de politique d'acculturation, la pragmatique du 17 novembre 1566, décrétée par Philippe II, fut la plus décisive. Citons-en quelques passages : « 1. Nous ordonnons et commandons que les Morisques de nos royaumes n'achètent point d'esclaves noirs et n'en gardent point [...] ; 2. Nous ordonnons et commandons que passé trois années (lequel terme nous accordons aux Morisques pour qu'ils apprennent à parler et à écrire notre langue castillane qu'ils nomment *aljamia*), aucun desdits nouveaux convertis du royaume de Grenade, homme ou femme, ne puisse parler, lire ou écrire en langue arabe, dans sa maison ou dehors, secrètement ou publiquement, mais qu'ils parlent, écrivent, lisent et conversent dans notre langue castillane [...] ; 3. Nous ordonnons et commandons que maintenant et d'ores en avant aucun desdits nouveaux convertis du royaume de Grenade, ni aucun de leurs descendants ne puissent faire ni couper des *almalafas*, des *marlotas*, ni d'autres chausses ou vêtements qui se portaient du temps des Mores ; et que les vêtements qui se feront à l'avenir soient pareils à ceux que portent les chrétiennes de race [...] ; 4. Nous ordonnons et commandons que maintenant et d'ores en avant il n'y ait ni puisse y avoir dans le royaume de Grenade des bains artificiels ; que ceux qui existent soient supprimés et démolis, et qu'aucune personne de quelque état ou condition qu'elle soit ne puisse user desdits bains et s'y baigner [...] ; 5. Nous ordonnons et commandons que les nouveaux convertis, pendant leurs noces, épousailles et fiançailles, n'usent point de rites, coutumes, cérémonies, divertissements et solennités dont on usait au temps des Mores ; que dans lesdites noces, épousailles et fiançailles, ils tiennent ouvertes les portes de leurs maisons, et qu'ils le fassent également les vendredis sur le soir, les dimanches et les jours de fête ; que dans ces noces ils ne fassent point de *zambras* ni de *leylas* avec des instruments morisques, quand bien même ils ne chanteraient rien qui soit contre la foi et la religion. D'autre part, nous défendons aux nouveaux convertis de prendre ni donner des noms ou surnoms de Mores, et défendons à ceux qui en ont de les garder. Nous défendons aussi que les femmes se servent d'*alhena* (de henné) » (Albert de Circourt, *Histoire des Mores, Mudéjares et des Morisques ou des Arabes d'Espagne sous la domination des chrétiens*, Paris, Chez G. A. Dentu, 1846, t. II, Appendice VIII).

este es el pretexto, pero, quien les quita que lo hagan ellos principalmente para saber sus fuerzas y dar aviso de ellas al Turco y à los Reyes [f° 34v°] de Africa y para con esta cubierta tener magistrados y cavezas, por cuio medio se comuniquen y confederen para rebelión? Mas monta el inconveniente que aquesto contiene que todos los tributos que ellos pagan, principalmente por lo que toca a la causa de Dios y de la Cristiana Religion. Porque aquestos sus Comisarios son alfaquíes y predicadores de el Alcoran, que corren la tierra instruyendo e informando a los Moriscos en su ley. Assi lo averiguò mui pocos años ha el Tribunal de la Inquisicion de Llerena de un [f° 35r°] Juan Lopez, morisco de Pastrana, comisario *qui pertransiit malefaciendo* por toda la Extremadura, predicando el Mahometismo. Este y otros muchos de sus oyentes han sido castigados y es de temer que hayan quedado muchas raices de aquel cancer. Facil sera de remediar esto, porque no es mas que dexar de hacer. No cometer la cobranza y el repartimiento de aquellos tributos a Moriscos ni a otras personas particulares, sino à los concejos ò corregidores en cada lugar, ò distrito, aunque no se huviese [f° 35v°] de hacer el repartimiento con tanta justificacion ni gusto de ellos como por mano de los Moriscos.

voici leur alibi, mais qui ne dit qu'ils ne le font pas principalement pour connaître l'état de leurs forces et en rendre compte au Turc et aux rois d'Afrique, et pour avoir, sous ce prétexte, des magistrats et des chefs militaires, grâce à qui ils communiqueront et se regrouperont pour organiser la rébellion ? L'inconvénient que cela représente revient plus cher que tous les tributs qu'ils paient, plus précisément pour ce qui est de la cause de Dieu et de la religion chrétienne. Car ces commissaires sont des *alfaquis* et des prédicateurs du Coran, qui parcourent le pays pour instruire et éduquer les Morisques dans leur loi. C'est ce que le tribunal de l'Inquisition de Llerena a découvert, il y a très peu d'années, à travers un dénommé Juan López, un Morisque de Pastrana, commissaire *qui pertransiit malefaciendo*[60] dans toute l'Estrémadure, en prêchant le mahométisme[61]. Ce dernier et plusieurs de ces disciples ont été punis, mais il est à craindre qu'il reste encore de nombreuses racines de ce cancer. Il sera facile d'y remédier, car il s'agit tout simplement de ne rien faire. Ne pas confier la collecte et la répartition de ces tributs aux Morisques et à d'autres particuliers, mais aux conseils ou aux corrégidors de chaque localité ou district, même si la répartition ne se fait pas avec autant de justesse et de zèle que quand les Morisques s'en chargeaient.

60 Actes des apôtres, X, 38 : « [...] et comment Dieu a oint d'Esprit saint et de puissance Jésus de Nazareth, qui a passé en faisant le bien et en guérissant tous les opprimés du diable, parce que Dieu était avec lui ». Par rapport à Jésus, Juan López apparaît comme l'Antéchrist qui fait le mal et contamine les fidèles autour de lui.

61 Juan López était peut-être le fils de Hernán López el Ferí, riche marchand morisque grenadin dont la rente annuelle était estimée à 9000 ducats et qui, à la veille de l'expulsion, possédait quinze métiers à tisser de soie et une boutique de soieries dans la ville de Pastrana. « Au mois de mars 1610 prend fin l'expulsion des 2214 Morisques de Pastrana. Hernán López el Ferí ne faisait pas partie de la liste des expulsés, cependant, ses deux fils, Diego et Juan López el Ferí, sont exilés [AHN. Sección Clero. Legajo 2179. Convento de Nuestra Señora del Carmen de Pastrana]. Hernando López el Ferí mourut le 11 décembre 1612 ; sur son avis de décès figurait le texte suivant : "Mardi 11 décembre mourut Hernán López el Ferí, originaire du royaume de Grenade. Il rédigea un testament, reçut tous les sacrements de l'ordre de saint François et fut enterré dans le *Convento de San Francisco* [Archivo colegiata de Pastrana, Libro 3° defunciones, fol. 243v] » (Carlos Ballesta, *El señor de la seda*, Grenade, Miguel Sánchez, 2020, p. 263).

Hacelos poderosos y de temer, demas de las tres cosas dichas, el ser por la mayor parte gente usada en el trabajo, exercitada, agil y suelta, y, en fin, como unas zebras, como las que pintò el oraculo dicho de Agar, y asi son mui buenos para soldados. Por que para esto no vale tanto el tener muchas fuerzas, brio y animosidad, como el ser para caminar, y trasnochar, y padecer hambre y descomodidades de calor, y frío, pasar con poca [fº 36rº] y mala comida, no extrañar el dormir en el suelo, y al sereno. Un cavallo regalado y de precio, mayor fuerza y impetu tendra para algunas carreras, y embestirà y derribarà con furia à un rocin. Pero en la guerra mas de uso, y de dura, son los rocines usados en el travajo. Los Moriscos, pues, por la mayor parte son cavadores, segadores, pastores, hortelanos, correos de a pie, recueros, herreros, y de otros oficios de trabajo y exercicio; estan hechos à gastar poco y pasar con qualquiera poca y mala comida, y quando no [fº 36vº] fuese mas que el no beber vino, es una grande ventaja que nos tienen para en la guerra, porque el del vino es un mui grande gasto y, en faltandoles a los soldados, que lo usan de beber, desmayan y sienten mas la falta de el que la de la polvora.

Ce qui les rend puissants et redoutables, outre les trois points précédents, c'est que la plupart d'entre eux sont des gens rompus au travail, besogneux, agiles et alertes et, en fin de compte, semblables à ces zèbres dépeints par cet oracle d'Hagar[62] ; et aussi font-ils d'excellents soldats. Car dans ce domaine, ce qui compte ce n'est pas tant d'avoir beaucoup de force, d'énergie et d'animosité, que de pouvoir marcher longtemps, se coucher tard, endurer la faim et les affres de la chaleur et du froid, manger peu et mal, et ne pas rechigner à dormir à même le sol et à la belle étoile. Un cheval délicat et précieux aura plus de force pour certaines courses, chargera et renversera furieusement un roncin, mais pour la guerre, les roncins habitués au travail s'avèrent plus performants et plus résistants. Dans leur immense majorité, donc, les Morisques sont bêcheurs, moissonneurs, faucheurs, bergers, maraîchers, messagers, muletiers, forgerons, et exercent d'autres métiers pénibles[63] ; ils sont habitués à peu dépenser et à manger frugalement et mal, et le seul fait de ne pas boire de vin est un avantage qu'ils ont sur nous pour la guerre, parce que le vin représente une très grande dépense et, dès qu'il vient à manquer aux soldats qui ont l'habitude d'en boire, ils se sentent mal et en ressentent davantage le manque que celui de la poudre à canon[64].

62 Genèse, XVI, 12 : « Quant à lui, il sera un maître onagre. Sa main sera contre tous et la main de tous contre lui. Il demeurera face à tous ses frères ».

63 Pedro de Valencia élabore une sociologie professionnelle des Morisques. À en juger par les professions qu'il cite – bergers, jardiniers, moissonneurs, muletiers et « autres métiers durs et physiques » – ils seraient majoritaires dans le secteur primaire, nombreux dans le secteur secondaire – l'artisanat – et minoritaires dans le secteur tertiaire. Cependant, le panorama qu'il dresse ne tient pas compte de l'existence d'une élite morisque au sein du groupe, ni des énormes variétés régionales. En effet, à Valence et à Murcie, les Morisques représentent une main-d'œuvre exclusivement agricole au service des seigneurs laïcs et ecclésiastiques, tandis qu'en Castille, ils sont davantage spécialisés dans l'artisanat et le petit commerce, et jouissent d'un statut de travailleurs libres.

64 D'une certaine manière, le portrait du Morisque besogneux, économe et sobre correspond à l'image de la république que Pedro de Valencia appelle de ses vœux : un État qui ne tire pas sa richesse des échanges commerciaux et monétaires, mais des produits de la terre, du bétail et de l'industrie. Ce physiocratisme mâtiné d'un certain puritanisme bourgeois, que l'on retrouve à la même époque dans les milieux calvinistes, est aux antipodes de la mentalité *hidalguista* qui prévalait en Espagne et qui détournait les gens des activités productives. Selon Barthélémy Joly, ce mépris du travail manuel n'était pas seulement une prérogative des élites sociales, mais aussi des couches inférieures : « Quant aux petites gens de métier, remarque Barthélémy Joly à propos des artisans de Valladolid, ne pouvant faire autrement que de travailler à gagner leur vie, ils le font par une manière d'acquit ; la plupart du temps ils sont dédaigneusement assis près de leur boutique et, dès les deux ou trois heures de l'après-dîner, se promènent avec l'épée au côté ; que s'ils

Bien vio esto Mahoma, y como encabezaba su Ley toda a guerra, mandò à sus moros con pretexto de Religion que no bebiesen vino, cosa que tambien les fue de provecho para que no plantasen viñas ni heredades grandes, a que se aficionasen, y no quisiesen [fº 37rº] ir a la guerra por no dexarlas: que por esto parece que Recab, el suegro de Moysèn, mando a sus hijos y descendientes que no bebiesen vino. Eran Arabes y pastores, conveniales mudar regiones à menudo, buscando comodidad de pasto para sus ganados en imbierno y en verano. Si ponian viñas obligavanse a ocupacion perpetua de cultivarlas, no querrian alexarse mucho de ellas. Beber vino a los pastores, demas de ser costoso, tiene inconveniente de que por irlo a buscar à los pueblos dexen el ganado y se entretengan [fº 37vº] en las Tabernas, y se duerman y no estèn tan alerta y tan en si como requiere el oficio.

(18) El haver representado la grandeza de la enemistad y de las fuerzas y de la comodidad para ofender con que los Moriscos estàn armados contra el Reyno, podia tener dos inconvenientes, ò causarnos cobardia y desmayo y desesperacion del remedio, con la consideracion de la gravedad de la enfermedad, ò incitar a ira y enojo apasionado y desmoderado, para hacer castigo injusto, y de hecho tomar venganza [fº 38rº] de esta gente, y procurar acabarla, aunque fuese por via no justa. Ambos eran de temer y otros.

Mahomet l'a bien compris, et comme sa loi tendait entièrement vers la guerre, il ordonna à ses Maures, sous couvert de la religion, de ne pas boire de vin, interdiction qui leur fut également profitable pour ne pas planter de vignes ou fonder de grands domaines, auxquels ils se seraient attachés au point de ne plus vouloir les quitter et aller à la guerre[65]. C'est pourquoi, Rékab, le beau-frère de Moïse, ordonna, semble-t-il, à ses enfants et descendants de ne pas boire de vin. C'étaient des Arabes et des bergers, il leur fallait très souvent changer de région, pour se mettre en quête d'agréables pâturages pour leur bétail en hiver et en été. S'ils plantaient des vignes, ils seraient obligés de les cultiver en permanence, et ne voudraient pas trop s'en éloigner. Que les bergers boivent du vin est non seulement coûteux, mais présente aussi des inconvénients, car pour aller s'en procurer au village, ils abandonnent leurs troupeaux et s'attardent dans les tavernes, s'endorment et ne sont pas aussi vigilants et sur leurs gardes que l'exige leur métier.

(18) Le fait d'avoir représenté la grande hostilité, les forces et la facilité à attaquer avec laquelle les Morisques sont armés contre le royaume, pourrait avoir deux inconvénients : soit nous rendre craintifs, peureux et sceptiques quant au remède à prendre face à la gravité de la maladie ; soit nous pousser à la colère et à la furie passionnée et immodérée, pour adopter une punition injuste et, de fait, nous venger de ces gens et essayer de les éliminer, y compris de façon injuste. Ces deux inconvénients, et d'autres, seraient à craindre.

---

arrivent à amasser deux ou trois cents réaux, les voilà nobles » (Marcelin Defourneaux, *La vie quotidienne en Espagne au Siècle d'Or*, Paris, Hachette, 1964, p. 45).

65 Pedro de Valencia vante la sobriété des Morisques en opposant leur hygiène de vie à celle des soldats espagnols qui ne peuvent se passer de vin sans être au bord du malaise. Avec beaucoup d'ironie, il félicite le prophète Mahomet d'avoir inscrit l'interdiction du vin dans le Coran : « Ô les croyants ! Le vin, le jeu de hasard, les pierres dressées, les flèches de divination ne sont qu'une abomination, œuvre du Diable. Écartez-vous en, afin que vous réussissiez. Le Diable ne veut que jeter parmi vous, à travers le vin et le jeu de hasard, l'inimitié et la haine, et vous détourner d'invoquer Allah et de la Salat. Allez-vous donc y mettre fin ? » (Coran, V, 90-91). Quelques lignes plus loin, Pedro de Valencia nous rappelle que cette interdiction figurait déjà dans l'Ancien Testament. Dans le livre de Jérémie, Jonadab, fils de Récab, ordonne à ses enfants et descendants de ne plus boire de vin et de ne pas cultiver la vigne : « Nous ne boirons pas de vin, car Jonadab, fils de Récab, notre père, nous a donné un ordre, en disant : "Vous ne boirez pas de vin, ni vous, ni vos fils à jamais ; vous ne bâtirez pas de maison, vous ne sèmerez pas de semence et vous ne planterez pas de vigne, vous n'aurez rien de tout cela, car vous habiterez sous des tentes, durant tous vos jours, afin que vous viviez des jours nombreux, sur la surface du sol, où vous séjournerez !" ».

Si este discurso se escriviera para en publico y para el vulgo que suele moverse con liviandad a temor o indignacion, seria culpado el que *disolveret manus virorum bellantium*, como le oponían al Profeta Jeremias, ò quisiese irritar al pueblo à injusta venganza, pero esta consultacion se propone a la Majestad del Rey nuestro Señor, y a las personas de su mas interior consejo, de cuia fortaleza y entereza de animo generoso [f° 38v°] debemos estar ciertos, no se perturbara con temor, antes con la presencia del peligro y con el celo de la gloria de Dios, y del publico bien, y de la reputacion propia y del Reyno, se inflamara, y incitara y mostrara mayor su valor y brio en la maior necesidad, como dicen que suele el leon, en viendose apretado y puesto en afrenta, que antes que lo hieran y lo piquen, el mismo se bate y hierre con la cola para despertar en si el orgullo, y tomar corage contra los que intentan ofenderle, y el leon [f° 39r°] simbolo es y blason del Rey de España.

Tambien se debe tener toda satisfaccion y seguridad de un Rey tan pio y benigno y verdaderamente Cristiano y Catolico que por ningun riesgo ni provecho ni comodidad temporal harà cosa con que sepa que se ofende la divina Majestad del Rey Supremo, que es el unico temor de los Reyes Cristianos y de todos los animos generosos. Digo que solo

Si ce discours s'adressait au grand public et au vulgaire[66] qui, avec inconstance, penche aussi bien du côté de la crainte que de l'indignation, on accuserait celui qui *disolveret manus virorum bellantium*[67], comme on accusait le prophète Jérémie, ou celui qui voudrait inciter le peuple à une injuste vengeance. Mais cette consultation s'adresse à Sa Majesté le roi notre seigneur, et aux personnes les plus intimes de son Conseil, dont l'intégrité, la vigueur d'esprit et le courage, ne se laisseront point troubler par la peur, cela ne fait aucun doute. Au contraire, face à l'imminence du danger, et mues par le zèle de la gloire de Dieu, du bien public, de l'honneur personnel et de celui du royaume, elles s'enflammeront, s'enhardiront, et montreront davantage de bravoure et de vivacité dans la plus grande adversité. On dit que c'est ce que le lion a l'habitude de faire, dès lors qu'il se sent acculé et outragé ; car avant d'être blessé et piqué, lui-même se frappe et se blesse avec sa queue pour réveiller en lui l'orgueil et se donner du courage face à ceux qui essaient de l'attaquer, et le lion est le symbole et la devise du roi d'Espagne[68].

On doit être aussi entièrement satisfait et rassuré d'avoir un roi si pieux et bienveillant, vraiment chrétien et catholique qui, pour aucun bénéfice ou intérêt temporel, ne prendra le risque de faire ce qui peut porter atteinte à la divine majesté du roi suprême, la seule crainte des rois chrétiens et de toutes les âmes généreuses. Je dis que c'est la seule

66 Pedro de Valencia dit clairement que son texte ne s'adresse pas au peuple (*vulgo*), dont l'opinion est peu fiable, mais au roi Philippe III et à son entourage immédiat. C'est la raison pour laquelle il ne fut jamais imprimé du vivant de son auteur, demeurant à l'état d'éternel manuscrit autographe. Il est destiné à une communication privée qui ne doit pas sortir des coulisses du palais royal. Dans la plus pure tradition horacienne du *odi profanum vulgus*, l'auteur fait valoir son mépris vis-à-vis des vaines opinions du *vulgo*. La matière dont il traite est trop sérieuse pour qu'elle puisse circuler entre toutes les mains. Il veut éviter d'éveiller chez son lecteur deux passions contraires à la raison : la peur ou la haine vis-à-vis des Morisques.

67 Pedro de Valencia ne souhaite pas non plus revivre l'expérience du prophète Jérémie qui avait été jeté dans une citerne par les chefs militaires de Jérusalem qui l'accusaient de faire le jeu des Chaldéens, de défendre son intérêt personnel au détriment de celui de la communauté : « Les princes dirent au roi : "Qu'on mette à mort cet homme ! Car il ne fait qu'affaiblir les mains des hommes de guerre qui restent en cette ville et les mains de toute la population, en leur disant de telles paroles ; cet homme, en effet, ne cherche pas le salut pour ce peuple, mais uniquement le mal !" » (Jérémie, XXXVIII, 4).

68 L'humaniste fait l'éloge du roi Philippe III en qui il place toute sa confiance pour résoudre avec le plus de justice et d'équité la question morisque. Le monarque espagnol est comparé à un lion – qui fait partie d'ailleurs de l'armoirie des Habsbourg de la branche espagnole – pour son courage ; il est comme Achille avant qu'il ne combatte Enée (Elien le Sophiste, *Histoire des animaux*, V, 39, et VI, 1).

aqueste temor conviene que tengan y no otro alguno, pero este mui grande y que valga por todos, porque el libra y asegura de todos otros [f° 39v°] temores: *Honora Dominum, et valebis, praeter eum vero ne timueris alienum. In timore Domini fiducia fortudinis.* Teniendo seguridad del tal valor y cristiandad, es mui justo advertir de la gravedad y riesgo de la enfermedad, para hacer cuidadoso y obediente el enfermo, para que admita, y se quiera poner en qualquiera cura que se le ordene, por penosa y costosa que sea, especialmente, que no se dice que el mal es incurable, antes se promete salud obedeciendo y haciendo lo conveniente, y el mal de que tratamos [f° 40r°] lo peor que ha tenido en lo pasado, es lo mejor y que causa mejores esperanzas para lo venidero, y es que no haciendose nada, o mui poco, de lo conveniente, ha llegado à estado tan peligroso que, si haciendose todos los remedios procediera asi, que se podía esperar? Pero aora hay mui probable esperanza que haciendose lo conveniente sucederà salud, a lo menos mejoria.

(19) Aunque tengo toda la satisfaccion que debo de la caridad y rectitud del pecho cristianísimo del Rey nuestro Señor y de los Consejeros, con quien esto se puede comunicar, pero quien amonesta que se haga lo que ya antes sin su amonestacion se hacia y se habia de hacer, antes alaba que amonesta, y dice un refran de los griegos, que no daña, y que es muy conveniente decir dos y tres veces lo que es bueno. Por esto y porque yo proceda con el recato y seguridad de mi conciencia, que es razon en materia tan importante, y en que puede ser que vaia la salud, y vida, y hacienda,

crainte qu'ils doivent avoir, et non une autre, mais celle-ci doit être très grande et s'appliquer à tout le monde, car elle délivre de toutes les autres craintes et rassure à la fois : *Honora Dominum, et valebis, praeter eum vero ne timueris alienum. In timore Domini fiducia fortudinis*[69]. Étant assuré d'un tel courage et d'une telle foi chrétienne, il est très juste d'alerter sur la gravité et le danger de la maladie, pour rendre le malade vigilant et obéissant, afin qu'il accepte de se soigner et de prendre tous les traitements qu'on lui administrera, aussi douloureux et pénibles soient-ils ; car on ne dit pas que le mal est incurable, mais plutôt que la santé reviendra en obéissant et en faisant ce qu'il faut. Le mal dont nous parlons a eu des effets désastreux par le passé, mais laisse augurer un meilleur espoir pour l'avenir. En ne faisant rien, ou pas grand-chose de ce qu'il faut, le mal a pris des proportions si inquiétantes que, si on faisait pareil en appliquant tous les remèdes, à quoi pourrait-on s'attendre ? Mais à l'heure actuelle, il y a de très fortes chances qu'en faisant ce qu'il faut, la santé reviendra, ou du moins s'améliorera.

(19) Bien que je m'estime entièrement satisfait et redevable de la charité et de la droiture du cœur très chrétien du roi notre seigneur et de ses conseillers, avec qui on peut communiquer sur la question[70], celui qui ordonne de faire ce qui se faisait déjà et aurait dû être fait avant son admonestation, loue plus qu'il n'admoneste, et un proverbe grec dit que cela ne fait pas de mal, et qu'il est même très utile de dire deux à trois fois ce qui est bon[71]. Pour cette raison, et afin d'agir en toute conscience, avec prudence et assurance, ce qui est de mise en un sujet si important et dont dépendent, semble-t-il, la santé, la vie, les biens

69 Pedro de Valencia estime que Philippe III saura faire prévaloir les intérêts de la religion sur les intérêts purement économiques du royaume. C'est ce que fit avant lui le pape Clément IV, lorsqu'il exhorta Jacques le Conquérant à expulser les *Mudéjares* de la couronne d'Aragon. La seule crainte que doive avoir le roi, c'est la crainte de Dieu : « Dans la crainte de Iahvé il y a une grande sécurité, et pour ses fils Il est un refuge. La crainte de Iahvé est une source de vie : elle détourne des pièges de la mort » (Proverbes, XIV, 26). Craindre Dieu, c'est vivre, se comporter en fils de Iahvé ; ne pas le craindre, c'est mourir, se comporter en fils de l'homme.

70 L'auteur rappelle que son texte est un traité confidentiel qui s'adresse en premier lieu au roi et ensuite à ses conseillers. La dédicace datée du 25 janvier 1606 est adressée à Fray Diego de Mardones, le confesseur de Philippe III.

71 Le proverbe cité par Pedro de Valencia se trouve, entre autres, chez Platon : « Socrate : [...] C'est, à mon avis, une bonne maxime que celle qui ordonne de revenir jusqu'à deux et trois fois sur ce qui est bien » (*Philèbe*, 60a).

y salvación de muchos hombres [fº 41rº] dire para presupuesto principal lo que, aunque sea notorio y mui sabido, es tambien importante en Consejo de Estado, que no hay cosa que lo sea mas.

Dios nuestro Señor, que es bendito y glorioso eternamente, es el Señor y Rey Supremo, cuia es toda criatura, y cuia voluntad se hace en todas las cosas grandes y pequeñas, y no hay fuerza ni industria en tierra ni en cielo, que pueda impedir ò retardar el efecto de su consejo y proposito, para que dexe de salir cierto, y infalible lo que el quiere [fº 41vº] que acontezca y se haga en sus tiempos y lugares. No duerme este rey ni se descuida: no se puede encubrir o hacer à escondidas suyas obra ninguna ni pensamiento. El es el dueño de todos los bienes, tambien de los visibles y temporales, y no se pueden alcanzar ni haver de otra mano. Es justo, y benigno, ama los hombres y mira por ellos. Juzga toda la tierra con juicio rectisimo y, conforme a este juicio, y según su misericordia inmensa, dispensa los bienes y los castigos y [fº 42rº] males de pena, la paz, la salud, la fertilidad, las guerras, las pestes, las hambres; transfiere los reynos de unas Naciones en otras por las injusticias y opresiones. El que tiene por fe este sentimiento y conocimiento de la Divina Providencia, y sabe que ni le puede agradar a Dios obra, ni pensamiento injusto, ni se ha de torcer ni ablandar por dadivas o ruegos para que apruebe ò favorezca las injusticias, como puede persuadirse, ni pensar que dentro en el Reyno de un Rey de esta manera justisimo, sapientísimo [fº 42vº], todopoderoso, y en todos los bienes infinito, que esta presente en todas partes viendo, y advirtiendo, y juzgando todo lo que se hace, ha de poder pasar, y medrar, y hacerse grande, y poderoso, y adquirir, y conservar riquezas y deleites, honras, principados y potentados con injusticia, y agravio? Piensa pasar por ventura sin que Dios lo vea y sepa, o conservarse contra su voluntad o poseer o gozar bienes havidos de otra mano?

et le salut de nombreux hommes, je dirai, en guise de préambule principal, ce qui, quoique notoire et bien connu, est également important en matière politique, car il n'y a rien qui ne le soit davantage.

Dieu notre Seigneur, qui est béni et glorieux à jamais, est le Seigneur et le roi suprême, dont dépendent toutes les créatures, et dont la volonté est faite en toutes choses, grandes et petites, et il n'y a aucune force ou industrie, sur terre comme au ciel, qui soit capable d'empêcher ou de retarder l'effet de son conseil et de son propos, afin qu'ait lieu immanquablement ce que lui veut voir se produire, et se réaliser en temps et lieu. Ce roi ne dort jamais et ne se laisse pas distraire ; on ne peut lui cacher aucune pensée, ni faire en cachette aucune action. Il est le maître de tous les biens, tant visibles que temporels, et on ne peut les obtenir ou les acquérir d'une autre main. Il est juste et bienveillant, il aime les hommes et veille sur eux. Il juge toute la terre avec un jugement très droit et, en vertu de ce jugement et de son infinie miséricorde, il dispense les biens et les châtiments, les maux et les peines, la paix et la santé, la fertilité et les guerres, les pestes et les famines ; il transfère les royaumes d'une nation à une autre, à cause de l'injustice et de l'oppression[72]. L'homme qui a, en guise de foi, ce sentiment et cette connaissance de la providence divine, et qui sait que Dieu ne peut aimer l'action et la pensée injustes, et ne va pas se laisser influencer et attendrir par des offrandes ou des prières pour approuver ou favoriser les injustices, comment peut-il s'imaginer et penser qu'au sein du royaume de ce roi très juste, très sage, tout puissant et à la tête d'une infinité de biens, qui est partout présent pour voir et juger tout ce qui se fait, il pourra couler des jours paisibles, prospérer, devenir grand et puissant, acquérir et accumuler des richesses, des plaisirs, des honneurs, des principautés et des seigneuries, de façon injuste et infamante ? D'aventure, pense-t-il vivre sans que Dieu ne le voie et ne sache ce qu'il fait, se maintenir contre sa volonté, ou jouir des biens qu'il a obtenus d'une autre main ?

72 Pedro de Valencia expose sa propre connaissance de Dieu. Celui-ci apparaît sous la double forme du Dieu créateur, qui figure dans l'Ancien Testament, et du Dieu rédempteur, qui figure dans le Nouveau Testament. À défaut de pouvoir remonter à l'essence divine, l'homme peut en percevoir les manifestations et les effets : monde régi par la providence divine qui fait que toute chose obéit à la volonté de Dieu ; omniscience de Dieu qui perce les secrets et lit à travers les pensées humaines ; Dieu à l'origine de tous les biens visibles et invisibles, temporels et intemporels ; Dieu juste et bon qui aime les hommes plus que lui-même et qui dispense les récompenses et les châtiments. La conception de Pedro de Valencia s'apparente à celle d'un Calvin (*Cf. Institution de la religion chrétienne*).

Intolerable desvario seria este, y que no se compadece con doctrina, ò entendimiento [f° 43r°] sano ni aun con el moderado y limitado conocimiento que alcanza el discurso humano de la divina naturaleza y soberania.

Por de Pitagoras refiere Jamblico la misma doctrina y comparacion con que aquel filosofo notaba y reprendia el desatino o ignorancia del que en el Reyno y Palacio de un Rey de las condiciones que se creen de Dios pretendiese y se prometiese haber de medrar, desagradandole, congraciandose con príncipes, o ministros inferiores, sin curar de la gracia de el Rey [a quien todo] sirve y obedece, y sin que no se hace, [f° 43v°] ni puede hacer cosa alguna. Esto pertenece a desengañar de un grave engaño para que ninguno tenga por ganancia, o por conveniente, o de provecho, ningun hecho ni consejo injusto y con que se ofenda a Dios. No solamente por aquella cuenta que enseño el Verbo Divino, que no le es util ni le esta bien a un hombre ganar todo el mundo con perdida de su alma, sino que tambien aca en el trato humano y en la granjeria de las cosas de la tierra no son de provecho ni de dura las ganancias injustas, sino que acarrean [f° 44r°] y contienen en si mayores pérdidas.

Ce serait là une aberration intolérable, incompatible avec la doctrine et un entendement sain, et même avec la connaissance modeste et limitée que la raison humaine peut se faire de la nature et de la souveraineté divines.

À la suite de Pythagore, Jambique[73] rapporte la même doctrine et fait la même comparaison, par laquelle ce philosophe faisait remarquer et condamnait la folie ou l'ignorance de celui qui, dans un royaume ou le palais d'un roi, dont la nature semble être divine, prétendrait et espèrerait prospérer, en se montrant désagréable envers le roi, en cherchant à plaire aux principes ou aux ministres subalternes, sans se soucier des faveurs du roi, que tout le monde doit servir et respecter, et sans qui rien ne se fait et ne peut se faire. Tout cela sert à dissiper une grave illusion, pour que personne ne considère comme un gain utile ou profitable, une action ou un conseil injuste, par lesquels on porte atteinte à Dieu. Non seulement parce que le verbe divin a enseigné qu'il est inutile et mauvais pour un homme de vouloir se lancer à la conquête du monde au péril de son âme[74], mais aussi parce que, ici-bas, dans le commerce des hommes et des biens temporels, les acquisitions injustes ne profitent guère et sont de courte durée, et entraînent et renferment, au contraire, de très lourdes pertes.

---

73 « *Moreover, all such precepts as define what is to be done, or what is not to be done, refer to divinity as their end; and every life is coarranged so as to follow God. This also is the principle and the doctrine of philosophy. For men act ridiculously in searching for good any where else than from Gods. And when they do so, it is just as if some one, in a country governed by a king, should reverence one of the citizens who is a magistrate, and neglect him who is the ruler of all of them* [De plus, tous ces préceptes qui définissent ce qui doit être fait, ou ce qui ne doit pas être fait, font référence à la divinité en tant que fin ; et toute vie est faite de manière à suivre Dieu. C'est également le principe et la doctrine de la philosophie. Car les hommes agissent de manière ridicule en cherchant le bien ailleurs que chez les dieux. Et quand ils le font, c'est comme si quelqu'un, dans un pays gouverné par un roi, révérait un des citoyens qui est magistrat, et négligeait celui qui est le chef de tous] » (Jamblique, *Vie de Pythagore*, Londres, J. M. Watkins, 1818, p. 46). Si l'on transpose ces paroles dans le contexte chrétien, il en découle que l'homme n'est pas sauvé par ses œuvres morales ou pieuses, mais par les mérites du Christ (profession de foi réformée que l'on trouve chez Luther et Calvin). Nos mérites sont en fait ceux du Christ.

74 Tout bien mal acquis ne profite jamais. Face aux récompenses spirituelles, les biens temporels sont bien peu de chose, et la vie de l'âme vaut mieux que celle du corps : « À quoi servira à l'homme de gagner le monde entier si c'est au détriment de sa vie ? Ou qu'est-ce que l'homme donnera en échange de sa vie ? » (Matthieu, XVI, 26).

Socrates, que fue el mayor de los filosofos gentiles, dice Clemente Alexandrino, que solia maldecir mui a menudo al primero que distinguio entre lo util y lo justo, y enseño a los hombres que podia haver cosa injusta que les conviniese y fuese de provecho. No sabia Socrates quien había sido el autor primero de esta impia distincion que destruio y destruye el mundo, pero mui bien decia en maldecir al que Dios maldixo, a la serpiente antigua que fue quien [f° 44v°] en el principio persuadio a nuestros Padres en el Parayso, que les estaria bien y acrecentarian su suerte y estado, y serian Dioses sabios, y honrados, y poderosos quebrantando el precepto de Dios. Con aquella prevaricacion ellos perdieron el Reyno de todo el mundo, y se abrieron en ellos y en todos sus descendientes los ojos de la sabiduria terrena que ven y consideran el deleite y pompa y apariencia de utilidad de las cosas temporales, y las representan con afeite engañoso y las ofrecen al espíritu [f° 45r°] o hombre interior, para que las acepte y abrace como convenientes. Esta es la Ley: la sabiduría y impetu de la carne, que es enemigo de Dios, y desobediente a su Ley.

Luego, desde el principio se repartio la casa de Adam en estos dos bandos: en los sequaces del Demonio y de aquella su maestria y sabiduria, que son los que van por el camino de perdicion, Cain y los de su casa

Socrate, qui fut le plus célèbre des philosophes païens, aux dires de Clément d'Alexandrie[75], avait très souvent l'habitude de maudire le premier homme qui fit la distinction entre l'utile et le juste, et apprit aux hommes qu'il pouvait y avoir des choses injustes qui étaient convenantes et profitables pour eux. Socrate ignorait qui avait été à l'origine de cette distinction impie, qui a détruit et continue de détruire le monde, mais il avait tout à fait raison de maudire celui qui avait maudit Dieu, le vieux serpent qui, à l'origine, avait fait croire à nos ancêtres au Paradis qu'ils vivraient heureux, amélioreraient leur sort et leur condition, et deviendraient semblables à des dieux sages, honorés et puissants, en enfreignant les préceptes de Dieu. En raison de cette prévarication, ils perdirent le royaume universel, et en eux et chez tous leurs descendants, s'ouvrirent les yeux de la sagesse terrestre, qui voient et considèrent le plaisir, les pompes et l'apparente utilité des biens temporels, et les représentent avec un fard trompeur, et les offrent à l'esprit ou à l'homme intérieur, pour qu'il les accepte et les reçoive comme étant convenantes. Telle est leur loi : la sagesse et la frénésie charnelle, qui est ennemie de Dieu et va à l'encontre de sa loi[76].

Très vite, à ses débuts, la maison d'Adam fut scindée en deux factions[77] : d'une part, les sectateurs du démon, de ses enseignements et de sa doctrine, qui ont choisi la voie de la perdition, Caïn et les membres de sa maison

75 Clément d'Alexandrie (150-215) fut un lettré grec chrétien, et l'un des Pères de l'Église qui chercha à harmoniser la pensée grecque et le christianisme. Dans *Stromates* (V, 16), par exemple, il s'appuie sur un dialogue de Platon mettant en scène Socrate pour expliquer l'Évangile.

76 À la suite d'Aristote et de Clément d'Alexandrie, Pedro de Valencia tisse une équivalence entre le juste et l'utile : « Puisque, disions-nous, celui qui viole la loi est un homme injuste, et celui qui l'observe un homme juste, il est évident que toutes les actions prescrites par la loi sont, en un sens justes [...] Or les lois prononcent sur toutes sortes de choses, et elles ont en vue l'utilité commune, soit de tous les citoyens, soit des meilleurs, soit seulement des chefs désignés en raison de leur valeur ou de quelque autre critère analogue ; par conséquent, d'une certaine manière, nous appelons actions justes toutes celles qui tendent à produire ou à conserver le bonheur avec les éléments qui le composent, pour la communauté politique » (Aristote, *Éthique à Nicomaque*, Livre V, 3). Contre Machiavel, il affirme que l'action injuste ne peut être utile et qu'elle conduit nécessairement à la perte. Il reprend l'exemple d'Adam et Ève qui ont fait ce qui était utile pour eux, selon la chair, et injuste pour Dieu, selon l'esprit. Leur faute est à l'origine de leur propre chute et de celle du « royaume du monde entier » (Genèse, III, 1-7).

77 Il existe deux types d'hommes : les « fils de l'homme » qui agissent injustement et inutilement, et les « fils de Dieu » qui agissent justement et utilement. Les uns vivent selon les principes de ce monde, les autres dans l'optique de la révélation. L'expression « fils de l'homme/fils de cet âge-ci » apparaît dans l'évangile selon Marc : « Oui, je vous

y secta, que son y se llaman en la doctrina divina, *filii hominum, sive huius saeculi*, y los que siguieron la Ley y sabiduria y camino de Dios

et de sa secte, que l'on appelle dans la doctrine divine *filii hominum, sive huius saeculi*[78] ; d'autre part, ceux qui ont suivi la loi, la sagesse et la voie de Dieu,

le dis, tous les péchés seront remis aux fils des hommes, et les blasphèmes, autant qu'ils en blasphèmeront » (III, 28), l'Épître aux Éphésiens : « dans les autres générations, les fils des hommes n'en ont pas eu cette connaissance qui par l'Esprit vient d'être dévoilée à ses saints apôtres et prophètes » (III, 5) et l'évangile selon Luc : « C'est que les fils de cet âge-ci ont plus de bon sens que les fils de la lumière, envers ceux de leur génération » (XVI, 8), « Jésus leur dit : "Les fils de cet âge-ci se marient et ils marient" » (XX, 34). L'expression « fils de Dieu/fils de la lumière » apparaît, quant à elle, dans l'évangile selon Luc (XVI, 8), l'évangile selon Jean : « Tant que vous avez de la lumière, fiez-vous à la lumière pour être des fils de lumière » (XII, 36), l'Épître aux Éphésiens : « Car jadis vous étiez ténèbres, et maintenant vous êtes lumière dans le Seigneur. Marchez comme des enfants de lumière » (V, 8) et la première Épître aux Thessaloniciens : « car vous êtes tous fils de la lumière et fils du jour. Nous ne sommes pas de la nuit ni des ténèbres » (V, 5). Au rang des fils de l'homme, figurent Caïn et ses acolytes. Caïn, jeune frère d'Abel, est le premier être humain à naître hors du Paradis. Les deux frères présentèrent leur sacrifice à Dieu, mais ce dernier préféra l'offrande d'Abel, constituée des prémices et de la graisse des brebis, à celle de Caïn, composée des fruits de la terre. Jaloux de cette situation, Caïn assassina son frère (Genèse, IV). Caïn symbolise l'humanité corporelle, matérielle qui s'enfonce dans le péché. Parmi les sectateurs de Caïn, on mentionnera Esaü, qui vendit son droit de primogéniture à son frère Jacob en échange d'un plat de lentilles, Saül, premier roi d'Israël qui se livra au démon et finit par se suicider avec sa propre épée lors de la bataille du mont Guilboa, et Manassé, roi de Juda, qui toléra les cultes assyriens au sein du temple de Jérusalem et commit toutes sortes d'abominations, tels que les sacrifices d'enfants. Au rang des fils de Dieu, on trouve Abel, Enosh, Hénoch et Noé. Dans la tradition chrétienne, Abel est le prototype du juste poursuivi et une figure du Christ, dont le sang revêt le plus grand prix aux yeux de Dieu : « Iahvé dit à Caïn : "Où est Abel ton frère ?" Il dit : "Je ne sais ! Suis-je le gardien de mon frère ?" ». Il dit : "Qu'as-tu fait ? La voix du sang de ton frère crie du sol vers moi" » (Genèse, IV, 8). Enosh est le fils de Seth. Son nom figure dans les généalogies des patriarches : « Enosh vécut quatre-vingt-dix ans et il engendra Caïnan. Après qu'il eut engendré Caïnan, Enosh vécut huit cent quinze ans. Il engendra des fils et des filles. Le total des jours d'Enosh fut de neuf cent cinq ans et il mourut » (Genèse, V, 9-11) et dans le premier livre des Chroniques : « Adam, Seth, Enosh, Caïnan, Mahalalel, Yéréd, Hénoch, Mathusalem, Lamech, Noé, Sem, Cham et Japhet » (I Chroniques, I, 1). Hénoch est le fils de Jared et le père de Mathusalem, septième patriarche du lignage de Seth. Il a vécu 365 ans avant que Dieu ne le fasse monter au ciel, privilège qu'il partage avec Élie et le Christ. Il est dit dans l'Ancien Testament qu'il marchait avec Dieu, ce qui exprime une relation privilégiée avec la divinité : « Puis Hénoch marcha en compagnie de l'Elohim et il ne fut plus, car Elohim l'avait pris » (Genèse, V, 24). Noé est le plus célèbre des patriarches de l'Ancien Testament. C'est le seul homme juste, épargné au moment du Déluge, avec qui Dieu scelle une alliance matérialisée par l'arc-en-ciel et l'arche. Il est celui qui est en grâce auprès de Dieu (Genèse, VI, 8) et un prédicateur de justice (II Pierre, II, 5 et 8).

78 Luc, XVI, 8 : « Et le seigneur a loué ce gérant d'injustice de ce qu'il avait agi avec bon sens. C'est que les fils de cet âge-ci ont plus de bon sens que les fils de la lumière, envers ceux de leur génération ».

[fº 45vº] que se llaman *filii Dei, sive filii lucis* Abel, Enos, Enoc, Noe, y se dice de cada uno de ellos *cum Deo ambulavit*, que es decir escogiò y siguiò, como cierto y seguro consejo de estado, ganar la gracia y favor del supremo Rey y Señor de todo para medrar en cielo y tierra, dexandose de otras vanas diligencias, y pretensiones, y no creyò ni se dexò llevar de aquel prometedor de Imperios y grandezas, que dice poniendo por delante *omnia regni mundi, et gloriam eorum. Haec omnia tidi dabo, si cadens adoraveris me* [fº 46rº].

Conforme al mismo lenguaje de la Escritura, dijeron los Pithagoricos que el fin del hombre es seguir à Dios, que como interpreta Plutarcho es lo mismo que seguir à la razon. Pero esto no seria fin, sino camino, siguiendolo con la fe y gracia.

Grandissimo bien, no puede ser mayor en la tierra, seria si los hombres en todos sus consejos y negocios particulares y públicos se persuadiesen de hecho y para hecho que no les puede ser conveniente cosa injusta, y que lo de verdad, y totalmente provechoso y necesario, para adquirir y gozar [fº 46vº] bienes y Reynos temporales y eternos es el seguir y agradar a Dios. Con haber desengañado los mismos sucesos por todos los siglos que à ninguno le estuvo bien vivir injustamente y con haber Dios condenado y destruido y acabado con infamia perpetua

qu'on appelle *filii Dei, sive filii lucis*[79], Abel, Henoch, Noé. On dit de chacun d'entre eux *cum Deo ambulavit*[80], ce qui signifie qui a choisi, en guise d'avis politique sûr et certain, de gagner la grâce et la faveur du roi suprême et seigneur universel, pour prospérer sur la terre comme au ciel, en s'écartant d'autres diligences et vaines prétentions, et ne s'est pas laissé tenter par celui qui promet des empires et des richesses, et débute chacune de ses phrases par : *omnia regni mundi, et gloriam eorum : Haec omnia tibi dabo, si cadens adoraveris me*[81].

En vertu du langage de l'Écriture lui-même, les Pythagoriciens ont affirmé que la fin de l'homme est de suivre Dieu, ce qui équivaut, comme l'interprète Plutarque, à suivre la raison[82]. Mais ce ne serait pas une fin, mais un moyen, si on ne le suivait pas avec foi et avec grâce.

Ce serait un très grand bien, il ne peut y en avoir de plus grand sur terre, si les hommes, dans tous leurs conseils et affaires privées et publiques, étaient persuadés, une bonne fois pour toutes, que l'injustice ne peut être d'aucun profit pour eux, et que ce qui est vraiment profitable et nécessaire pour acquérir et jouir des biens temporels et éternels, c'est de suivre Dieu et de lui être agréable. Même si, à toutes les époques, les événements eux-mêmes ont prouvé qu'il n'était bon pour personne de vivre dans l'injustice, et même si Dieu a condamné, détruit, frappé à jamais de déshonneur,

79 Éphésiens, V, 8 : « Car jadis vous étiez ténèbres, et maintenant vous êtes lumière dans le Seigneur. Marchez comme des enfants de lumières » ; I Thessaloniciens, V, 5 : « Car vous êtes tous fils de la lumière et fils du jour. Nous ne sommes pas de la nuit ni des ténèbres ».

80 Genèse, V, 22-24 : « Après qu'il eut engendré Mathusalem, Hénoch marcha en compagnie de l'Élohim trois cents ans. Il engendra des fils et des filles. Le total des jours d'Hénoch fut de trois cent soixante-cinq ans. Puis Hénoch marcha en compagnie de l'Élohim et il ne fut plus, car Élohim l'avait pris » ; VI, 6-9 : « Iahvé se repentit d'avoir fait l'homme sur la terre et il s'irrita en son cœur. Iahvé dit : "Je supprimerai de la surface du sol les hommes que j'ai créés, depuis les hommes jusqu'aux bestiaux, jusqu'aux reptiles et jusqu'aux oiseaux des cieux, car je me repens de les avoir faits". Mais Noé trouva grâce aux yeux de Iahvé. Voici l'histoire de Noé » ; XVII, 1-2 : « Comme Abram était âgé de quatre-vingt-dix-neuf ans, Iahvé apparut à Abram et lui dit : "Je suis Shaddaï ! Marche en ma présence et sois parfait ! Je vais mettre mon alliance entre moi et toi, je te multiplierai beaucoup, beaucoup" ».

81 Les justes cités précédemment par Pedro de Valencia ont tous en commun de placer le service de Dieu au-dessus de la gloire mondaine et de tous les Empires. En cela, ils sont à l'image de Jésus qui ne s'est pas laissé tenter par les plaisirs temporels que lui a fait miroiter le diable : « Le diable l'emmène encore sur une montagne fort haute, lui montre tous les règnes du monde et leur gloire et lui dit : "Je te donnerai tout cela si tu tombes prosterné devant moi". Alors Jésus lui dit : "Va-t'en, Satan, car il est écrit : Tu te prosterneras devant le Seigneur ton Dieu et le servira lui seul" » (Matthieu, IV, 8-10).

82 Plutarque, *De la fortune des Romains*, XIV, 3.

los Reyes y Reynos y Republicas, que no siguieron el camino de la justicia y berdad, han sido mui pocos y contados los reyes que eligieron y eligen este derecho camino, no solamente en los Reynos y Imperios Gentiles, sino tambien en los que profesaron [fº 47rº] y profesan fe, y doctrina de Dios.

Entre los Reyes del antiguo pueblo apenas huvo tres o quatro: David, Josaphat, Ezechias. De David testifica el mismo Dios que anduvo y procedio por sus caminos y que guardò sus mandamientos en el todo del proceder y en el govierno del estado del Reyno. Se ha de entender esto, que no se consideran aqui las culpas o vicios que fueron como de hombre particular. De los demas buenos Reyes se escrive que anduvieron o siguieron los caminos de David,

les rois, les royaumes et les républiques qui ne suivaient pas le chemin de la justice et de la vérité, les rois qui ont choisi et choisissent ce droit chemin sont très rares, non seulement dans les royaumes et Empires païens, mais aussi dans ceux qui ont professé et continuent de professer la foi et la doctrine de Dieu.

Parmi les rois de l'ancien peuple, on en compte à peine trois ou quatre : David, Josaphat, Ézéchias[83]. Au sujet de David, Dieu en personne témoigne qu'il avait marché sur ses traces et qu'il avait observé ses commandements en toutes les actions de gouvernement du royaume. Que les choses soient bien claires ; on ne considère pas ici les fautes ou les vices qui relèvent de l'homme en tant qu'individu. Au sujet des autres bons rois, il est écrit qu'ils vécurent en suivant les voies de David, qui servit d'exemple aux rois

83 Les trois rois justes de l'Ancien Testament, aux yeux de Pedro de Valencia, sont David, Josaphat et Ézéchias. David : deuxième roi d'Israël, l'un des fondateurs de l'ancien État israélite. Son règne est raconté dans le deuxième livre de Samuel et au début du premier livre des Rois. Entré au service de Saül, premier roi des Israélites, David met en déroute les Philistins en vainquant le géant Goliath à l'aide de sa fronde. À la mort de Saül, David devient roi de Juda puis roi d'Israël avant d'être proclamé messie. À la tête de son armée, il triomphe des ennemis d'Israël, parvient à conquérir la ville de Jérusalem où il transfère l'Arche d'alliance, et fonde un vaste royaume qui s'étend de l'Égypte à l'Euphrate. Le règne de David coïncide avec une période de prospérité économique et de paix pour Israël. Josaphat : fils d'Asa, roi de Juda durant 25 ans au début du IXe siècle av. J.-C. Son règne est marqué par une politique de rapprochement entre les royaumes de Juda et d'Israël. Il est décrit dans la Bible comme quelqu'un qui a fait ce qui est droit aux yeux de l'Éternel (I Rois, XXII, 43). En compagnie d'Achab, le roi d'Israël, il mène une guerre contre le roi d'Aram qui s'était emparé de la ville de Ramoth en Galaad. Avec Joram, roi d'Israël, et le roi d'Edom, il s'attaque au roi de Moab, vassal rebelle d'Israël. De façon plus générale, Josaphat profita de son alliance avec le royaume du Nord, pour faire la guerre aux ennemis d'Israël, comme les Ammonites ou les Maonites. D'un point de vue religieux, Josaphat poursuivit la politique entreprise par son père, en luttant contre les cultes idolâtriques et en faisant disparaître les hauts lieux (I Rois, XXII, 47). Il envoya des religieux enseigner à tout le peuple de Juda dès le début de son règne (2 Chroniques, XVII, 7-9). Ézéchias : roi de Juda pendant 29 ans vers la fin du VIIe siècle av. J. C. Sous son règne, de nombreux Israélites, vaincus par les troupes assyriennes, vinrent trouver refuge dans le royaume de Juda. S'il ne put empêcher l'attaque de Sennacherib, roi d'Assyrie, sur la ville de Jérusalem, Dieu lui vint en aide par l'intermédiaire d'un ange qui tua 185 000 Assyriens. Le récit du règne d'Ézéchias est raconté dans le deuxième livre des Rois (XVIII-XX), le livre d'Isaïe (XXXVI-XXXIX) et le deuxième livre des Chroniques (XXIX-XXXII). Ézéchias est décrit comme un roi juste et bon, qui centralisa le culte au temple de Salomon et détruisit divers lieux saints où l'on pouvait sacrifier localement. Il était connu pour ses guérisons miraculeuses qui lui valurent la visite de délégations nombreuses, dont celle du roi de Babylone, Merodach-Baladan II. Il entreprit d'abolir le culte des hauts lieux, avec leurs stèles et leurs arbres sacrés. Il mit fin à l'adoration du serpent d'airain sous l'influence, sans doute, du prophète Isaïe.

que fue el propuesto por exemplo de [fº 47vº] los Reyes del Pueblo fiel que hubiesen de ser conforme al Corazon y gusto de Dios, y, por el contrario, Jeroboam, primero Rey de Israel, es la caveza y ejemplo de los Reyes infieles e injustos que siguen el consejo de estado y camino perverso y de mal fin. De estos se dice que van por el camino y pisadas de Jeroboam, cuyo camino y consejo fue de esta manera: Jeroboam era hombre particular criado de el rey Salomon, huyendo del cual, porque le quería matar, se fue a Egipto. Prometiole Dios y diole despues de los dias [fº 48rº] de Salomon los diez tribus de Israel; pusolo en pacifica posesion de ellos, sin trabajo ni guerra, porque estorvo a Roboam y le quito que no se la hiciese; quedaronle a Roboam dos tribus solas, Judà y Benjamin, de que era rey y tenia su corte en Jerusalem, ciudad que Dios havia escogido para tener su templo, donde solamente manda que le pudiesen adorar y ofrecer sacrificios los que profesasen la Religion Catolica, y hubiesen de guardar la pureza y unidad de la fe y no en otra parte ninguna [fº 48vº]. Jeroboam, despues que se vio rey, no se confio que Dios que le havia dado el Reyno y le havia prometido de conservarselo, si el seguia el camino de David, se lo confirmaria y conservaria por aquel camino, y hecho su cuenta diciendo: Si este Pueblo que me està ahora sugeto, sube a Jerusalen a sacrificar a Dios en su templo, comunicarse ha alla con Roboam, cuyos basallos eran antes, y el los atraerà de nuevo à su devocion, levantaranse contra mi y mataranme y volveranse a su Señor. Hubo su [fº 49rº] consejo sobre esto y resolviose en hacer templos dentro del Reyno y poner en ellos idolos que adorase el Pueblo y prohivioles ir a Jerusalen a adorar, pena de que serian havidos por traidores al Rey. Este fue el principio de la perdicion y de la destruccion de aquel Reyno. El consejo fue mui aparente en razon de Estado, y assi Jeroboam, y todos sus sucesores lo aprehendieron como convenientissimo, y no buscaron para sacarlos de aquella persuasion ni las voces de muchos Profetas ni las amenazas de Dios ni los [fº 49vº] milagros que hizo para reducirlos à la antigua y verdadera fee, hasta que Dios, despues de tantos requerimientos, destruyo el Reino y envio el pueblo a cautividad y dispersion perpetua, sin esperanza de restitucion.

du peuple fidèle qui devaient vivre selon l'amour et la volonté de Dieu. Au contraire, Jéroboam, le premier roi d'Israël, est le chef et le modèle des rois infidèles et injustes, qui suivent la raison d'État et le chemin pervers qui mène à la perte. À leur propos, on dit qu'ils marchent sur les pas et les traces de Jéroboam, dont voici la trajectoire et le conseil. Jéroboam était un homme particulier et le valet du roi Salomon ; comme celui-ci voulait le tuer, il s'éloigna de lui et s'en fut en Égypte. Dieu lui promit et lui donna, à la mort de Salomon, les dix tribus d'Israël ; il lui permit d'en prendre possession pacifiquement, sans avoir à endurer des épreuves et des guerres, car il avait empêché Roboam de lui livrer bataille. À Roboam, il ne lui resta plus que deux tribus : Juda et Benjamin, dont il était le roi. Il avait implanté sa cour à Jérusalem, la ville que Dieu avait choisie pour y installer son temple et où, et nulle part ailleurs, il avait ordonné que seuls pussent l'adorer et lui offrir des sacrifices ceux qui professeraient la religion catholique [*sic.*] et conserveraient la pureté et l'unité de la foi. Après avoir été nommé roi, Jéroboam n'eut pas confiance en Dieu, qui lui avait donné le royaume et promis d'en assurer la conservation s'il suivait la voie de David, pour renouveler sa promesse et le confirmer dans sa voie, et il fit le calcul suivant : « Si ce peuple, qui m'est à présent soumis, monte à Jérusalem pour y faire des sacrifices à Dieu dans son temple, il entrera là-bas en contact avec Roboam, dont il était naguère le vassal, et celui-ci essaiera à nouveau de l'attirer à lui ; il se soulèvera contre moi, me tuera et reviendra vers son seigneur ». Jéroboam statua sur la question, se résolut à ériger des temples à l'intérieur de son royaume et à y placer des idoles que le peuple pourrait adorer, et il interdit à ses sujets de se rendre à Jérusalem pour y célébrer le culte, sous peine d'être considérés comme des traîtres au roi. Ce fut là le début de la fin de ce royaume. Le conseil semblait clair du point de vue de la raison d'État, et ainsi Jéroboam et tous ses successeurs, estimèrent qu'il était tout à fait justifié ; ils n'allèrent pas chercher les voix des nombreux prophètes, les menaces de Dieu pour les faire changer d'avis, ni les miracles qu'il avait faits, pour les ramener à l'ancienne et véritable foi, jusqu'à ce que Dieu, après de nombreuses supplications, détruisît le royaume, condamnât son peuple à la captivité et à la dispersion perpétuelle, sans espoir de retour[84].

84 En guise de contrepoint, Pedro de Valencia introduit dans son texte deux figures de mauvais rois qui ont fait ce qui leur semblait utile d'un point de vue politique sans se soucier de savoir si c'était juste d'un point de vue religieux. Jéroboam est à l'origine du

Por ser aqueste tan notable ejemplo de mal consejo de Estado y por haver tenido Jeroboam sucesion de reyes que los siguieron, se toma el como caveza de los malos Reyes que lo siguieron, aunque esta manera de Consejo tiene mayor antiguedad en los Reyes y lo siguieron mucho antes los Faraones de Egipto, y el primero [f° 50r°] rey del Pueblo de Dios, Saul, el qual, despues de su reprobacion y de la uncion de David, penso y pretendio con su Consejo y trazas y fuerzas, congraciandose con el pueblo, y persiguiendo injustamente a David, matarlo y conservarse en el Reyno contra la voluntad y consejo de Dios, sin aplacarlo y reducirse à su gracia.

Comme il s'agit d'un exemple si parlant de mauvaise raison d'État, et comme après Jéroboam il y eut différents rois qui l'ont suivi, on le prend pour le modèle des mauvais rois, bien que ce type de conseil soit bien plus ancien chez les rois, et que les pharaons d'Égypte l'aient adopté bien avant, ainsi que le premier roi du peuple de Dieu, Saül[85], qui, après sa réprobation et l'onction de David, pensa et prétendit, par son conseil, ses ruses et sa force, en s'attachant le peuple et en persécutant injustement David, le tuer et se maintenir à la tête du royaume contre la volonté et l'avis de Dieu, sans apaiser son courroux et se soumettre à sa grâce[86].

---

schisme d'Israël en deux royaumes : le royaume du Nord (Israël) et le royaume de Juda. Le prophète Achija de Silo lui annonce qu'après la mort de Salomon, Dieu lui donnera huit tribus à gouverner (Ruben, Siméon, Issacar, Zabulon, Dan, Nephtali, Gad et Asher) et qu'il n'en laissera que deux à Roboam, le fils de Salomon (Juda et Benjamin) (I Rois, XI, 29). Lorsque Roboam se fait proclamer roi à la suite de Salomon, Jéroboam et le peuple d'Israël lui demandent d'abandonner la politique de fermeté de son père. Face au refus de celui-ci, les dix tribus d'Israël se révoltent et sacrent Jéroboam nouveau roi d'Israël, royaume dont les deux capitales sont Sichem et Phanuel. Les deux tribus restantes, restées fidèles à Roboam, constituent le royaume de Juda, dont la capitale est Jérusalem. À ce schisme politique entre les deux rois vient s'ajouter un schisme religieux. Aux deux extrémités de son royaume, plus précisément à Dan et à Béthel, Jéroboam fait ériger des veaux d'or en tant que symboles de Dieu (I Rois XII, 30). Craignant que son peuple n'émigre vers le sud et ne fasse alliance contre lui avec Roboam, il met en place un nouveau sacerdoce, interdit à la population d'aller célébrer le culte à Jérusalem au temple de Salomon, lui préconise de se convertir à l'idolâtrie et d'apporter des offrandes aux sanctuaires qu'il vient de créer (I Rois, XII, 26). Ce faisant Jéroboam renforce l'indépendance politique du royaume d'Israël vis-à-vis de Jérusalem, du temple et des prêtres, mais il va à l'encontre de la volonté de Dieu qui ne tarde pas à le punir. En effet, le royaume d'Israël revient à la maison de David (I Rois, XII, 16), les Lévites se réfugient dans le royaume de Juda pour ne pas avoir à participer à une adoration blasphématoire (II Chroniques, XI, 13-14), tous les hommes sont retranchés de la maison de Jéroboam et finalement, celui-ci, est frappé par l'Éternel (II Chroniques, XIII, 20).

85 Saül : personnage du premier livre de Samuel, premier roi des Israélites ; il prit David à son service, mais ses succès militaires et son charisme, le rendirent très vite jaloux de lui au point qu'il pensa le tuer à plusieurs reprises, sans jamais toutefois mettre son plan à exécution. Calvin développe la thèse selon laquelle Saül aurait commis un homicide de cœur. À l'instar de Caïn et à la différence de David, Saül connut une fin désastreuse. Il se méfia de Dieu, sombra dans la tristesse et la mélancolie et finit par se suicider. Lors de la bataille de Guilboa face aux Philistins, il préféra se jeter sur son épée plutôt que de se rendre (I Samuel, XXXI). Les Philistins découvrirent Saül et ses trois fils gisant sur le sol. Ils leur tranchèrent la tête, les dépouillèrent de leurs armes et exposèrent leurs corps décapités au rempart de Beit-Shéan (Bruno Méniel, « Saül et ses démons. Un personnage biblique à la croisée des discours, de la fin du Moyen Âge », *Cahiers de Recherches Médiévales et Humanistes*, 13, 2006, p. 221-236).

86 Pedro de Valencia oppose la fin heureuse de David, le bon roi, à la fin misérable de Saül, le roi injuste (I Samuel, XX, 8-10).

Bien se sabe en lo que Saul y este su consejo paro y cuán diferente fin tuvo David y serà el de todos los Reyes y Reynos, que a su exemplo, por mas que vean prosperos por algun tiempo [fº 50vº] los Imperios injustos y tiranicos, se confirmaren en la feè, y presupusieren en su corazon con firmeza aquello: *Mihi autrem adhaerere Deo bonum est (id est utile est), ponere in Domino Deo spem meam*, y aquello: *Mihi autem (quidquid alii dicant, et sentiant) nimis honorificati sunt amici tui, Deus; nimis confortatus est principatus eorum.*

No es maravilla que me alargue, porque pienso que no puedo decir mejor cosa ni más importante para el bien del Reyno en mi vida, y tomaria [fº 51rº] yo, à trueco de mucho trabajo y largo tratado con muchos exemplos y razones (que tengo juntas y pudiera traher), persuadir este verdadero y firme fundamento de consejo de estado à todos los consejeros de S. M. que son y han de ser en todos tiempos. Cerrarè este presupuesto con palabras de Demostenes traducidas aqui à la letra para valerme también para persuasión de aquella su eloquencia: No es posible, no es posible (dice) que un hombre con injusticia y engaños, perjuros y mentiras [fº 51vº] adquiera potencia firme y segura, sino que los Imperios que por esta via se adquieren alguna vez y à algun golpe resisten y duran por breve tiempo, y acontece por ventura que lucen y florecen, y prometen grandes esperanzas de si, pero, al fin, el tiempo los convence y descubre su flaqueza, y ellos mismos se deshacen y caen y como que se derriten de suyo, porque, a mi ver, así como de la casa y de la nave y de las demas cosas de aquesta suerte, y el fundamento conviene que [fº 52rº] sea lo mas firme y fuerte, asi tambien en los hechos y negocios de los hombres, los principios y los presupuestos, y intentos es menester que sean verdaderos y justos.

On sait bien quelle fin connut Saül et sur quoi déboucha son conseil. La fin de David fut très différente, tout comme le sera celle de tous les rois et royaumes qui, suivant son exemple, et bien qu'ayant vu prospérer quelque temps les Empires injustes et tyranniques, s'affirmeront dans leur foi et accueilleront avec fermeté ces propos dans leur cœur : *Mihi autem adhaere Deo bonum est (id est utile est), ponere in Domino Deo spem meam*[87], et ceux-là : *Mihi autem (quidquid alii dicant, et sentiant) nimis honorificati sunt amici tui, Deus ; nimis confortatus est principatus eorum*[88].

Il n'est pas étonnant que je m'étende autant, car je pense que je ne pourrai jamais rien dire de plus utile et de plus important pour le bien du royaume. Moyennant un intense travail et un long traité émaillé de nombreux exemples et de propos (que j'ai rassemblés et dont je pourrai me servir), j'accepterais bien volontiers de persuader de la vérité et du bien-fondé de cet avis politique, tous les conseillers actuels et à venir de Sa Majesté. Je refermerai cette parenthèse avec ces paroles de Démosthène, traduites ici littéralement, pour profiter au passage de son éloquence et la mettre au service de mon argumentation : « Il est impossible, absolument impossible » (dit-il) « qu'un homme puisse acquérir une puissance stable et ferme, par des injustices, des tromperies, des parjures et des mensonges. Les Empires que l'on acquiert de cette manière, résistent parfois à une attaque et durent quelque temps, et il arrive, par hasard, qu'ils brillent, s'épanouissent et soient porteurs de grands espoirs, mais, finalement, le temps les rattrape, dévoile leur faiblesse, et ils se défont, s'effrondrent et fondent d'eux-mêmes. D'après moi, de même que pour la maison, le navire et d'autres éléments du même genre, il faut que les fondations soient les plus solides possibles, dans les actions et le commerce des hommes, il faut que les principes, les conditions préalables et les intentions soient également vraies et justes[89] ».

87 « Or, voilà que périssent ceux qui sont loin de toi, tu anéantis tous ceux qui te sont adultères, tandis que, moi, être près d'Elohim est mon bien, j'ai placé mon refuge en Adonaï, afin de raconter toutes ses œuvres aux portes de la fille de Sion » (Psaume, LXXII, 27-28).

88 « Dieu, que tes pensées me semblent difficiles, que leur somme est considérable ! Si je les compte, elles sont plus nombreuses que le sable, quand je m'éveille, je suis encore avec toi » (Psaume, CXXXVIII, 17-18).

89 Après avoir cité plusieurs fois l'Ancien Testament, Pedro de Valencia se place sous l'autorité de Démosthène, *Troisième Philippique (Deuxième Olynthienne)*, II, 26 (*Œuvres complètes de Démosthène et d'Eschine*, Trad. de J. F. Stiévenart, Paris, Firmin Didot, 1861). Le grand homme d'État, c'est celui qui construit des temples et leur consacre de nobles offrandes,

Bien deben confundir y avergonzar estas palabras de un hombre Gentil a los Cristianos que siguieren diferente camino. Yo no sè como se puede conservar la feè en el hombre que estuviese persuadido de que haya otra cosa que le esté mejor que el estar bien con Dios. Porque como dice un Filosofo: En no consintiendo y estando en [fº 52vº] lo mismo la utilidad y la Religion, se pierde la Religion, porque es contra la natural constitucion y aplicacion del hombre abrazar y seguir lo que entiende que le esta mal. Esto es tan llano como decir que no puede uno juntamente ser politico machiavelista y Cristiano.

(20) Conviene siempre hacer lo justo eligiendo con prudencia entre los medios justos los mas a proposito para los tiempos y disposicion de las cosas y los remedios que se intentaren. Se debe procurar que sean tales [fº 53rº] que ya que acontezca no aprovechar, se vaya con seguridad de que a lo menos no haran daño. Aunque en esta materia que tratamos, el mal es tan grande y tan presente el peligro, que es forzoso y vale mas intentar algunos remedios, aunque sean dudosos, y no sin riesgos, que quedarse sin hacer ningunos.

Ces paroles d'un païen ne peuvent que confondre et faire rougir les chrétiens qui voudraient suivre un autre chemin. Je ne sais comment on peut continuer à avoir foi en l'homme qui serait persuadé qu'il y a quelque chose de mieux pour lui que d'être en accord avec Dieu. Car comme le dit un philosophe : « Dès lors que l'utilité et la religion ne se trouvent pas à pied d'égalité, on perd de vue la religion, car il est contraire à la nature et à l'activité de l'homme, d'embrasser et de suivre ce qu'il sait être mauvais pour lui ». Cela est aussi clair que de dire qu'on ne peut être à la fois politicien machiavélien et chrétien[90].

(20) Il incombe toujours de faire ce qui est juste, en choisissant prudemment parmi les mesures justes, celles qui sont les plus adaptées à l'époque, aux circonstances et aux remèdes que l'on aura trouvés. Même s'il s'avère qu'ils n'ont aucun effet, on doit faire en sorte qu'ils soient tels que l'on soit sûr du moins qu'ils ne feront pas de mal. Bien qu'en la matière dont nous parlons, la maladie soit si grave et le danger si imminent, il est indispensable et préférable d'appliquer certains remèdes, même s'ils sont douteux et présentent certains risques, plutôt que de ne rien faire.

---

qui est modéré et attaché aux vertus républicaines, qui ne recherche pas l'opulence personnelle mais la fortune publique, qui est loyal envers les peuples de la Grèce, religieux envers les immortels et fidèle au régime de l'égalité civique. Selon Pedro de Valencia, les injustices ne peuvent être ni souhaitables ni utiles, et on ne peut rien acquérir de ferme et de sûr par leur biais. L'action injuste, même si elle s'avère profitable à court terme, ne peut être que préjudiciable à la longue. Toute décision politique doit être soumise aux exigences de l'éthique et de la morale chrétienne.

90 Il s'agit d'une formule choc qui résume bien la pensée de l'auteur. Il ne faut pas confondre l'adjectif « machiavélique » qui fait référence à l'interprétation noire et manipulatrice de l'ouvrage le plus connu de Machiavel, *Le Prince* (1531), et le terme « machiavélien » qui désigne les concepts issus de la philosophie politique de Machiavel, sans formuler de jugement. Au XVIIIe siècle, l'*Encyclopédie* de Diderot et d'Alembert donne les définitions suivantes : « Machiavélisme, espèce de politique détestable qu'on peut rendre en deux mots, par l'art de tyranniser, dont Machiavel le florentin a répandu les princes dans ses ouvrages. Machiavéliste, homme qui suit dans sa conduite des principes de Machiavel, qui consistent à tendre à ses avantages particuliers par quelques voies que ce soit. Il y a des Machiavélistes dans tous les Etats ». Machiavel admet que le prince est souvent obligé, pour préserver la société et le gouvernement, d'agir contre l'humanité, contre la charité et contre la religion même. Garder le pouvoir exige parfois que l'on s'oppose aux valeurs et droits humains. La pensée politique de l'humaniste de Zafra s'inscrit dans la continuité du prince chrétien d'Érasme. Dans *L'éducation du prince chrétien (ou l'art de gouverner)*, court traité de politique à l'usage du jeune Charles Quint, l'humaniste de Rotterdam défend la thèse que le prince doit gouverner dans l'intérêt de tous et s'affranchir des désastreuses idéologies de conquête et d'honneur qui n'ont apporté que la décadence chez les peuples d'Europe. Par tous les moyens, il faut éviter les guerres et consacrer toute son énergie aux « arts de la paix ».

Entrando, pues, en la consideracion del remedio, esta gente tan enemiga, y tan poderosa, ò se ha de hacer amiga y fiel ò poder mas que ella, conforme al consejo que dio Demades a los Athenienses, y como [fº 53vº] califique la gravedad de el mal por estos dos capitulos, enemistad y fuerzas que fue considerar la malicia, y la copia, y acrimonia, y vehemencia del humor que ofende, y reduxe a numero los accidentes dañosos. Assi se habra de enderezar la curacion contra las mismas cabezas, y para proceder con distincion, convendra tambien contar los remedios que, o por exemplo de lo que han hecho otras Republicas en casos semejantes, o por discurso, se me ofrecen. Son los remedios que hallo hasta aora ocho [fº 54rº].

1. Muerte.
2. Excision.
3. Captividad.
4. Expulsion.
5. Translacion.
6. Dispersion.
7. Conversion.
8. Permixtion, sujecion o aseguracion.

De cada uno tratare, en particular, para excluir los ilicitos y desconvenientes y elegir los que me parecen convenientes. Comenzarè por los medios que no apruebo, porque la exclusion de ellos certifica y confirma la eleccion de los que restan.

(21) *In excissio.*

Primeramente, la excision, que es matar y acabar a los enemigos de quien se tiene temor para quedar con seguridad [fº 54vº] es el remedio de que luego echan mano los cobardes, y los inhumanos, y tiranos. Que el amor propio y el querer mirar por si, sin consideracion de piedad, ni justicia, los hace crueles y descuidados de su conciencia y de la infamia que se les ha de seguir. Toman tambien mas facilmente este medio porque no es menester ingenio para inventarlo y se ofrece luego a todos, y aun suele ser peor, que, como dice Hesiodo, es necio el que haviendo muerto à el padre deja vivos los hijos [fº 55rº] pasan adelante con la crueldad y, demas de los padres culpados y enemigos,

Si on entre, donc, dans la considération du remède, ces personnes si hostiles et si puissantes, on doit en faire des amis fidèles ou être plus forts qu'elles, suivant le conseil que Démade avait donné aux Athéniens[91]. Comme j'ai qualifié la gravité de ce mal par ces deux rubriques – hostilité et forces –, ce qui revient à considérer la malice, l'abondance, l'acrimonie et la véhémence de l'humeur qui rend malade, et comme j'ai dénombré les accidents nuisibles, il faudra à présent appliquer les soins aux chefs eux-mêmes, et pour procéder avec méthode, il conviendra aussi d'énumérer les remèdes qui, d'après l'exemple de ce qu'ont fait certaines républiques dans de pareilles circonstances ou d'après certains traités, me viennent à l'esprit. Les remèdes auxquels je pense sont au nombre de huit : 1) mort ; 2) excision ; 3) captivité ; 4) expulsion ; 5) déportation ; 6) dispersion ; 7) conversion ; 8) permixtion, contrainte ou surveillance.

J'aborderai chacun de ces remèdes en particulier, pour exclure ceux qui sont illicites et inconvenants, et choisir ceux qui me semblent les plus appropriés. Je commencerai par les mesures que je désapprouve, car leur élimination prouve et confirme le choix des remèdes restants.

(21) ***In excisio.***

En premier lieu, l'excision[92] qui consiste à tuer et à éliminer les ennemis dont on a peur afin de se sentir en sécurité, est le remède auquel ont aussitôt recours les personnes lâches, inhumaines et tyranniques. L'amour-propre et le souci de soi, le mépris de la pitié et de la justice, les rend cruels et peu soucieux de leur conscience et de l'infamie qui rejaillira sur eux. Aussi adoptent-ils très facilement cette mesure, car il n'y a pas besoin d'être ingénieux pour l'inventer, et qu'elle se trouve à la portée de tout le monde ; et c'est même pire encore, car, comme le dit Hésiode[93], celui qui, après avoir tué le père, laisse les enfants en vie est un idiot : ils s'acharnent dans leur cruauté, et non contents de tuer les parents coupables et ennemis,

91 À la suite de Démade, orateur athénien du IVe siècle av. J.-C., Pedro de Valencia explique les deux attitudes à avoir vis-à-vis d'un ennemi : en faire son ami ou le vaincre.

92 Pedro de Valencia emploie le terme « excision », qu'il emprunte vraisemblablement à Sénèque, dans son sens le plus général d'ablation d'une partie de tissu biologique, et comme synonyme de mort et de génocide.

93 Peut-être Pedro de Valencia fait-il allusion à la fable de l'épervier et du rossignol qui se trouve dans les *Travaux et les Jours* (v. 202-212) d'Hésiode ? (Marie-Christine Leclerc, « L'épervier et le rossignol d'Hésiode. Une fable à double sens », *Revue des Études Grecques*, 1992, p. 37-44).

matan à los hijos inocentes. Asi lo usaban las ciudades de los Griegos, en matando algun tirano que les huviese tenido sujetos injustamente, mataban tras de el a todos sus hijos y descendencia.

Faraon, en otro semejante y prudente temor de la multiplicacion y fuerzas de el pueblo de Israel en Egypto, aprobò y quiso seguir este medio: matarles todos los varones que naciesen para que la Nacion se acabase. El [f° 55v°] medio fue impio, y Dios lo estorvò con grandissimo castigo del Rey y del Reyno, pero, por muy prudente que Faraon en razon humana se aconsexase entonces, no le havia de aprovechar para impedir el proposito Divino acerca de la Redempcion y promocion de aquel Pueblo, porque no pueden las astucias y fuerzas humanas ni Diabolicas estorvar ni retardar las obras de la Divina misericordia, sabiduria y potencia, y el Pueblo de Israel tenia a Dios de su parte. Y aunque en estotro caso es mui diferente [f° 56r°] y, al contrario, por que los moros tienen a Satanas. Pero *Satanas Satanam non eiicit*, y asi no los hemos de procurar vencer con medios injustos, que seria mui mala cuenta, si por librarnos de estos enemigos, ofendiesemos al todo Poderoso,

ils tuent les enfants innocents[94]. C'était l'usage dans les villes grecques ; dès que les citoyens tuaient un tyran qui les avaient assujettis injustement, ils tuaient après lui tous ses enfants et leur descendance[95].

Pharaon, en raison d'une crainte similaire et prudente par rapport à la prolifération et à la puissance du peuple d'Israël en Égypte, approuva et voulut adopter cette mesure : tuer tous les enfants mâles à la naissance, afin de faire disparaître leur nation[96]. La mesure était impie, et Dieu l'empêcha par le châtiment très sévère du roi et de son royaume, mais même si Pharaon avait été très prudent alors en suivant les conseils de la raison humaine, cela ne lui aurait pas permis de s'opposer au plan divin, au sujet de la rédemption et de la promotion de ce peuple, car la ruse et la puissance humaine et diabolique ne peuvent freiner ou retarder les œuvres de la miséricorde, de la sagesse et de la puissance divines, le peuple d'Israël ayant Dieu avec lui. Et bien que, dans notre cas, la situation soit très différente, car les Maures, au contraire, ont Satan avec eux, et que *Satanas Satanam non eiicit*[97], nous ne devons pas chercher à les vaincre par des mesures injustes[98]. Ce serait, en effet, un très mauvais calcul, pour nous débarrasser de ces ennemis, de faire offense au Tout-Puissant

94 Le Massacre des Innocents est rapporté dans l'évangile de Matthieu : il s'agit du meurtre de tous les enfants de moins de deux ans de la région de Bethléem, ordonné par Hérode, qui craignait la concurrence d'un roi des Juifs dont la venue lui avait été annoncée par les Mages, peu après la naissance de Jésus. « Alors Hérode, voyant qu'il avait été moqué par les mages, se fâcha fort et envoya supprimer, dans Bethléem et tout son territoire, tous les garçons de deux ans et au-dessous, selon le temps qu'il s'était fait préciser par les mages » (Matthieu, II, 16). L'Église considère tous ces enfants comme des martyrs.

95 Dans l'une de ses épîtres à Brutus, Cicéron commente que les Grecs avaient l'habitude de tuer les enfants et la descendance du tyran qu'ils venaient de destituer, ce qui est un procédé profondément injuste. En effet, pourquoi les descendants payeraient-ils pour les crimes de leurs parents ? En quoi sont-ils responsables, coupables de leurs exactions ? (*Lettres de Cicéron à M. Brutus et de M. Brutus à Cicéron*, Paris, Didot, 1794, Lettre XXV).

96 Exode, I.

97 « Si le Satan chasse le Satan il est partagé contre lui-même ; comment tiendra donc son règne ? » (Matthieu, XII, 26) ; « Il les appela et leur dit en paraboles : "Comment Satan peut-il chasser Satan ?" » (Marc, III, 23).

98 Il ne faut pas chercher à se venger des Morisques par des mesures injustes, comme celle adoptée par Pharaon à l'égard des Juifs (Exode, I, 1-10). Celui-ci voulait tuer les enfants mâles à leur naissance, pour empêcher que la nation juive ne se multiplie. Au nom de la mauvaise raison d'État, Pharaon prit des mesures qui allaient à l'encontre de Dieu, lequel s'empressa d'infliger à l'Égypte dix châtiments exemplaires : eaux du Nil changées en sang ; invasion de grenouilles, de moustiques et de mouches ; mort des troupeaux ; furoncles ; grêle ; nuées de sauterelles ; ténèbres ; mort des nouveaux-nés.

y lo tomasemos por contrario. Conviene vencerlos con Dios, esto es, usando de los medios justos y legitimos que el aprueba.

Ofrecerase à alguno decir, que no seria injusticia matar y acabar los Moriscos que estan en España, siendo tan notorio el odio capital que nos tienen, y tan [fº 56vº] grande el riesgo en que el Reyno està por ellos, que ya han dado causas de guerra justa matando cada dia muchos Cristianos Españoles en sus lugares y por los caminos, como lo hacen en cogiendolos a solas, y todas las veces a su salvo, sin ira ni ofensa particular, mas de por la oposicion de la Nacion y de la Ley. Y esto es declarar, y denunciar guerra por su parte, y cierto es que, con matar uno y otro, todos los que han a las manos muestran su voluntad, y deseo de matarnos a todos.

Ya he dicho que esto [fº 57rº] lo debemos tener entendido, asi para nuestro recato y prudente prevencion, porque para esta bastan menores indicios, y no conviene esperar revelion descubierta para prevenirnos entonces. Pero toda esta sospecha y probabilidad no da causas bastantes para justa guerra contra toda la Nacion. Por que como si en un Reyno extraño aconteciese que algunos particulares con odio de la Nacion española matasen algunos de los nuestros que cogiesen por alla, no seria justo tomar [fº 57vº] satisfaccion haciendo guerra a aquel reino. Debierase primero pedir enmienda y castigo de los culpados ante sus superiores, pues aca estos no son pueblo ni reino de por si, ni tienen superiores propios. En la jurisdiccion y mano de S. M. estan, y los debe y puede castigar pareciendo culpables. A quien se ha de denunciar guerra por no darlos? Mientras no constare de comun culpa de toda su comunidad no se les puede hacer guerra [fº 58rº] ni darles muerte, ni castigo general, especialmente, que siempre ellos negaràn complicidad en el delito, y diràn que estan prestos para ser juzgados, y para dar satisfaccion, y lo estan aunque no quieran.

et de le traiter comme un adversaire. Il convient de les vaincre grâce à Dieu, c'est-à-dire, en utilisant les mesures justes et légitimes qu'Il approuve.

D'aucuns n'hésiteront pas à dire que ce ne serait pas une injustice de tuer et d'éliminer les Morisques qui résident en Espagne, car la haine viscérale qu'ils vouent à notre égard et le grand danger qu'ils font courir au royaume sont si notoires, qu'ils ont déjà fourni des motifs de guerre juste, en tuant chaque jour de nombreux chrétiens espagnols dans leurs villages et sur les routes. Dès que l'occasion se présente, ils attrapent à leur insu les chrétiens seuls, et sans colère et sans avoir subi la moindre offense, mais uniquement à cause de l'hostilité de leur nation et de leur loi. Et cela équivaut à une déclaration de guerre de leur part, et il est certain que lorsque nous sommes à leur merci, ils nous tuent tous manifestant ainsi la volonté et le désir de nous exterminer.

J'ai déjà dit qu'il faut bien avoir cela à l'esprit, tant pour notre protection que pour notre prudente prévention, car pour cette dernière de moindres indices suffisent, et il ne faut pas attendre qu'une rébellion éclate pour commencer à nous en prémunir. Mais tous ces soupçons et toutes ces conjectures ne représentent pas une raison suffisante pour déclarer une guerre juste contre l'ensemble de la nation. Si dans un royaume étranger, il arrivait que quelques particuliers, par haine de la nation espagnole, tuassent certains des nôtres, après les avoir faits prisonniers, il ne serait pas juste de se venger d'eux en déclarant la guerre à ce royaume. Il faudrait, tout d'abord, exiger la correction et la punition des coupables devant leurs supérieurs, car ici [en Espagne] les Morisques ne forment pas un peuple ou un royaume à part, et ils n'ont pas leurs propres supérieurs. Ils sont sous la juridiction et entre les mains de Sa Majesté, qui doit et peut les punir s'il juge qu'ils sont coupables. À qui doit-on déclarer la guerre pour ne pas les avoir livrés ? Tant que l'on n'apportera pas la preuve de la culpabilité de l'ensemble de la communauté, on ne peut déclarer la guerre à ses membres, les condamner à mort ou leur infliger un châtiment collectif, d'autant qu'ils nieront toute participation au délit, et diront qu'ils sont disposés à être jugés et à donner satisfaction, et ils le sont même à contrecœur.

Tambien puede decir alguno que ya que la comunidad de los Moriscos no sea convencida de culpa para justa guerra, à lo menos cada uno de ellos vive de manera que se puede tener por vehementissimamente sospechoso en la feè, y debieran ser presos y castigados por el [f° 58v°] Tribunal de la Inquisicion, porque si alguno de los conversos de el judaismo o descendiente de conversos en España se viese que hablaba hebreo, que se juntaba y comunicaba con solos los de su Nacion, que no comia tocino ni otras cosas vedadas en su Ley, ni consentia que se comiese en su casa, que no sabia la doctrina, ni cuidaba de que sus hijos la supiesen, que no oia sermon ni misa, ni pedia los sacramentos en sus enfermedades ni en las de la gente de su familia, quien [f° 59r°] dudaria que habria justa causa para proceder contra este, y para prision y castigo? Todos estos indicios se hallan en casi todos los Moriscos, y han vencido con el mismo mal, que es con el ser culpa general de mucho numero de gente para que no se proceda por solo esto contra ellos, que, si por esto los huviesen de prender, seria menester prender calle ahecho a todos ellos y a sus lugares enteros.

Esta razon convence en rigor de justicia, pero como el animo y la intencion de la Iglesia, como de madre [f° 59v°] benigna y amorosa de la salud de las almas y que endereza su poder y proceder à edificacion y no a destruccion, usa, y ha usado siempre ir sobrellevando los hijos pequeños y flacos, mayormente cuando las flaquezas son generales de Naciones o Pueblos enteros, que, como confiesen y profesen la feè catolica, no los quiere apretar ni convencerlos por hechos exteriores,

D'aucuns pourront dire également que, même si la communauté morisque n'est pas tenue pour responsable du déclenchement d'une guerre juste, chacun de ses membres cependant vit d'une manière qu'on peut considérer comme éminemment suspecte en matière de foi, et ils devraient être emprisonnés et punis par le tribunal de l'Inquisition. Si l'on voyait, en effet, des convertis issus du judaïsme ou des descendants de convertis en Espagne, parler l'hébreu, se réunir et ne communiquer qu'avec les membres de leur nation, ne pas manger de porc ou d'autres aliments interdits par leur loi et ne pas tolérer qu'on en mangeât dans leur maison, ne pas connaître la doctrine et ne pas se soucier que leurs enfants la connussent, ne pas assister aux sermons et à la messe, ne pas demander les sacrements lorsqu'ils sont malades ou lorsque les membres de leur famille le sont, qui douterait un seul instant qu'il n'y eût un juste motif de les poursuivre, de les emprisonner et de les punir[99] ? Ces différents signes se retrouvent chez presque tous les Morisques, et ils ont gagné avec difficulté ; comme il s'agit d'une faute généralisée et partagée par un très grand nombre, il ne faut pas prendre des mesures contre eux pour cette seule raison, car si on devait les capturer, il faudrait fouiller chaque rue et arrêter tous les habitants d'un même village.

Cette explication est convaincante du point de vue de la rigueur de la justice, mais l'esprit et l'intention de l'Église, en tant que mère bienveillante et amoureuse de la santé des âmes, qui oriente son pouvoir et son action vers l'édification et non vers la destruction, ont et ont toujours été d'accompagner les petits enfants et les faibles, à plus forte raison lorsque les faiblesses sont généralisées et s'étendent à des nations ou à des peuples entiers. En effet, pourvu qu'ils confessent et professent la foi catholique, l'Église ne veut pas les contraindre ou les punir pour des manifestations extérieures,

99 Il est intéressant de remarquer que Pedro de Valencia fait allusion ici à une forme d'hérésie distincte du mahométisme : l'hérésie des nouveaux-chrétiens de juifs qui, au-delà du baptême, continuaient de pratiquer en secret les préceptes et les rites de la loi de Moïse, comme le disaient les inquisiteurs. L'Inquisition dite moderne créée à la fin du XVe siècle, sous les Rois Catholiques, lutta contre le crypto-judaïsme des convers autochtones entre 1480 et 1520, et contre l'hérésie des marranes portugais à partir de 1580 et tout au long du XVIIe siècle. Rappelons que l'hérésie mahométane relevait directement de l'Inquisition, tribunal ecclésiastique et temporel, et non de la justice civile. La répression inquisitoriale à l'égard des Morisques eut lieu principalement sous le règne de Philippe II dans la deuxième moitié du XVIe siècle.

pudiendose interpretar como indiferentes sin que induzcan evidencia de infidelidad. De esta manera la caridad excelentissima [f° 60r°] y prudentissima de los Santos Apostoles, por Divina disposicion y economia del Espiritu Santo, disimulò mucho tiempo en la Iglesia con los flacos convertidos del judaismo, que juntamente con la luz querian entretener y conservar las sombras de la Ley y guardaban todavia las ceremonias de ella después del bauptismo. No quiso el Espiritu Santo que se les apretase, ni que se les arguiese diciendo: Pues no comeis esto, ni observais estotro, luego no creeis en Cristo, ni en la libertad de su Evangelio; sino [f° 60v°] que los fuesen sobrellevando, como a pequeños en el Señor, hasta que creciesen en el y viniesen del todo à dexar atras aquel abecè y elementos, ò principios antiguos. En esta conformidad les manda el Apostol a los Romanos: *Infirmum autem in fide assumite non in disceptationibus cogitationum. Alius enim credit se manducare omnia: qui autem infirmus est, olus manducet. Is qui manducat, non manducantem non spernat, &.*

Durò aquesta disimulación, o dispensacion en la Iglesia, à lo menos, y particularmente [f° 61r°] en la de Jerusalem, hasta el año de ciento y treinta y siete del nacimiento de Cristo nuestro Señor cuando, haviendo el Emperador Adriano tomado [aquella ciudad], le mudo el nombre de Jerusalem, y la llamo Aelia, y hecho de ella a todos los judios, y con ellos y debajo de este nombre, tambien a los cristianos de la circuncision, que juntamente con el Evangelio guardaban las ceremonias de la Ley, y asi no los distinguieron los romanos de los judios y los echaron fuera.

qui peuvent être interprétées comme de l'indifférence [religieuse] et n'impliquent pas pour autant une marque d'infidélité[100]. Ainsi, la charité excellente et très prudente des saints apôtres, dispensée par Dieu et l'économie du Saint-Esprit, a longtemps fait preuve dans l'Église d'indulgence envers les faibles convertis issus du judaïsme qui, en même temps que la lumière, voulaient entretenir et conserver les ombres de la loi, et continuaient d'observer ses cérémonies au-delà du baptême. Le Saint-Esprit ne voulait pas qu'on les contraignît ou qu'on essayât de les convertir en disant : « Comme vous ne mangez pas ceci et observez cela, alors vous ne croyez pas au Christ et à la liberté de son Évangile », mais qu'on les accompagnât peu à peu, comme de jeunes enfants dans le Seigneur, jusqu'à ce qu'ils grandissent en Lui et finissent par abandonner cet abécédaire, et ces rudiments ou principes anciens. Dans le même sens, l'Apôtre ordonne aux Romains : « *Infirmum autem in fide assumite non in disceptationibus cogitationum. Alius enim credit se manducare omnia : qui autem infirmus est, olus manducet. Is qui manducat, non manducatem non spernat &*[101] ».

Cette indulgence, ou dispense, a duré dans l'Église, et plus particulièrement dans celle de Jérusalem, au moins jusqu'à l'an 137 de la naissance du Christ notre Seigneur, lorsque l'empereur Hadrien, après s'être emparé de cette ville, transforma le nom de Jérusalem et l'appela Aelia. Il en chassa tous les Juifs, et avec eux, et sous ce nom, tous les chrétiens circoncis qui, en même temps que l'Évangile, observaient les cérémonies de la loi. Les Romains ne distinguant pas les Juifs des Chrétiens chassèrent les deux[102].

100 L'Espagne de Philippe III doit se montrer aussi tolérante avec les Morisques que l'Église chrétienne des premiers temps l'avait été à l'égard des nouveaux convertis issus du judaïsme. L'apôtre Paul divisait les croyants en « faibles » et « forts », et préconisait que le fort ne devait pas mépriser le faible, ni le faible juger le fort. Le fort était celui dont la foi était assez ferme pour lui permettre d'entrer dans la grande « liberté des enfants de Dieu » sans s'embarrasser des scrupules qui retenaient le faible.

101 « Celui qui est faible dans la foi, recevez-le sans entrer en controverse. L'un, avec foi, mange de tout ; l'autre, faible, mange des légumes ; que celui qui mange ne méprise pas celui qui ne mange pas et que celui qui ne mange pas ne juge pas celui qui mange car Dieu l'a reçu. Qui es-tu, toi qui juges le domestique d'autrui ? Qu'il tienne debout ou qu'il tombe, c'est l'affaire de son seigneur. Mais il tiendra debout car le Seigneur peut le faire tenir debout » (Romains, XIV, 1-4).

102 Cette tolérance à l'égard des nouveaux convertis de Juifs prend fin en 137, date à laquelle l'empereur Hadrien expulse les Juifs et les chrétiens de la ville de Jérusalem qu'il rebaptise *Aelia Capitolina*. En 130, Hadrien se lance dans la conquête de la capitale de Juda et ordonne la reconstruction du Temple qu'il consacre à Jupiter. Devenue colonie romaine, la province de Juda devient une zone interdite aux Juifs (Pedro Mexía, *Silva de varia lección*, Éd. Antonio Castro, Madrid, Cátedra, 1990, IV, 13-15, p. 473-474).

Y esto de no diferenciar a los cristianos y tenerlos por [f° 61v°] judios y llamarselo, general engaño era entonces de los Romanos y de todos los Gentiles. Los cristianos de Jerusalem, esparcidos por las iglesias, parece que llevaban todavia adelante su flaqueza e ignorancia en la observancia de lo ceremonial; pero estorvolo la vigilancia de el Pastor universal de la Iglesia, señor Eleuterio, Papa y martir, mandando, como dice Martin Polono: *ut a cristianis nulla esca repudiaretur, quae rationalibus esset, et humana*. Una epístola se halla de este Pontifice que establece [f° 62r°] el mismo derecho.

A este exemplo diria yo aora que, condenandoles à los Moriscos la ignorancia ò malicia de hasta aquí, y no haciendo caso de ella por castigo, de aqui adelante no se les permita esta distinción, o delecto de comidas, y lenguaje y demàs cosas, con que quieren o no rehusan parecer moros, porque aquestas cosas, demas de la macula con que se hacen sospechosos en la feè, pertenecen à distincion, para conocerse y estar apartados con estas [f° 62v°] señales para hacer escision y revelion. Y asi aora, no màs que en razon politica y de estado, se les debe prohivir y estorvar; y en esta razon, ponerles unas penas moderadas para gastos de guerra, conforme à la culpa y a la posibilidad de cada uno, cometiendo el conocimiento de estas causas à juezes ordinarios, o antes de comision en cada lugar, que las executen sin remision. Pero no, que por solos aquellos indicios haya de proceder el Santo Oficio, que es [f° 63r°] muy exacto juicio para gente tan flaca, y vemos que se enojan y endurecen mas con el, y no se edifican como después dirè.

Le fait de ne pas distinguer les chrétiens, de les considérer comme des Juifs et de les appeler du même nom, était alors une erreur généralisée chez les Romains et chez tous les Gentils[103]. Les chrétiens de Jérusalem, dispersés dans les églises, vivaient toujours dans leur faiblesse et leur ignorance de l'observance des cérémonies ; mais la vigilance du pasteur universel de l'Église, Monseigneur Éleuthère, pape et martyr, y mit un terme, en ordonnant, comme le dit Martin de Pologne : *ut a cristianis nulla esca repudiaretur, quae rationalibus esset, et humana*[104]. Il existe une épître de ce souverain pontife qui établit le même droit.

Suivant cet exemple, je dirais maintenant que les Morisques étant condamnés par leur ignorance ou leur malice – à laquelle on ne faisait guère attention et que l'on ne punissait pas jusqu'à présent –, qu'on ne leur permette plus dorénavant cette distinction au niveau de la nourriture ou de la langue, entre autres choses. Car ce faisant, ils veulent ressembler aux Maures et ne refusent pas de l'être, et tout cela, en plus de la tache qui les rend suspects en matière de foi, fait partie de la distinction ; et ils se servent de ces signes pour être reconnaissables et faire bande à part, faire scission et se rebeller. Et ainsi maintenant, principalement pour des raisons de politique et de gouvernement, il faut interdire et empêcher ces différences, et infliger aux Morisques des peines modérées pour financer les frais de guerre, peines qui devraient être proportionnelles à la faute et aux ressources de chacun, en confiant l'instruction de ces procès à des juges ordinaires ou à des commissions locales qui les examineront de très près. Cependant, il ne faut pas que le Saint-Office intervienne pour juger de ces seuls indices, car c'est une procédure trop sévère pour des gens aussi faibles, et on s'aperçoit qu'ils s'irritent et s'endurcissent davantage à son contact, au lieu de s'édifier, comme j'aurai l'occasion de le dire[105].

---

103 Pedro de Valencia reproche aux Gentils de ne pas faire la différence entre les Juifs et les convertis du judaïsme (convers). C'est exactement la même chose que font les apologistes de l'expulsion, au XVIIe siècle, en assimilant le Morisque au Maure.

104 Selon le *Liber Pontificalis*, un édit du pape Eleuthère (175-189) décrète qu'aucune nourriture n'est impure, combattant ainsi des pratiques héritées des prescriptions juives sur la pureté des aliments. À partir de 175 jusqu'à sa mort, le pape en question poursuit le judaïsme (Martin de Pologne, *Chronique des papes et des empereurs*, (circ. 1280). Martin de Pologne est un dominicain du XIIIe siècle, auteur d'une chronique historique qui a connu une très grande diffusion à la fin du Moyen Âge.

105 Il faut savoir faire la différence entre ce qui relève de l'hérésie, à proprement parler, et des coutumes et des traditions culturelles : nourriture, langue, habillement, etc. Celles-ci doivent être débattues dans le cadre de la raison d'État et n'incombent pas à la raison religieuse. À

Y cuando una cosa se hace por conveniencia politica y por comodidades, o intentos humanos, quererla cubrir con nombre de piedad, celo, y religion, es astucia que ofende mucho a la Divina simplicidad y bondad. Querer, pues, con tal pretexto matar ò acabar los Moriscos, y irlos apocando, seria consejo mui semejante [f° 63v°] a aquel del Rey Saul en materia semejantissima.

Los Gabaonitas eran de los gentiles antiguos moradores de la tierra de Canaan. Quedaronse en ella convertidos a la feè entre los Israelitas, en la manera y con el ardid, que se cuenta en el libro de Josuè. Saul, despues que el Santo Profeta Samuel le notificò como Dios le havia dexado por su inobediencia, y queria quitar el Reyno de el, y de su linage y darlo a David, penso por consejo de estado y trazas humanas conservarse en el [f° 64r°] Reyno. En esta razon, procuraba agradar a los Poderosos y al vulgo, y tenerlos de su parte contra David, y como sabia quanto de gracia grangean con los Pueblos los Reyes, mostrandose celosos de la Religion y del publico bien, maiormente quando esto se hace en competencia y con daño de alguna Nacion, ò gente aborrecida, y odiosa,

Et lorsqu'on fait quelque chose par convenance politique, par commodité ou par volonté humaine, vouloir la faire passer pour du zèle, de la piété et de la religion, est un subterfuge qui porte gravement atteinte à la simplicité et à la bonté divines. Vouloir donc, sous un tel prétexte, tuer ou éliminer les Morisques, et les faire disparaître un à un, serait un conseil fort semblable à celui du roi Saül en une matière très voisine.

Les Gabaonites étaient d'anciens païens qui habitaient le pays de Canaan. Ils y vécurent, convertis à la foi parmi les Israélites, grâce à la ruse qui est racontée dans le livre de Josué[106]. Saül, après que le saint prophète Samuel lui eut signifié comment Dieu l'avait abandonné à cause de sa désobéissance, et voulait lui enlever, ainsi qu'à sa lignée, le royaume, pour le donner à David[107], pensa se maintenir à la tête du royaume grâce à des conseils politiques et des artifices humains. Pour ce faire, il cherchait à plaire aux plus puissants et au vulgaire, et à en faire des alliés contre David, et comme il savait que les rois obtiennent de nombreuses faveurs des peuples, en faisant montre de leur zèle pour la religion et le bien public, à plus forte raison lorsque cela se fait dans le cadre d'une rivalité ou pour faire du mal à une nation ou à des personnes honnies et exécrées,

---

ce titre, Pedro de Valencia souhaite que l'Inquisition, qui ne fait que conforter les Morisques dans leur croyance islamique, n'intervienne pas dans ce genre d'affaires, et que des juges ordinaires instruisent ces délits et infligent des peines d'amende aux contrevenants, peines dont le montant varierait en fonction des ressources économiques de chaque inculpé.

106 Vouloir anéantir les Morisques, c'est se mettre à la place de Saül qui décida d'éliminer tous les Gabaonites. Les Gabaonites étaient l'un des peuples du pays de Canaan. Le second livre de Samuel les présente comme « n'étant pas des Israélites, mais ce qui restait des Amorrites » (2 Samuel, XXI, 2), le livre de Josué, comme l'une des « sept nations de Canaan » (Josué, IX, 7). Lors de la conquête violente de Canaan par Josué et les Hébreux, les Gabaonites imaginèrent un stratagème pour échapper aux massacres qui frappaient les populations des alentours. Ils se couvrirent de poussière et s'habillèrent en lambeaux pour se faire passer pour un peuple venu de loin pour faire alliance avec Israël. Josué se laissa tromper et se lia aux Gabaonites par un serment : « Les fils d'Israël ne les tuèrent pas, car les princes de la communauté leur avaient prêté serment par Iahvé, Dieu d'Israël ; mais toute la communauté murmura contre les princes. Alors tous les princes dirent à toute la communauté : "Nous leur avons prêté serment par Iahvé, Dieu d'Israël, et maintenant nous ne pouvons pas leur porter des coups !" » (Josué, IX, 18-19).

107 Pour punir la désobéissance de Saül, Dieu décida de lui enlever la royauté d'Israël et de la donner à David : « Mais Samuel dit à Saül : "Je ne reviendrai pas avec toi, car tu as rejeté la parole de Iahvé et Iahvé t'a rejeté pour que tu ne sois plus roi d'Israël". Puis Samuel se détourna pour s'en aller et l'autre saisit le pan de son manteau qui se déchira. Et Samuel lui dit : "Aujourd'hui Iahvé a arraché de dessus toi la royauté d'Israël et il l'a donnée à ton prochain qui est meilleur que toi" » (I Samuel, XV, 26-28).

con pretexto de que queria limpiar la tierra de idolatrias y hechizerias gentilicias, intentò y comenzò a matar a los Gabaonitas [fº 64vº]. No entiendo que por via de guerra, que si fuera asi, hubierales acabado un dia, sino haciendoles causas de aquel genero de supersticion gentilica crehibles y verosimiles para la sospecha de el linage, y bien recividas de el vulgo, por el odio y competencia que suele tener con los *advenas* ò conversos de otra Religion y Nacion contra gente aborrecida y condenada ya en junto por el gusto del Rey y de el Pueblo no faltarian testigos. La historia de los postreros años de Saul da bien a entender que la cosa se [fº 65rº] hizo con este pretexto. Atajole la muerte al Rey y no acabò a los Gabaonitas. Sucediole David y, aunque no llevò adelante el mal hecho, pero no hizo castigo, ni enmienda ni sastisfaccion de el a los ofendidos, Dios y los hombres. Por esto Dios envio hambre en el tiempo y Reyno de David tres años continuos. Preguntado el oraculo Divino por la causa de aquel castigo respondio:

il essaya, sous prétexte qu'il voulait purifier la terre de l'idolâtrie et de la sorcellerie païennes, de tuer les Gabaonites[108], et commença à mettre son plan à exécution. Je ne comprends pas pourquoi [Saül n'a pas choisi] la voie de la guerre, car s'il l'avait fait, il serait venu à bout des Gabaonites en un jour ; cependant [il a opté] pour la voie des procès contre ce genre de superstition païenne, procès rendus crédibles et vraisemblables en raison des soupçons qui pèsent sur leur lignage, et en outre bien reçus par le peuple, en raison de la haine et de l'hostilité qu'il voue d'ordinaire aux *advenas*[109] ou à ceux qui se sont convertis d'une autre religion et viennent d'une autre nation ; car les témoins ne manqueraient pas contre des personnes honnies et déjà condamnées à la fois par la volonté du roi et du peuple. L'histoire des dernières années de Saül laisse clairement entendre qu'il avait agi sous ce prétexte. La mort abrégea les jours du roi, sans qu'il pût venir à bout des Gabaonites[110]. David lui succéda, et bien qu'il ne suivît pas sa voie, il n'infligea pas pour autant de punition et de correction [aux coupables], et ne donna pas non plus satisfaction aux personnes offensées, Dieu et les hommes. C'est pourquoi Dieu envoya à cette époque-là une famine dans le royaume de David pendant trois années consécutives. L'oracle divin, interrogé sur la cause de ce châtiment, répondit :

108 Sous couvert de lutter contre l'idolâtrie et les superstitions, alors que sa véritable intention était de s'attirer la sympathie du peuple hébreu pour se maintenir au pouvoir, Saül décida de massacrer les Gabaonites : « Aux jours de David il y eut une famine de trois ans, l'un après l'autre, et David consulta la face de Iahvé. Iahvé lui dit : "Sur Saül et sur sa maison il y a du sang, parce qu'il a mis à mort les Gabaonites". Le roi convoqua donc les Gabaonites et leur parla. (Or les Gabaonites n'étaient point des fils d'Israël, mais d'un reste des Amorrhéens, auxquels les fils d'Israël avaient prêté serment et Saül avait cherché à les frapper dans son zèle pour les fils d'Israël et de Juda) » (II Samuel, XXI, 1-2).

109 *Advena, ae*, signifie en latin celui qui est d'un autre pays.

110 La faute commise par le roi Saül, qui n'avait pas respecté le serment passé entre Josué et les Gabaonites, appelait une expiation sans laquelle ceux-ci ne pouvaient bénir Israël, qui était l'héritage de Dieu. Saül fut détrôné par David et connut une fin misérable. Comme les Gabaonites voulaient que la responsabilité retombe sur la descendance de Saül et non sur tout Israël, sept enfants de Saül furent pendus et mis à mort : « David dit aux Gabaonites : "Que ferai-je pour vous et par quoi expierai-je pour que vous bénissiez l'héritage de Iahvé ?". Les Gabaonites lui dirent : "Nous n'avons pas de question d'argent ni d'or avec Saül et avec sa maison ; nous n'avons pas non plus à faire mourir un homme en Israël". Il dit : "Ce que vous direz, je le ferai pour vous". Ils dirent au roi : "L'homme qui nous a réduits à néant et qui avait imaginé de nous exterminer au point de ne plus subsister en tout Israël, que sept hommes de ses fils nous soient livrés pour que nous les pendions devant Iahvé, à Gabaon, sur la montagne de Iahvé" » (II Samuel, XXI, 2-6).

Propter Saul, et domum eius sanguinum, quia occidit Gabaonitas, y añade luego el texto del Espiritu Santo una glosa que [f° 65v°] descubre todo el intento y pretexto del hecho; dice: *Porro Gabaonitae non erant de filiis Israel, sed reliquiae Amorrhaerorum: filii quippe Israel iuraverant eis, et voluit Saul percutere eos zelo, quasi pro filiis Israel et Iuda.*

Mando llamar el Rey David a los Gabaonitas, y dioles de concierto para que perdonasen, y se diesen por satisfechos, siete hombres principales, hijos y nietos del Rey Saúl, los cuales crucificaron en Gabaon y contra la universal disposicion de la Ley, conforme à la cual se havian de quitar los cuerpos [f° 66r°] de las cruces el primero dia antes de puesto el sol. Para exemplo y escarmiento especial los tuvieron en las cruces desde abril hasta septiembre, que llovio Dios y mostrò con ello que estaba ya aplacado. Es notable y de grande doctrina esta historia en todas sus partes y palabras, y no se debe tener por injusticia ni rigor sobrado el haber crucificado a los hijos y nietos por el delito de Saul ni el haber castigado Dios con él por hambre a todo el Pueblo, porque es sin duda, que aquellos siete, y otros [f° 66v°] de la casa y palacio de Saul le alabarian el hecho, y le incitarian à el, como suele hacer la lisonja en siendo conocida la voluntad de los Reyes. Tambien el pueblo todo se alegraria y regocijaria como con gran fiesta y dirían: Viva el Rey y mueran los perros!

Aunque huviera causas de justa guerra y toda la Nacion mereciese castigo de muerte, se deben compadecer los Reyes, y las Republicas, y no enfurecerse para tan grande crueldad como seria matar [f° 67r°] pueblos enteros. Dios nuestro Señor, tratando de el castigo de los de Ninive, se compadeciò no solo de los niños, pero aùn de las bestias. En tan grande numero de gente, por perdida que sea la comunidad, puede ser que haya muchos, no solamente no culpados en crimen de heregia y de infidelidad al Rey, pero buenos cristianos y aun santos.

Propter Saul et domum eius sanguinum quia occidit Gabaonitas[111], puis le texte du Saint-Esprit rajoute une glose qui dévoile toute l'intention et tout le prétexte de l'événement ; il dit la chose suivante : *Porro Gabaonitae non erant de filiis Israel, sed reliquiae Amorrhaeorum : filii quippe Israel iuraverant eis, et voluit Saul percutere eos zelo, quasi pro filiis Israel et Iuda*[112].

Le roi David fit appeler les Gabaonites et leur livra, après accord, sept hommes illustres, fils et petits-fils du roi Saül, afin qu'ils pardonnassent et s'estimassent satisfaits ; ces hommes furent crucifiés à Gabaon, contre la disposition universelle de la Loi, selon laquelle les corps devaient être retirés des croix le premier jour avant le coucher du soleil. En guise de châtiment exemplaire, ils les laissèrent sur les croix d'avril à septembre, jusqu'à ce que Dieu fît pleuvoir, montrant par là que son courroux était déjà apaisé. Cette histoire est remarquable et pleine d'enseignements dans toutes ses parties et dans ses moindres mots, et il ne faut pas voir comme une injustice ou une sévérité excessive qu'on ait crucifié les enfants et les petits-enfants pour le délit de Saül, et que Dieu ait condamné tout le peuple à la famine, car ce sont sans doute ces sept personnes, et d'autres de la maison et du palais de Saül, qui avaient dû le louer pour cette action et l'inciter à agir, comme la flatterie a l'habitude de le faire, dès que la volonté des rois est connue. Le peuple, en son entier, avait dû se réjouir et jubiler, comme lors d'une grande fête, et dire : « Vive le roi, et à mort les chiens ! ».

Même s'il y avait des motifs de guerre juste, et même si toute la nation méritait la peine de mort, les rois et les républiques doivent faire preuve de pitié, et ne pas se laisser aller à la colère et à cette grande cruauté qui consisterait à tuer des populations entières. Dieu notre Seigneur, à propos du châtiment des habitants de Ninive, prit en pitié non seulement les enfants, mais aussi les bêtes[113]. Parmi tant de personnes, même si la communauté est mauvaise, il se peut qu'il y en ait beaucoup qui soient non seulement innocents du crime d'hérésie et d'infidélité envers le roi, mais aussi bons chrétiens, voire même saints[114].

111 II Samuel, XXI, 1.

112 II Samuel, XXI, 2.

113 Si Dieu ne s'apitoie pas de Ninive, « la grande ville, dans laquelle il y a plus de douze myriades d'hommes qui ne distinguent pas entre leur droite et leur gauche, ainsi que des bêtes en grand nombre » (Jonas, IV, 11), il prend pitié, en revanche, des enfants.

114 Suivant l'exemple de Ninive, Pedro de Valencia indique que tous les Morisques ne sont pas des hérétiques et des traîtres à la nation, et qu'il y a parmi eux de bons chrétiens,

En las diez tribus de Israel que idolatraron con Jeroboam, nadie entendia que huviese quedado un solo hombre entre ellos, que fuese fiel y [fº 67vº] catolico, ni era de entender, profesando el Rey y toda aquella Republica apostasia y infidelidad, y corriendo riesgo de infamia y muerte los catolicos. El santo profeta Elias, que conocia mas de aquel Pueblo que los mui prudentes de ahora pueden saber de los Moriscos de España, piensa y dice a Dios que no havia quedado sino el solo y que lo andaban por matar: *Sed quid dicit illi divinum responsum mihi septem millia [virorum], qui non curvaverunt genua [ante] Baal.* Por pequeño numero que haia [fº 68rº] de fieles y no culpados, o por no constar de que no los hay, se debe retener la mano, y no hacer anatema toda una Nacion, a lo menos, bauptizada y que profesa la feè, mientras no fueren uno por uno legitimamente convencidos, o la comunidad diere causas de guerra justa, de otra manera: *Absit a te ut rem hanc facias, et occidas iustum cum impio, fiatque iustus sicut impius, non est hoc tuum qui iudicas terram...*

Parmi les dix tribus d'Israël qui avaient pratiqué l'idolâtrie avec Jéroboam, personne ne voulait croire qu'il restât un seul homme parmi eux qui fût fidèle à la religion catholique [*sic.*], et cela était, en effet, difficile à croire, car le roi et toute cette république professaient l'apostasie et l'infidélité, et les catholiques [*sic.*] risquaient d'être infamés et tués. Le saint prophète Élie, qui en savait davantage sur ce peuple que les très sages d'aujourd'hui ne peuvent en savoir sur les Morisques d'Espagne, pense et dit à Dieu qu'il ne restait plus que lui et qu'on cherchait à le tuer : *Sed quid dicit illi responsum ? Reliqui mihi septem millia vivorum, qui non curvaverunt genua ante Baal*[115]. Même s'il y a très peu de fidèles et d'innocents, ou même si on n'arrive pas à démontrer qu'il y en a, on ne doit pas se déchaîner et frapper d'anathème toute une nation, à plus forte raison quand ses membres sont baptisés et professent la foi, et tant qu'ils ne seront pas un à un déclarés légitimement coupables, ou que la communauté ne fournira pas d'autres motifs de guerre juste : *Absit a te ut rem hanc facias, et occidas iustum cum impio, fiatque iustus sicut impius, non est hoc tuum qui iudicas omnem terram*[116]...

voire des saints dignes de miséricorde. Sans doute pense-t-il à des figures comme le Père Ignacio de las Casas (1550-1608), ce Morisque qui fut admis dans la Compagnie de Jésus en 1572 et prononça ses vœux en 1603, ou le Père Juan de Albotodo, jésuite également, qui prêchait en arabe aux enfants morisques du collège de l'Albaicín, créé à Grenade en 1599 (Youssef El Alaoui, « Ignacio de las Casas, jesuita y morisco », *Sharq al-Andalus*, 14-15, (1997-1998), p. 317-339).

115 Parmi tous les fils d'Israël qui se sont révoltés contre Dieu, en pliant « le genou devant Baal », le prophète Élie et ses hommes n'ont pas basculé dans l'idolâtrie, et font partie de ces rescapés d'Israël qui ont eu la vie sauve. Jézabel, l'épouse d'Achab, ne parvint jamais à mettre à mort le prophète : « Seigneur, ils ont tué tes prophètes, démoli tes autels, et moi qui suis resté ils en veulent à ma vie. Mais quelle est la réponse ? Je me suis réservé sept mille hommes qui n'ont pas plié le genou devant Baal » (Romains, XI, 3-4). On retrouve quasiment le même passage dans I Rois, XIX, 10-18.

116 Dieu explique clairement à Abraham qu'il ne fera pas périr le juste et le méchant et qu'il ne détruira pas la ville de Sodome s'il s'y trouve quelques justes : « Loin de toi d'agir de cette façon-là, en faisant mourir le juste et le méchant, de sorte qu'il en soit du juste comme du méchant ! Loin de toi ! Est-ce que celui qui juge toute la terre ne pratiquerait pas la justice ? Iahvé dit : "Si je trouve dans Sodome cinquante justes au milieu de la ville, je pardonnerai à toute la localité à cause d'eux". Abraham reprit et dit : "Voici que j'ai résolu de parler à mon seigneur, moi qui suis poussière et cendre. Peut-être aux cinquante justes en manquera-t-il cinq ! Est-ce que faute de cinq tu détruiras la ville ?" Il dit : "Je ne détruirai pas si j'y trouve les quarante-cinq" » (Genèse, XVIII, 25-28).

A Dios se atreve a decir esto el Patriarca, y qualquiera leal vasallo lo dirà licitamente al Rey nuestro Señor. Que no seria este hecho no solo de Rey benigno y piadoso, pero ni aun de justo y humano. Quien solo puede condenar a excision ciudades y Naciones enteras es Dios, que sabe, que en Sodoma no havia ninguno que no fuese culpado sino Lot, y ese que havia lo librò. El conoce los suios *et novit pios de tentatione eripere.* Pero el juicio humano, por exacto y diligente que sea, no puede hacer esta [f° 69r°] separacion, ni excepcion de los buenos. Los Moriscos todos afirmarian ser fieles, y daria cada uno alguna informacion en su abono, o piensese o digase que tal informacion havia de tomarse para aceptar los inocentes.

A los havitadores todos de la tierra de Canaan, despues de haverlos Dios esperado a penitencia mas de cuatrocientos años los condenò, y para execucion de la sentencia de muerte los entregò a los Israelitas, como a Ministros; y asi no debieron ellos en ninguna [f° 69v°] manera ablandar ni concertarse con los reos para dexar de matar ni uno solo de ellos. De esta manera tambien le entrego los Malechitas a Saul para muerte forzosa con otros Pueblos y Naciones, con que huviese causas justas de guerra. Es mui diferente el proceder que Dios aprueba, y mandaba en general: *Si quando accesseris ad expugnandam civitatem, offeres ei primum pacem. Si receperit, et aperuerit tibi portas, [cunctus] populus, qui in ea est, salvabitur, et serviet [f° 70r°] tibi sub tributo etcaetera.* Vease el capitulo hasta el fin, y hallarase que engañosa, è inadvertidamente, se alegaria aqui el exemplo de los moradores de la tierra de Canaan, aun con ser de ellos y en esta manera condenados con los demàs.

Le patriarche ose le dire à Dieu, et n'importe quel vassal loyal le dira licitement au roi notre Seigneur. Car cette façon d'agir serait non seulement indigne d'un roi bienveillant et pieux, mais aussi d'un roi juste et humain. Dieu seul peut condamner à l'excision des villes et des nations entières, car il sait qu'à Sodome, il n'y avait que Loth[117] qui ne fût pas coupable, et il lui laissa la vie sauve. Il connaît les siens *et novit pios de tentatione eripere*[118]. Mais l'entendement humain, aussi rigoureux et diligent soit-il, est incapable de séparer et de trier les bons. Tous les Morisques déclareraient être fidèles, et chacun d'entre eux fournirait un certificat à sa décharge, ou que l'on pense ou que l'on dise quel certificat il faudrait présenter pour accepter les innocents.

Dieu condamna tous les habitants de la terre de Canaan, après avoir attendu quatre cents ans qu'ils fissent pénitence, et pour l'exécution de leur sentence de mort, il les livra aux Israélites, comme s'ils étaient leurs juges. Ainsi les Israélites ne se sont laissés ni amadouer ni attendrir par les accusés sous aucun prétexte et n'en ont épargné aucun. De la même façon, il livra les Amalécites à Saül, ainsi que d'autres peuples et nations, contre lesquels il avait des motifs de juste guerre, les condamnant à une mort certaine. La façon d'agir que Dieu approuve, et recommande en général, est bien différente : *Si quando accesseris ad expugnandam civitatem, offeres ei primum pacem. Si receperit et aperuerit tibi portas, cunctus populus, qui in ea est, salvabitur, et serviet tibi sub tributo et caetera*[119]. Qu'on lise le chapitre jusqu'à la fin, et l'on verra à quel point il serait trompeur et déplacé d'alléguer ici l'exemple des habitants du pays de Canaan, même s'ils sont condamnés de la sorte avec les autres.

117 Loth joue face à Sodome et Gomorrhe le même rôle que Noé face au Déluge (2 Pierre, II). Dieu « sait délivrer de l'épreuve l'homme pieux et garder les injustes pour les souffleter le jour du jugement » (II Pierre, II, 9).

118 II Pierre, II, 9.

119 En cas de guerre juste, Dieu prévoit trois cas de figures : 1) si l'ennemi se rend, il faut le réduire en esclavage ; 2) si l'ennemi ne fait pas la paix, il faut éliminer la population mâle ; 3) dans les deux cas, il faut préserver les femmes et les enfants. C'est ce qui est dit dans l'Ancien Testament : « Quand tu approcheras d'une ville pour combattre contre elle, tu l'inviteras à la paix. Et si elle te répond par la paix, si elle s'ouvre à toi, toute la population qui se trouve en elle sera pour toi astreinte à la corvée et ils te serviront. Que si elle ne fait pas la paix avec toi, si elle te fait la guerre, tu l'assiégeras ; Iahvé, ton Dieu la livrera dans ta main et tu frapperas toute sa population mâle au fil de l'épée. Mais les femmes, les petits enfants, le bétail, tout ce qui sera dans la ville, toutes ses dépouilles, tu les prendras pour ton butin et tu mangeras la dépouille de tes ennemis que t'a donnée Iahvé, ton Dieu » (Deutéronome, XX, 10-14).

Los Gabaonitas, por haver jurado paces con ellos Josué, y los del gobierno del Pueblo de Israel, aunque las juraron engañados, juzgaron, y lo aprobò Dios, que les debian guardar la palabra, y juramentos, la qual obligacion refiere el Espiritu [fº 70vº] Santo para calificar el delito de Saul contra los Gabaonitas como traicion.

Por esto, quando un castigo tan grande se ha de hacer en los que un rey no ha recivido debajo de su feè y con nombre de concordia y paz y comunion en la religion, es menester que sea muy manifiesta la justificación para que no se atribuya a traición y falta de fe y lealtad, principalmente cuando los que han de ser castigados estan en poder y mano del Reyno y que los puede matar sin [fº 71rº] guerra ni riesgo; y si los tales son conversos en la Religion, es mas odiosa la venganza que de ellos se toma y mas de temer el castigo de Dios por ella, porque *Dominus custodit* con custodia y tutela particular.

Por estas razones y por otras politicas, y por no contravenir a aquel precepto de Hipocrates, prudentisimo tambien en materia de estado y en toda curacion, *immota non movere*, que es no revolver los humores mientras se estuvieren quedos, no conviene ni se debe usar [fº 71vº] el remedio de excision, ni de otro violento, e injusto por ninguna via, ni llevar intento de acabarlos ni de estorbarles la multiplicacion del linage en la manera que por ley natural y Divina les es licita, y con esto se excluyen otros remedios del mismo genero que usaron las Republicas Gentiles como mutilaciones de miembros y enervaciones, para que no sean para la guerra. Estas cosas son permitidas por derecho de guerra y de victoria, en el caso que seria licito matar a los vencidos [fº 72rº]. Los Athenienses, haviendo vencido à los Mitilenenses, que se les havian revelado, decretaron muerte de todos los mayores de catorce años, y cauptividad de las mugeres y niños.

Les Gabaonites, parce que Josué et les membres du gouverment du peuple d'Israël avaient conclu la paix avec eux, bien qu'ils l'eussent conclue de façon trompeuse, estimèrent, et Dieu leur donna raison, qu'on devait respecter les engagements pris à leur égard, obligation que rapporte le Saint-Esprit pour qualifier de traîtrise le crime de Saül contre les Gabaonites.

C'est pourquoi, quand un châtiment si important doit être appliqué à des personnes qu'un roi n'a pas reçu sous sa foi ou sous les auspices de la concorde, de la paix et de la communion dans la religion, il faut que la justification soit très claire, pour qu'elle n'apparaisse pas comme une traîtrise, un manque de foi et de loyauté, d'autant plus quand ceux qui doivent être punis se trouvent sous la domination et entre les mains du royaume et que celui-ci peut les tuer, sans faire la guerre et sans prendre de risques. Et si ces derniers sont des convertis à la religion catholique, la vengeance qu'on tire d'eux est d'autant plus odieuse et le châtiment de Dieu d'autant plus à craindre, car *Dominus custodit*[120] avec une garde et une protection particulières.

Pour ces raisons et d'autres motifs d'ordre politique, et pour ne pas contredire ce précepte d'Hippocrate, très sage également en matière d'État et en tout genre de soins, *immota non movere*, à savoir ne pas remuer les humeurs tant qu'elles sont tranquilles, on ne doit pas avoir recours au remède de l'excision et à d'autres remèdes violents et injustes, se mettre en tête de les exterminer et empêcher leur lignage de s'accroître, car il leur est légitime de se multiplier en vertu de la loi naturelle et divine. En marge de l'excision, on exclut d'autres remèdes du même genre utilisés par les républiques païennes, comme les mutilations des membres et les énervations[121], afin que les individus mutilés ne puissent plus faire la guerre. Ces pratiques sont autorisées par le droit de la guerre et de la victoire, au cas où il serait légitime de tuer les vaincus. Les Athéniens, après avoir vaincu les habitants de Mytilène qui s'étaient révoltés contre eux, décrétèrent la mort de tous les hommes de plus de quatorze ans et la captivité des femmes et des enfants.

120 « Amis de Iahvé, détestez le mal ! Il garde les âmes de ses dévots, il les délivre de la main des méchants, la lumière se lève pour le juste et la joie pour ceux qui ont le cœur droit. Juste, réjouissez-vous en Iahvé et rendez grâce à son saint nom ! » (Psaume XCVI, 10).

121 L'énervation est un supplice qui consistait à brûler les tendons (nerfs) des jarrets et des genoux.

Mudaron parecer despues, y no executaron este decreto por cruel. Los mismos Athenienses cortaron los dedos pulgares a los Eginetas, para que pudiesen servir al remo y no pelear. Aun quando son licitos, son odiosos, y infaman para siempre medios tan crueles.

(22) *Captivitas.*

Las razones dichas excluyen tambien el medio siguiente, la cauptividad, que le podria parecer conveniente a alguno, porque los esclavos se casan y se multiplican menos y estàn cada uno à cargo de su dueño, para guarda y seguridad, y para instruccion en la feè y Religion, y se ve, y ha visto siempre por experiencia que los esclavos abrazan facilmente la religion y modo de vivir de sus amos.

De el rey Sisebuto de España se cuenta que eligio este medio [f° 73r°] para con los Judios conversos y Apostatas y Traidores, entonces justificandolo en certeza de culpas y con aprobacion de un Concilio de los obispos de Toledo. Tuvo, segun parece, buen sucesso,

Ils changèrent ensuite d'avis, et ne mirent pas à exécution leur projet en raison de sa cruauté. Les Athéniens eux-mêmes avaient coupé les pouces des Éginètes[122], pour qu'ils pussent ramer à bord des galères, mais fussent incapables de combattre[123]. Même quand elles sont licites, ces mesures très cruelles, sont odieuses et discréditent à jamais.

(22) *Captivitas.*

Les considérations précédentes excluent également la mesure suivante : la captivité, qui pourrait sembler utile à certains, puisque les esclaves se marient, se reproduisent moins et sont à la charge de leur maître, pour leur protection, leur sécurité et leur instruction dans la foi religieuse ; et l'expérience a montré et continue de montrer que les esclaves embrassent très facilement la religion et le mode de vie de leurs maîtres.

On raconte, à propos du roi Sisébut d'Espagne, qu'il appliqua cette mesure aux Juifs convertis, apostats et traîtres, la justifiant alors par la certitude de leur culpabilité et par l'approbation d'un concile des évêques de Tolède[124]. Cette mesure porta ses fruits, semble-t-il,

122 Habitants d'Égine, île grecque du golfe Saraonique, au sud-ouest d'Athènes. Égine fut très longtemps la grande rivale d'Athènes, notamment lorsqu'elle entra dans l'alliance spartiate pendant la première guerre du Péloponnèse. Définitivement battue par Athènes en 456-457, l'île fut contrainte de rejoindre la ligue de Délos et de s'acquitter d'un tribut de trente talents.

123 Après avoir vaincu les Mytiléniens, les Athéniens décidèrent de tuer les hommes âgés de plus de quatorze ans et de mettre en esclavage les femmes et les enfants. Ils finirent par changer de décision, s'apercevant que le décret qu'ils avaient pris était injuste et cruel (Thucydide, *Histoire de la guerre du Péloponnèse*, Trad. de Jean Voilquin, Paris, Garnier, s.d., Livre III, chapitres XXXVI à LV). Dans le livre I, le général athénien Thucydide tente d'élucider les causes de la guerre. Il évoque deux raisons : l'affaire de Corcyre qui voit cette cité indépendante passer dans le camp athénien à la suite de la guerre civile d'Épidamne, et l'affaire de Potidée, colonie corinthienne, membre de la Ligue de Délos, qui décide de faire défection et est assiégée par Athènes. Par-delà ces deux événements, l'auteur pense que c'est l'impérialisme athénien qui a suscité de la crainte chez les Lacédémoniens et est à l'origine du conflit. Dans le livre III, Thucydide aborde la rivalité entre Athéniens et Mytiléniens. Les Mytiléniens étaient, à l'origine, les alliés des Athéniens mais, las de la domination athénienne, ils choisirent de quitter la ligue de Delos et demandèrent l'aide de Sparte. C'est alors que les Athéniens assiégèrent la ville de Mytilène et y installèrent des clérouques.

124 Dans le domaine religieux, Sisébut mena une lutte acharnée contre le prosélytisme juif et punit de la peine de mort tous ceux qui encourageaient les conversions au judaïsme. Il inaugura ainsi une politique anti-juive, réduisit en esclavage les Juifs, força ceux de son royaume, nombreux dans le sud et la côte méditerranéenne, à se faire baptiser, et expulsa les opposants vers le royaume des Francs et vers l'Afrique, après leur avoir confisqué leurs biens. En 589, lors du troisième concile de Tolède, Ricarède, premier roi des Wisigoths à s'être converti au christianisme, imposa la conversion forcée des enfants nés de mariages mixtes entre Juifs et chrétiens. Quelques années plus tard, le

pues de los descendientes de aquellos conversos y esclavos, no se conoce ninguno notado con infamia de tal origen, sino que estàn mezclados e indistinguibles de los antiguos cristianos y naturales del Reyno. Yo tengo noticia de algunos Moros berberiscos que, cauptivos, se convirtieron, que vivieron como [fº 73vº] cristianos, y ellos y sus hijos quisieron y quieren encubrir la nota de su linage, y han dado buen exemplo, y huien el comercio y comunicacion de los Moriscos, y tratan, y se han mezclado con cristianos viejos. Con todo no es hacer lo ilicito, ni aun para buenos fines y, no haviendo prision de enemigos infieles en guerra justa, no puede haver legitima cautividad. Mirado tambien humana y politicamente no parece seguro ni conveniente hacer tan grande numero de esclavos enemigos y agraviados, para [fº 74rº] meterlos cada uno en su casa con riesgo particular y publico de que se levantasen y juntasen para guerra servil, como siendo respectivamente en menor numero se levantaron los siervos contra el Imperio Romano y contra otras Republicas.

(23) ***Expulsio.***

La expulsión es el tercero medio de los que propuse, que es hecharles de el Reyno para que se fuesen a Berberia, ò a tierras del Turco, ò donde todos o cada uno quisiesen, y o se le havian de quitar los hijos [fº 74vº] y haciendas o no. Quitandoles algo de lo que es suio y tan querido

car parmi les descendants de ces convertis et esclaves, on n'en connaît aucun dont la réputation soit souillée en raison de son origine. En effet, ils se sont mêlés aux chrétiens de vieille souche et se sont fondus dans la masse des habitants du royaume. Je suis au courant que certains Maures barbaresques, à la suite de leur captivité, se sont convertis à la religion catholique et ont vécu comme des chrétiens. Eux-mêmes et leurs enfants se sont efforcés d'effacer la tache de leur lignage et ont donné le bon exemple, en fuyant le commerce et la compagnie des Morisques et en traitant avec les vieux-chrétiens auxquels ils se sont mêlés. Malgré tout, il n'est pas bon de se mettre dans l'illégalité, même à des fins honnêtes, et comme la guerre juste ne prévoit pas de peine de prison pour les infidèles, il ne peut pas non plus y avoir de captivité légitime[125]. D'un point de vue humain et politique, il semble risqué et inconvenant d'avoir un si grand nombre d'esclaves ennemis et méprisés, pour les employer chacun dans sa maison, avec le risque particulier et public qu'ils se soulèvent et s'allient en vue d'une guerre servile, comme l'avaient fait les serviteurs contre l'Empire romain et d'autres républiques, alors qu'ils étaient respectivement moins nombreux.

(23) ***Expulsio.***

L'expulsion est la troisième mesure que j'ai proposée ; elle consiste à refouler les Morisques hors du royaume pour qu'ils s'en aillent en Berbérie, dans les territoires du Turc, ou là où bon leur semblera ; on pourra décider ou non de leur enlever leurs enfants et de leur confisquer leurs biens. Leur enlever une partie d'un bien si personnel et si cher,

---

roi Sisébut renouvela et aggrava les mesures prises par son prédécesseur. Dès son arrivée au pouvoir en 612, il mit en place une politique de baptêmes forcés des communautés israélites, comme le souligne Isidore de Séville au chapitre IX de son ouvrage *Sur l'origine des Goths* : « Et celui-ci au début de son règne, déploya un grand zèle en convertissant les Juifs à la foi chrétienne, mais il ne le fit pas par la voie de la sagesse. Il les contraignit en effet par l'usage de la force séculière (*potestate*), alors qu'il aurait fallu les attirer par la raison de la foi ; mais comme il est écrit, que ce soit par les circonstances ou par la vérité, pourvu que le Christ soit annoncé » (Céline Martin, *La géographie du pouvoir dans l'Espagne wisigothique*, Lille, 2003, p. 338). Une partie des Juifs quitta la péninsule, tandis qu'une autre se convertit sous la menace et seulement pour la forme. En inaugurant son règne par une manifestation éclatante d'orthodoxie, le roi Sisébut entendait passer à la postérité comme le nouveau Constantin, le nouveau Marcien ou le nouveau Ricarède. En tant que *religiosissimus princeps*, il lui incombait d'amener à la foi chrétienne l'ensemble des sujets sur qui s'exerçaient son autorité et sa tutelle.

125 Pedro de Valencia fait valoir ici un argument de droit incontournable : si l'on peut réduire en esclavage les infidèles dans le cadre d'une guerre juste, en revanche, il n'est pas possible d'appliquer cette mesure à des hérétiques qui ont été baptisés.

es mas riguroso, y grave el castigo, y requiere mayor justificacion. Aunque no se les quite nada, el destierro, de suio es pena grande, viene a tocar a mayor numero de personas, y entre ellas a muchos niños inocentes; y ya hemos presupuesto como fundamento firmissimo que ninguna cosa injusta y con que Dios nuestro Señor se ofenda sera util y de buen suceso para el Reino, antes le apresurarà perdición.

Si se les quitan las [f° 75r°] haciendas, infamase todo el hecho, como procedido de aquesta codicia, aunque se le dè otro color. Pues si se havian de ir con sus haciendas bien armados irian, y de buena gana los reciviria el Turco, o para servirse de ellos o para despojarlos. Aunque se ponga a parte la consideracion de la justicia, y que como dice Diodoro a los Athenienses acerca de los Mitilenenses, no tratemos aora de los Moriscos como con parte opuesta con quien estuviesemos a juicio, para que tengamos obligacion de [f° 75v°] oirles su razon y dexarnos llevar en lo que pidieren justicia, sino que estuviesemos consultando que nos estarà mejor o nos serà mas ganancia hacer de ellos: como quando se consulta de cauptivos y hacienda propia, y tal hacienda como bueyes y cavallos, con quien no hay comunión, ni obligacion de equidad y justicia, que para con hombres, aunque sean infieles y siervos, siempre la hay.

Tambien en esta razon y consideracion nos hallaremos en peligro, y perplexidad grande, muy semejante [f° 76r°] a la del proverbio antiguo *auribus lupum teneo*: el que tiene asido al lobo por las orejas

rend le châtiment encore plus cruel et plus sévère, et exige une plus grande justification. Même si on ne leur enlève rien, le bannissement est en soi une lourde peine, qui affecte un grand nombre de personnes, parmi lesquelles de nombreux enfants innocents[126]. Et on a déjà établi au préalable comme fondement très ferme, qu'aucune action injuste et par laquelle on portera atteinte à Dieu, ne sera utile et profitable au royaume, et que, bien au contraire, elle précipitera sa chute.

Si on leur confisque leurs biens, l'opération perd toute sa crédibilité, car elle semble motivée par la cupidité, même si on lui donne un autre nom. Si les Morisques devaient partir en emportant leurs biens, ils s'en iraient bien armés, et le Turc les accueillerait bien volontiers, pour profiter de leurs richesses ou pour les dépouiller. Même si l'on fait abstraction de la justice, et même si, comme le dit Diodore[127] aux Athéniens à propos des Mytiléniens, nous ne traitons pas à présent des Morisques, comme s'il s'agissait d'une faction adverse contre laquelle on serait en procès, pour être obligés d'écouter leurs arguments et de nous soumettre à leur exigence de justice, nous sommes en train de considérer ce qui sera préférable pour nous, et d'étudier tout le profit que l'on pourra tirer des Morisques, comme lorsqu'on délibère sur les captifs et les biens personnels, tels que les bœufs et les chevaux, envers lesquels on n'a pas d'obligation de fraternité, d'équité et de justice, ce qui n'est jamais le cas envers les hommes, même si ce sont des infidèles et des serviteurs.

Sur ce point également et en cette considération, nous serons en danger et dans une profonde perplexité, fort semblable à celle du proverbe ancien *auribus lupum teneo*[128] : celui qui tient le loup par les oreilles

126 Sur la question des enfants morisques, on lira la thèse inédite de François Martinez, *La permanence morisque en Espagne après 1609 (discours et réalités)*, Montpellier, Université Montpellier III, 1997.

127 Diodore de Sicile est un historien grec du premier siècle av. J.-C., auteur de la *Bibliothèque historique*, monumentale histoire universelle qui couvre une vaste période qui s'étend des origines mythologiques du monde au règne de Jules César. Diodore puise dans une multitude d'auteurs antiques, parmi lesquels Hécatée d'Abdère, Éphore, Théopompe, Polybe, etc.

128 Si l'on confisque les biens des Morisques au moment de l'expulsion, cela fera apparaître la cupidité des gouvernants espagnols qui agissent davantage pour des raisons économiques que religieuses. Si on laisse partir les Morisques avec leurs biens, cela revient à donner du pouvoir à l'ennemi, le Turc pouvant parfaitement utiliser cette richesse à son profit et contre les Espagnols. Dans les deux cas, l'expulsion offre un dilemme insolvable. À ce propos, Pedro de Valencia a recours à l'adage du loup dont on ne sait s'il faut ou non tenir

ni tiene presa firme y segura ni le està bien tenerlo ni soltarlo. Hallase en caso de dificultosa deliberacion, embarazado y con riesgo. Si lo suelto volverase contra mi, o a lo menos, iràse y quedarà libre, para venir otro dia à hacerme daño en el ganado. Pues he me de estar aqui teniendole en este miedo, y trabajo siempre? En la comparacion parece que mejor era soltarlo, y que se fuese con la [fº 76vº] maldicion, pero en la materia que se consulta, juntar tan grande numero de gente enemiga, enojados, y desesperados, haviendoles quitado los hijos y las haciendas, embiarlos a Berberia: *Spoliatis arma supersunt.* Con qualquiera corsario o foragido que se juntasen, armados y capitaneados mal que bien, podian revolver, y dar bien en que entender, quanto màs si el Turco, o algun Rey o Principe enemigo tomase a su cargo la reduccion o restitucion de los desterrados, como causa pia en [fº 77rº] favor (como dirían) de hombres agraviados, y hechados de sus casas. Muchas guerras se cuentan que comenzaron por vandos que, haviendo el mas poderoso vencido, y hechado fuera algun numero de ciudadanos, los expelidos buscaban y traian en su favor algun Principe o Republica poderosa, como acontecio en Epidammo, y fue la ocasion y principio de aquella grande guerra del Peloponeso, que es argumento de toda esta *Historia* de Thucydides.

n'a pas de proie stable et sûre, et il n'est pas bon pour lui de le retenir ni de le relâcher. Il se trouve face à un sérieux dilemme, plongé dans l'embarras et dans la crainte. Si je le relâche, il se retournera contre moi, ou du moins il partira et aura tout le loisir de revenir un autre jour, pour faire des ravages dans mon troupeau. Faut-il donc que je reste ici, à jamais, à le retenir dans la peur et la douleur ? Face à ce choix, il vaudrait mieux, semble-t-il, le relâcher et l'envoyer au diable, mais dans la matière dont nous traitons, rassembler un si grand nombre d'ennemis qui éprouvent de la haine, de la colère et du désespoir, et les envoyer en Berbérie, après les avoir privés de leurs enfants et de leurs biens : *Spoliatis arma supersunt*[129]. S'ils s'alliaient au premier corsaire ou au premier bandit de grand chemin, armés et encadrés tant bien que mal, ils pourraient revenir et nous donner du fil à retordre, à plus forte raison si le Turc, un roi ou un prince ennemi prenait en charge la réduction ou la restitution des exilés, comme s'il s'agissait d'une œuvre pieuse en faveur (comme ils n'hésiteraient pas à le dire) d'hommes outragés et mis à la porte de leurs maisons. On dit que de nombreuses guerres débutèrent par des luttes de clans, et lorsque le plus puissant avait vaincu et chassé un certain nombre de citoyens, les expulsés recherchaient l'aide d'un prince ou d'une république puissante, comme cela arriva à Épidamne, et ce fut l'occasion et le début de cette grande guerre du Péloponnèse, qui fait l'objet de toute cette *Histoire* de Thucydide[130].

---

les oreilles. Cet adage apparaît, entre autres, chez Suétone : « Il avait des raisons pour hésiter : des dangers le menaçaient de toutes parts, et il disait souvent qu'il tenait le loup par les oreilles » (*Vie de Tibère*, Trad. de M. Cabaret-Dupaty, Paris, 1893, Chapitre XXV, I), et chez Varron : « On lit dans Valérius Soranus : *C'est un vieil adage (adagio), ô P. Scipion. Adagio* est tellement tombé en désuétude, que le mot grec [...] qui l'a remplacé, est plus significatif. Au reste, ils désignent tous les deux une maxime vulgaire, comme : *Je tiens le loup par les oreilles. Les chiens ne se mangent pas entre eux. Adagio* est une altération d'*abagio*, mot dérivé d'*ambire* (entourer), parce qu'un proverbe est toujours accessoire, et cité à l'appui de ce qu'on dit. *Adagio* a, dans sa composition, quelque ressemblance avec *adustum* (cuit autour), et me remet en mémoire la victime appelée *ambiegna* par les augures, qui était une génisse, autour de laquelle on immolait des agneaux ». Dans le *Dictionnaire de l'Académie française*, « tenir le loup par les oreilles » est une locution adverbiale qui signifie « être aux prises avec une situation difficile sans savoir comment s'en sortir ».

129 « À qui est dépouillé, il reste les armes ». Il s'agissait de la devise d'Emmanuel-Philibert, duc de Savoie (1553-1580).

130 Pedro de Valencia, en tant qu'helléniste averti a traduit le premier chapitre de ce livre, dont il fait mention ici. On y explique que l'épisode d'Épidamne servit de prétexte (et non de cause) au déclenchement de la guerre du Péloponnèse. Les habitants d'Épidamne sollicitèrent l'aide de Corcyre qui se montra défavorable à leur requête, et firent appel par la suite à Corinthe, qui était la ville ennemie d'Athènes au début du conflit.

Volbiendo a la consideración [fº 77vº] de la justicia, como se puede justificar con Dios, ni con los hombres, ni què corazon cristiano havia de haber que sufriese ver en los campos, y en las playas, una tan grande muchedumbre de hombres y mugeres bauptizados, y que diesen vozes a Dios y al mundo que eran cristianos, y lo querian ser, y les quitaban sus hijos y haciendas por avaricia y por odio, sin oirlos, ni estar con ellos a juicio, y los embiaban a que se tornasen moros? Que esto hacia el mayor Rey [fº 78rº] del mundo, el unicamente catolico, y verdaderamente cristiano, si no por avaricia, a lo menos por cobardia, de miedo de hombres rendidos y desarmados, y sus basallos, que los tenia en medio de su Reyno en sus manos y a su voluntad.

Representense lo que es verosimil que alli pasaria. Muchos de ellos, que no tenian hacienda, ni dexaban acà nada sentirian poco la partida. Los que eran Moros de corazon estarian alegres, y tendrian todo por ganancia, a trueco de huir [fº 78vº] y criar sus hijos libremente en la Ley de Mahoma. Estos y los alfaquies confortarian a los demas en el Paganismo, reprehendiendo, y amenazando a los que dijesen ser cristianos, o mostrasen disgusto de ir a ser Moros. Las personas del Reyno y mayormente los Religiosos, que teniendo caridad cristiana, viesen pasar esto, pareceme que se tendrian por obligados a irse acompañando a aquellos que decian ser cristianos, para confirmarlos en la fe y morir en tal [fº 79rº] demanda.

Bien se ofrecia mas que decir para mover los corazones, pero no es declamacion retorica aquesta. Diràn, si fuesen verdaderamente cristianos, irianse a tierra de cristianos. Es mui grande tentacion para gente tan flaca en la feè, ponerlos en esta eleccion, porque si muchos y por la maior parte, como queda dicho, son Moros, llevarian por fuerza o por persuasión, a los dudosos y flacos cristianos consigo a Berberia, y mas si fuesen sus mugeres, o hijos, o hermanos [fº 79vº] o parientes.

Pour en revenir à la question de la justice, comment peut-on justifier [cette mesure] auprès de Dieu et des hommes, et quel cœur chrétien pourrait-il supporter de voir, dans les champs et sur les plages, une si grande foule d'hommes et de femmes baptisés, implorant Dieu et le monde en disant qu'ils étaient chrétiens, et voulaient vivre comme tels, et de voir qu'on les privait de leurs enfants et de leurs biens par avarice et par haine, sans les écouter et sans être en procès contre eux, et qu'on les envoyait [en Berbérie] pour être maures ? Que le plus grand roi du monde, le seul qui fût vraiment catholique et chrétien, faisait tout cela non par avarice mais, du moins, par lâcheté et par peur d'hommes vaincus et désarmés, qui étaient ses vassaux, et se trouvaient entre ses mains et à sa merci au milieu du royaume.

Imaginez-vous un instant ce qui se passerait en Espagne. Un très grand nombre de Morisques, qui n'avaient pas de biens et rien à perdre ici, ne regretteraient guère leur départ. Ceux qui étaient maures de cœur, se réjouiraient et n'y verraient que des avantages, du moment qu'ils pourraient fuir et éduquer librement leurs enfants dans la loi de Mahomet. Ceux-là et les *alfaquis* conforteraient tous les autres dans la pratique du paganisme, en réprimandant et en menaçant ceux qui déclareraient être chrétiens ou partiraient à contrecœur en Berbérie pour y devenir maures[131]. Les habitants du royaume, et plus précisément les religieux qui, faisant preuve de charité chrétienne, verraient cela se produire, se sentiraient obligés, me semble-t-il, d'accompagner ceux qui déclareraient être chrétiens, pour les confirmer dans la foi et mourir dans une telle exigence.

Il y aurait bien plus à dire pour émouvoir les cœurs, mais ceci n'est pas une déclamation rhétorique. D'aucuns diront, si les Morisques étaient vraiment chrétiens, ils partiraient en terres chrétiennes. C'est une très grande tentation, pour des gens aussi faibles dans la foi, que de les mettre face à un tel choix, car si beaucoup et la plupart sont maures, comme nous l'avons déjà dit, ils emmèneraient les chrétiens indécis et faibles avec eux en Berbérie, en faisant usage de la force ou de la conviction, à plus forte raison s'il s'agissait de leurs femmes, de leurs enfants, de leurs frères ou de leurs proches.

131 Ce n'est pas le fait d'un monarque juste et catholique d'expulser des hommes, des femmes et des enfants, qui sont déjà baptisés et dont certains sont de véritables chrétiens. Expulser les Morisques en Afrique du Nord, c'est faire le jeu des docteurs de la loi (*alfaquís*) et de tous ceux qui continuent de pratiquer l'islam en cachette. Les plus actifs dans la pratique du mahométisme inciteront ceux qui sont plus tièdes en matière de religion à abandonner la foi catholique et à revenir à la foi de leurs ancêtres.

Y si todos o muchos se fuesen a Francia, ni allà estarian seguros en la feè ni nos estaria mui bien tampoco. Y que Provincia se havia de atrever a recibir tal muchedumbre de huespedes pobres y belicosos? Quando la perdida no sea maior que privarse el Rey y el Reyno de tantas casas de basallos en tiempo en que tanta falta de gente se halla en España, es de consideracion no pequeña: *In multitudine populi dignitas regis, et in paucitate plebis ignominia est principis.*

Pero esta [f° 80r°] perdida, llevadera, y de ganancia podia ser, como lo es cortar un pie, o mano o otro miembro gangrenado por la salud de todo el cuerpo; mas la impiedad, que està en darles licencia y enviarlos que se vayan a ser Moros y soltar del todo la esperanza de que en algun tiempo llegarian a ser verdaderos cristianos viviendo entre nosotros, y la crueldad de quitarles los hijos, y las haciendas, y desterrarles de el Reyno, y el riesgo de juntar, y enojar, y soltar tanta [f° 80v°] gente belicosa, que puede dar principio a un gran principado, no se con que colores se puede afeitar, ni con que nos podriamos labar o asegurar de el hecho. Si ello es justo, y nos està bien echarlos a ser Moros, mas justo seria y mas seguro darles muerte temporal o cauptivarlos. Y si esto no es conveniente luego, ni hechados una vez, sera ganancia prenderlos y cauptivarlos despues en reencuentros, ni lo serà tampoco prender Moros de Africa. Mas irracional medio y más impio es la expulsión [f° 81r°] que la excision y la cauptividad.

Para hechar a los judios de estos Reynos, huvo muchas y diferentes razones, que ellos eran infieles de profesion, que no eran ciudadanos, y estaban precarios como huespedes, sin derecho a la havitacion en España, y por solo gusto, sin otra causa, era licito hecharlos fuera con sus haciendas, como se hizo, quanto mas que huvo causas que inficionaban y hacian apostatar a los conversos de su Nacion,

Et si tous ou beaucoup partaient en France, ils n'y seraient pas en sécurité dans la foi, et ce ne serait pas très bon pour nous non plus. Et quel pays oserait recevoir une telle foule d'hôtes pauvres et belliqueux ? Alors qu'il n'y aura pas de perte plus lourde pour le roi et son royaume que de se priver de tant de foyers de vassaux, à un moment où il y a un tel manque d'hommes en Espagne, ce n'est pas une mince considération : *In multidine populi dignitas regis, et in paucitate plebis ignominis est principis*[132].

Mais cette perte pourrait être supportable et même profitable, comme lorsqu'on coupe un pied, une main ou un autre membre gangrené, pour préserver la santé de tout le corps ; mais l'impiété, qui consiste à les autoriser à aller en Berbérie pour y être maures, et à abandonner tout espoir, qu'avec le temps, ils parviendront à être de véritables chrétiens en vivant parmi nous, et la cruauté de les priver de leurs enfants et de leurs biens, et de les bannir du royaume, et le danger de rassembler, mettre en colère et relâcher tant de gens belliqueux, qui peuvent donner naissance à un grand royaume, je ne sais quels prétextes nous pourrions avancer pour maquiller cette décision, pour la justifier et nous en blanchir. S'il est juste et bon pour nous de les envoyer en Berbérie pour être maures, il serait plus juste et plus sûr de leur infliger une mort temporelle ou de les réduire en esclavage. Et si cela ne convient donc pas, après les avoir expulsés une première fois, il sera inutile de les arrêter et de les réduire en esclavage par la suite lors de nouvelles batailles, ou de faire prisonniers les Maures d'Afrique. L'expulsion est une mesure plus irrationnelle et plus impie que l'excision et la captivité.

Il y eut de nombreuses et multiples raisons d'expulser les Juifs de ces royaumes. Ils étaient par définition infidèles, n'avaient pas le statut de citoyens, faisaient figure d'hôtes précaires, et ne bénéficiaient pas du droit de résidence en Espagne, si ce n'est uniquement par plaisir et pour aucune autre raison. Il était légitime de les expulser avec leurs biens, comme cela s'est fait, d'autant plus qu'il y avait des circonstances qui contaminaient et faisaient apostasier les convertis de leur nation,

132 Il est absurde de vouloir expulser des vassaux de la couronne au moment où la monarchie espagnole enregistre une forte baisse démographique et connaît un grave phénomène de *despoblación*. L'expulsion ne fera qu'aggraver la crise existante et plonger le pays dans la décadence. « Une population nombreuse fait la gloire d'un roi, mais quand le peuple fait défaut, c'est la ruine d'un prince » (Proverbes, XIV, 28).

que consumian y chupaban con logros y malos [f° 81v°] tratos toda la hacienda de el Reyno, que fue honrada y generosa presuncion de Principes Cristianos no querer tener por subditos, ni devajo de su amparo, ni sustentar con los frutos de sus Reynos y Provincias hombres enemigos de la fee, que se hecharon sin riesgo de que fuesen a ser peores en otra parte, ni perdieron la feè que no tenian, solo se pudo decir que, estando en España, se irian convirtiendo, y que cesò este fruto. Y tambien dicen que huvo entonces quien no [f° 82r°] juzgò por consejo prudente en razon de Estado privarse de tantos subditos, y hechar tanta suma de hacienda fuera del Reyno. Finalmente, aunque eran muchos, no era de temer que se juntasen para guerra, ni tomarian caudillo que los capitanease; por que aquella Nacion esta condenada por Dios, a que no se pueda juntar en forma de republica, ni exercito, ni tener caveza, mientras no reconocen por legitimo Rey y Señor Jesucristo nuestro Señor [f° 82v°] que vive y reina para siempre. Como los hijos de Abrahaan, fieles y santos, resplandecieron en la Iglesia *sicut stellae coeli*, asi los descendientes del mismo Patriarca, no mas que segun la carne infieles y pertinaces, que repelieron y no admiten la luz del Evangelio son *sicut arena, quae est in littore maris*. Esto es, muchos viles que no se pueden juntar en un cuerpo ni una masa, esteriles sin fruto, ni utilidad en el mundo.

qui consumaient et pompaient toute la richesse du royaume, moyennant des prêts usuraires et des trafics douteux. De la part des princes chrétiens, ce fut une présomption honnête et généreuse de ne pas vouloir avoir sous leur protection, ni d'entretenir avec les ressources de leurs royaumes et de leurs provinces, des sujets ennemis de la foi, qui furent expulsés sans risque qu'ils fussent pires ailleurs, ou qu'ils perdissent la foi qu'ils n'avaient d'ailleurs pas. On a seulement pu dire, qu'ils finiraient par se convertir en étant en Espagne, et que cet espoir s'évanouit alors. Et on dit aussi, que certains à l'époque estimèrent que du point de vue de la raison d'État, il n'était pas prudent de se priver de tant de sujets, et de jeter tant de richesses hors du royaume. Finalement, bien qu'ils fussent très nombreux, il n'y avait pas à craindre qu'ils s'unissent pour faire la guerre, ni qu'ils choisissent un chef militaire pour les diriger ; car cette nation est condamnée par Dieu à ne pas pouvoir s'assembler sous la forme d'une république ou d'une armée, ni à avoir de dirigeant, tant que ses membres ne reconnaîtront pas Jésus-Christ notre Seigneur qui vit et règne à jamais, comme leur roi et seigneur légitime[133]. Tout comme les fidèles et saints enfants d'Abraham resplandirent dans l'Église *sicut stellae coeli*[134], les descendants en personne du patriarche, infidèles et obstinés selon la chair, qui repoussèrent et n'admirent pas la lumière de l'Évangile, sont *sicut arena, quae est in littore maris*[135]. C'est-à-dire, beaucoup d'individus vils qui ne peuvent s'unir en un seul corps ou en une seule masse stérile et inutile au monde.

133 Pedro de Valencia explique les différences qui existent entre l'expulsion des Morisques et l'expulsion des Juifs de 1492 : a) celle-ci concerne des Juifs, à savoir des infidèles, et non des individus baptisés ; b) quoique vassaux des Rois Catholiques, les Juifs n'ont jamais obtenu le droit de citoyenneté. C'étaient des citoyens de seconde zone ; c) les Juifs incitaient les convers à revenir à la religion de leurs ancêtres et empêchaient l'intégration spirituelle des nouveaux convertis dans la société majoritaire vieille-chrétienne (argument de l'édit d'expulsion) ; d) les Juifs ne représentaient pas un danger politique ou militaire. À aucun moment, n'a existé la moindre crainte qu'ils puissent se soulever.

134 « Je te bénirai et je te multiplierai ta race comme les étoiles des cieux et comme sur le sable qui est sur le rivage de la mer… » (Genèse, XXII, 17) ; « Je multiplierai votre race, comme les étoiles des cieux » (Exode, XXXII, 13).

135 « Ils sortirent donc, eux et tous leurs camps avec eux, peuple aussi nombreux que le sable qui est sur le rivage de la mer… » (Josué, XI, 4).

(24) *Translatio sive transmigratio.*

Parece que se consigue, en respuesta de los inconvenientes de la expulsion, decir que no sea expulsion, porque no se vayan a ser infieles ni se vuelvan contra nosotros ni hagan poderosos a nuestros enemigos, sino que sea translacion o transmigracion, que los traslade S. M. todos juntos, o repartirlos en tres o cuatro o más translaciones, como colonias, a otras partes de su Imperio, a Napoles, a Sicilia, Lombardia, a Flandes, a las Indias Occidentales, o dentro de España a otra parte, donde no esten tan cercanos [f° 83r°] al mar Mediterraneo, donde estan en frontera de Africa, y mui a la mano para correspondencia, comunicacion y recepcion de los de su secta y Nacion.

En quanto a que estarian menos mal para la seguridad del Reyno los que aora estàn juntos en el Reyno de Aragon, Valencia y Murcia, en qualquiera otra parte lexos del Mediterraneo, hacia Galicia o a las Montañas, o en lo alto de Castilla la Vieja, que adonde aora estàn, no lo dudo. Y tambien se puede pensar [f° 84r°] si sería bien trasladar algún número de ellos a Milàn. Pero a Indias en ninguna manera conviene, porque harian daño en los Indios con la doctrina y en la paz de la tierra con la falta de lealtad. Y allà ay menos Españoles que para poder mezclar con ellos cantidad de tan mal fermento, sin temor de corrupción; pero adonde quiera que se huviesen de pasar y hacer transmigracion de ellos, no seria conveniente ponerlos juntos, no solo muchos pueblos de ellos [f° 84v°] confines: pero ni aun uno, porque en estando juntos en un pueblo, han de conservar su secta, y con ella la distincion en la lengua, ceremonias y costumbres, y el odio al Reyno y la infidelidad al Rey.

(24) ***Translatio sive transmigratio.***

Il semble préférable, en réponse aux inconvénients de l'expulsion, de dire que ce n'en sera pas une, pour que les Morisques ne partent pas en Berbérie pour y être infidèles, ne se retournent pas contre nous, et ne rendent pas nos ennemis plus puissants. On dira, au contraire, que ce sera une translation ou une transmigration, que Sa Majesté les déplacera tous ensemble, ou répartis par groupes de trois, quatre ou plus, à l'instar des colonies, dans d'autres parties de son Empire, à Naples, en Sicile, en Lombardie, en Flandres, aux Indes occidentales, ou dans d'autres endroits à l'intérieur de l'Espagne, où ils ne seront pas aussi près de la mer Méditerranée, toute proche de la frontière avec l'Afrique, pour leur correspondance, leur communication, et l'accueil des membres de leur secte et de leur nation.

Quant à savoir si, pour la sécurité du royaume, ceux qui vivent actuellement regroupés dans les royaumes d'Aragon, de Valence et de Murcie, seraient mieux partout ailleurs loin de la Méditerranée, vers la Galice, les montagnes de Santander ou le nord de la Vieille-Castille, je n'en doute pas un seul instant. Et on peut se demander aussi, si ce ne serait pas une bonne chose d'en transférer un certain nombre à Milan[136]. Mais il ne faut surtout pas les envoyer aux Indes, car ils feraient du tort aux Indiens avec leur doctrine, et à la paix du pays avec leur manque de loyauté. Là-bas, il y a trop peu d'Espagnols pour qu'on y introduise un si mauvais ferment sans risque de corruption. Mais où qu'ils aillent ou où qu'on les transfère, il ne faudra pas les mettre ensemble, non seulement dans de nombreux villages limitrophes, mais pas même dans un seul, car dès qu'ils se regrouperont dans un village, ils conserveront leur secte et, avec elle, la distinction dans la langue, les cérémonies, les coutumes, ainsi que leur haine du royaume et leur infidélité vis-à-vis du roi.

136 Dans l'esprit de certains *arbitristas*, l'idée de déporter les Morisques s'imposait comme une alternative à l'expulsion. La déportation comprenait un précédent historique immédiat; à la suite de la révolte des Alpujarras (1568-1570), le roi Philippe II décida de disperser, à travers toute la Castille, tous les Morisques résidant dans le royaume de Grenade (Bernard Vincent, « L'expulsion des Morisques du Royaume de Grenade et leur répartition en Castille (1570-1571) », *Mélanges de la Casa de Velázquez*, Tome 6, 1970, p. 211-246). Selon notre humaniste, cette mesure s'avéra inefficace, car on concentrait les Morisques grenadins à d'autres endroits, et on ne faisait que déplacer le problème au lieu de le résoudre. Au rang des destinations imaginées par les *arbitristas*, on mentionnera : 1) l'Espagne : l'idée était de créer, de toutes pièces, des colonies dans des zones éloignées des côtes méditerranéennes ; 2) les territoires italiens appartenant à la couronne d'Aragon : Naples, Sicile et Lombardie ; 3) les territoires flamands, héritage des ducs de Bourgogne : Flandres ; 4) les Indes occidentales, territoires rattachés administrativement et politiquement à la couronne de Castille.

Las Republicas antiguas y los reinos antiquisimos usaron mucho estas transmigraciones de las Naciones y Pueblos reveldes y contumaces. Asi lo hicieron los Reyes de Siria y los de Babilonia con los Judios y los Griegos y Romanos con otras Naciones. De Lucio [fº 85rº] Sila, el dictador, se dice que traslado muchas ciudades enteras. Pero los Gentiles no curaban de que mudasen de Religion o no, ni les iba tanto en ello. Los Reyes de Asia y los Romanos tenian larguissimas Regiones en sus Imperios, y asi podian trasladar a partes mui diversas y lexanas, sin riesgo de revelion, por las fuerzas de sus legiones que tenian a la mano siempre, y hacia todas partes y por los presidios y circunstancias de las colonias, y ciudades, con que quedaban cercados y enfrenados [fº 85vº] los transmigrados; pero acà falta el freno de exercitos nuestros y España no es tan larga que pueda cubrir y atemorizar estas poblaciones y asegurarse de ellas con desprecio.

(25) ***Dispersio.***

Aora haviendo representado por injustos o desconvenientes quatro medios de los ocho que nombrè, restan otros quatro, todos convenientes, y de elegir, cada uno en su grado y forma. El principal de ellos, y que si se obtuviese montaria por todos, es la verdadera conversion a la feè,

Les anciennes républiques et les très anciens royaumes eurent massivement recours à ces transmigrations de nations et de peuples rebelles et récalcitrants. C'est ce que firent les rois de Syrie et de Babylone avec les Juifs[137], les Grecs et les Romains avec d'autres nations. On dit de Lucius Sylla[138], le dictateur, qu'il avait déplacé plusieurs villes entières. Mais les Gentils ne se souciaient guère que ses habitants changeassent ou non de religion, et cela leur importait peu. Les rois d'Asie et les Romains possédaient de très vastes régions au sein de leurs Empires, et ils pouvaient donc déporter [des populations] dans des zones diverses et éloignées, sans risque de rébellion, en raison de la force de leurs légions, qui étaient toujours et partout à portée de main, de leurs présides[139] et des sites des colonies et des villes, ce qui fait que les déportés étaient toujours entourés et bridés. Mais chez nous, il manque la bride de nos armées, et l'Espagne n'est pas assez grande pour héberger ces populations, leur inspirer de la crainte et s'en protéger avec dédain.

(25) *Dispersio.*

À présent, voyant que sur les huit mesures que j'ai citées, on en a rejeté quatre qui étaient injustes ou inconvenables, il en reste quatre, toutes convenables et dignes d'être choisies, chacune dans son degré et dans sa forme. La mesure principale et qui excèderait toutes les autres si on arrivait à la mettre en place, est la véritable conversion à la foi.

---

137 En 721 av. J.-C., Sargon, frère et successeur de Salmanasar V, roi d'Assur, conquit la Samarie et déporta les Israélites en Assyrie : « Puis le roi d'Assur monta dans tout le pays et arriva à Samarie qu'il assiégea pendant trois ans. En l'an neuf d'Osée, le roi d'Assur s'empara de Samarie et il déporta les Israélites en Assyrie. Il les fit résider à Khalakh et sur le Habor, fleuve de Gozan, et aussi dans des villes de Médie » (II Rois, XVII, 5-6). En 597 av. J.-C, Nabuchodonosor II, souverain de Chaldée, lança une offensive militaire contre son protectorat du royaume de Juda peuplé par les Juifs, parce qu'il tentait de se rapprocher de l'Égypte. Nabuchodonosor prit alors Jérusalem et fit déporter à Babylone environ 10 000 personnes, parmi lesquelles le jeune roi Joachin, presque tous les nobles et artisans.

138 Lucius Cornelius Sylla (ou Sulla), était un général et homme politique romain de la fin du IIe et du début du Ier siècle av. J.-C. Nommé chef des armées d'Orient, il dut soumettre Mithridate et mater les rébellions des villes grecques. En 84 av. J.-C., il revint à Rome pour s'emparer du pouvoir, établit un régime dictatorial, assassina la plupart de ses opposants et fit déporter des villes entières au fin fond de l'Empire. Valère Maxime rapporte les terribles exactions et la cruauté hyperbolique de ce tyran (*Actions et paroles mémorables*, Trad. Pierre Constant, Paris, Garnier, 1935, Livre IX, Chapitre 2).

139 Place forte établie par l'Espagne surtout sur les côtes d'Afrique (en particulier du Maroc) et de Toscane, qui servait en général de lieu de déportation.

pero no trato primero [fº 86rº] de el, porque me parece que procederè con mayor claridad siguiendo en el decir la orden que me parece conveniente a la execucion, y ante todas cosas, quiero pedir, por merced, y por el amor de Dios y del publico bien, que no se juzgue de lo que voy diciendo hasta que acabe de decirlo todo.

El primero medio en la execucion debiera ser la dispersion, que todos los Moriscos que estàn en España, asi de los Reynos de Aragon, y de Valencia, y los demas que en qualquiera parte viven de por si en pueblos enteros, como los demas [fº 86vº] que estan esparcidos por el Reyno despues de la revelion de Granada, se repartan por todos los Reynos de S. M., entrando en ellos Portugal, y si otros de los Estados y Reynos fuera de España pareciere que pueden admitir parte de esta gente sin riesgo; porque, mientras en mas tierras se esparcieren, se conseguirà mejor el fin de la dispersion, para el cual conviene tambien que el repartimiento sea mui general y se haga mui por menudo, de suerte que no se hechen en una ciudad, por grande y [fº 87rº] populosa que sea, de veinte casas arriba, y en los Pueblos menores a respecto. Pero, por pequeño que fuese algun lugar, se le havia de repartir alguna casa, procurando que si posible fuese resultase una dispersion que encubriese y deshiciese esta Nacion, y les quitase la liga y comunicacion entre si, y el conocerse unos a otros. Tomando por una parte el numero de las casas de Moriscos que hay en el Reyno y, por otra, el de los pueblos y vecindad de cristianos viejos, resultaria que tantas casas se havian de [fº 87vº] repartir a tantos mil vecinos. Si cupiesen a pocas, seria grande bien para que se consiguiesen los efectos de la dispersion, o dissipacion, que son muchos, y mui convenientes, para que la malicia y fuerza de el mal humor, que conjunta fuera vehemente y hiciera mucho daño, y que, estando unida, pudiera acometer y cargar sobre algun miembro principal, se debilite y no ofenda, y por tiempo se venga a corregir.

Mais je ne l'aborde pas tout de suite, car il me semble que je ferai preuve de plus de clarté en suivant dans mes propos l'ordre qui me paraît le mieux convenir à l'exécution, et avant toute chose, je veux demander, pour la grâce et l'amour de Dieu et du bien public, que l'on ne juge pas ce que je suis en train de dire jusqu'à ce j'aie fini de tout dire.

La première mesure à adopter devrait être la dispersion, que tous les Morisques qui résident en Espagne, tant ceux des royaumes d'Aragon et de Valence, et ceux qui vivent isolés un peu partout dans des villages entiers, que les autres qui ont été répartis à travers le royaume à la suite de la révolte de Grenade, soient dispersés dans tous les royaumes de Sa Majesté, y compris le Portugal, ou dans d'autres États et royaumes hors d'Espagne susceptibles de pouvoir en accueillir une partie sans danger. Plus ils seront répartis dans différents territoires, mieux on parviendra à atteindre l'objectif de la dispersion, pour lequel il convient que la répartition soit très générale et très détaillée, de façon à ce que l'on ne mette pas dans une ville, aussi grande et peuplée soit-elle, et dans des villages en comparaison plus petits, plus de vingt maisons[140]. Mais, même si le village était très petit, il faudrait y loger une famille, en essayant, dans la mesure du possible, d'aboutir à une dispersion qui cacherait et ferait disparaître [les traces de] cette nation, supprimerait l'union et les liens entre ses membres, ainsi que la reconnaissance des uns et des autres. En évaluant, d'une part, le nombre de maisons morisques du royaume et, d'autre part, le nombre de villages vieux-chrétiens et de leur population, on pourrait calculer le nombre de foyers à répartir pour chaque millier d'habitants. Si ce nombre était peu élevé, ce serait un grand bien pour obtenir les effets de la dispersion ou de la dissémination, qui sont très nombreux et très utiles, pour que la force maligne de la mauvaise humeur qui, mélangée, serait virulente et causerait bien des maux et qui, unie, pourrait attaquer et détruire un membre vital, s'affaiblît, ne blessât pas, et finît par se corriger avec le temps.

140 La dispersion concerne les Morisques des royaumes d'Aragon et de Valence, là où les pourcentages de nouveaux-chrétiens sont les plus élevés, et, accessoirement, ceux qui vivent regroupés en d'autres endroits. Il faut également parachever la dispersion des Grenadins qui avaient été répartis en Castille à la suite de la révolte des Alpujarras dans les années 1569-1571, répartition qui, pour des raisons techniques et administratives, n'avait pas été conduite jusqu'à son terme. Le projet de Philippe II prévoyait, en effet, que l'on passe de 48 à 87 localités (Bernard Vincent, « L'expulsion des Morisques du Royaume de Grenade et leur répartition en Castille (1570-1571) », *Mélanges de la Casa de Velázquez*, Tome 6, 1970, p. 211-246 [p. 242]).

Este modo de curacion hace naturaleza e intenta el arte. Quando la expulsion del humor [fº 88rº] no es hacedera, no usan entonces de sangrias ni purgas ni de otros remedios violentos, sino solamante por via de la que llaman *epicrassis* procuran enmendar los humores, confortando la naturaleza, templando y alterando la malicia con inmixtion de mejores humores, con buena dieta y uso de alimentos medicamentosos.

Este es el fin de la dispersión: que se expela acia cada parte tan pequeño numero de esta gente, que no pueda prevalecer, ni haga contrapeso, y que desconfiados de sus fuerzas [fº 88vº] y de haver de salir con su intento, en algun tiempo se allanen y dexen la pertinacia de su secta. Y que no teniendo pueblo circunstante de los de su Nacion y profesion, con quien quieran ser honrados por Moros (como aora hacen) pretendan parecer fieles a los cristianos viejos, y ganar honra con ellos, y para esto dexen de hablar arabigo, y aborrezcan, y olviden las ceremonias y costumbres, que los hacen conocidos, y procuren encubrirse y parecer cristianos viejos. Esta es natural [fº 89rº] consequencia y, de suio, ha de acontecer, porque no hay ningun hombre que no quiera ser honrado, ya que no por altivez propia y amistad de la misma honra y loor, a lo menos, por la utilidad, porque se consiguen a la buena reputacion intereses temporales y buen tratamiento de los superiores que goviernan.

La nature adopte cette façon de soigner, et l'art essaie de l'imiter. Quand l'expulsion de l'humeur n'est pas possible, [les médecins] n'ont pas recours alors aux saignées, aux purges et ou autres remèdes violents ; et par la seule voie de ce qu'ils appellent *epicrassis*[141], ils tentent de corriger les humeurs, en confortant la nature, en tempérant et en altérant la malice par l'introduction de meilleures humeurs, une diète saine et des aliments aux vertus médicinales.

Tel est le but de la dispersion : que l'on dirige vers chaque localité un tout petit nombre de ces personnes, afin qu'elles ne puissent pas avoir l'ascendant ni faire contrepoids, et que ne pouvant plus compter sur leurs propres forces ni arriver à leurs fins, en peu de temps, elles se calment et abandonnent l'opiniâtreté de leur secte. Et que, n'ayant plus autour d'eux de villages peuplés d'individus de leur nation et de leur religion, dont ils voudraient être honorés en tant que Maures (comme ils le font à l'heure actuelle), ils prétendent vouloir être fidèles aux vieux-chrétiens et gagner leur estime, et ce faisant, cessent de parler l'arabe, abhorrent et oublient les cérémonies et les coutumes qui les rendent reconnaissables, et tentent de se faire oublier et de ressembler aux vieux-chrétiens[142]. C'est là, la conséquence naturelle de ce qui, en soi, devrait arriver, car il n'y a personne qui ne veuille être honoré, non pas tant par fierté personnelle et amour des honneurs et de la gloire, que par utilité, du moins, car la bonne réputation va de pair avec les bénéfices temporels et le bon traitement des supérieurs qui gouvernent.

141 La dispersion est mise sur le même plan que l'*epicrassis*, en français épicrase. Il s'agit d'un mode de traitement par des remèdes auxquels on attribuait la propriété de corriger peu à peu les humeurs viciées : « La masse du sang, tel corps y a, sera si corrompue, que premier que de trouver le bon, on en tireroit, & l'ame & la derniere goutte ensemble. Mais en ces corruptions un Medecin expert use d'une Epicrase. Il n'en tire, & a diverses fois, qu'autant qu'il en est besoin, pour descharger nature. Elle deschargée, reprend vigueur & force, evaporée par sueurs le reste du venin, purge en somme, & bonifie par ceste douce secretion, la masse de son sang » (Philippes de Mornay, *Discours et méditations chrestiennes*, Saumur, Par Thomas Portav, 1605, p. 297) ; « C'est une manière de rectifier les humeurs dereglez, qui vuide petit à petit ce qui en est vicieux, & en substitue de plus temperez : de epi après, & kaerain temperer » (François Thevenin, *Les œuvres de Maistre François Thevenin, chirvrgien ordinaire du Roy, et ivre à Paris*, Recueillies par Maistre Guillaume Parthon, chirurgien oculiste du Roy, Paris, Damien Fovcavlt, 1699, p. 395).

142 Ce jeu sur l'être et le paraître est un topique qui s'inscrit dans la culture du Baroque (José Antonio Maravall, *La cultura del Barroco*, Barcelone, Ariel, p. 394-395). À force de paraître vieux-chrétiens, les Morisques finiront un jour par le devenir et l'être à part entière.

La diferencia aora està en que los Moriscos hacen pueblo de por si, y tienen por teatro para su honra y aplauso el corrillo de los de su Nacion; en el quieren parecer bien, y cuidan poco [fº 89vº] de la buena o mala estimacion con los cristianos viejos. Quitados de entre los suyos, y que pierdan de vista la plaza, o teatro donde les era afrenta no parecer Moros, ellos querran parecer cristianos y, en honrandose de lo bueno y queriendolo parecer, vendran a serlo de veras dentro de poco tiempo.

Para este intento, no solo conviene esparcirlos por menudo, por todos los Reynos de S. M., sino que tambien en cada ciudad y pueblo los pocos que alli cupieren se tengan desviados [fº 90rº] unos de otros en diversos, y distintos varrios, de manera que no haviten en vecindad ni muchos en una casa. Los gobernadores, y el cura, y toda la gente honrada les afeen y reprehendan (ya que a esto no se dè castigo) si se juntaren, y comunicaren, y se desviaren de la conversacion de los cristianos viejos.

La dispersion que se hizo de los de Granada fue mui por grueso, vinieron a caer muchos en cada lugar, de manera que se juntan y hacen pueblo de por si. A lo menos, si al principio no se [fº 90vº] repartieron asi, ellos buscando sus ganancias y huyendo del mal tratamiento que les hacen en las aldeas, se han recogido todos a las ciudades y pueblos grandes y no ha quedado ninguno en aldeas ni pueblos de labradores. Tratanse tambien contra su voluntad para oir misa y para doctrina, diligencias que hacen poco efecto para que ellos se mejoren y aficionen a la fèe, y que los irritan y los juntan en comunicacion de su secta y de su deslealtad. El que no es cristiano, ni gusta de oir [fº 91rº] misa, porque aborrece la feè, no aprovecha, ni le vale nada para con Dios, ni para con los hombres llevarle forzado; lo que hace al caso es persuadirle el animo para que ame el culto divino y lo busque por su conciencia y devocion.

À l'heure actuelle, la différence réside dans le fait que les Morisques vivent à l'écart, et qu'ils ont pour théâtre de leur honneur et de leurs applaudissements, le petit chœur des personnes de leur nation. Sur cette scène, ils veulent se donner le beau rôle, et ne se soucient guère de la bonne ou de la mauvaise réputation qu'ils ont auprès des vieux-chrétiens. Qu'on les arrache aux leurs, et qu'ils perdent de vue la place ou le théâtre où l'affront pour eux était de ne pas ressembler aux Maures, et voici qu'ils voudront ressembler aux chrétiens et, en honorant ce qui est bon et en voulant passer pour tel, ils finiront par l'être véritablement en peu de temps[143].

Pour y parvenir, il convient non seulement de les répartir par le menu, dans tous les royaumes de Sa Majesté, mais aussi que, dans chaque ville et village, le peu de personnes qu'on y logera, soient séparées les unes des autres dans différents quartiers, afin qu'elles ne soient pas voisines ni à plusieurs dans une même maison. Que les gouverneurs, le curé et les honnêtes gens les blâment et les réprimandent (qu'on ne les punisse pas pour cela) s'ils se réunissent, communiquent entre eux et s'éloignent de la conversation des vieux-chrétiens.

La dispersion des Morisques de Grenade fut très grossière ; ils débarquèrent nombreux dans chaque village, de sorte qu'ils se réunirent et firent bande à part. Du moins, même si au début on ne les a pas répartis ainsi, ils se sont tous réfugiés dans les villes et les gros villages, cherchant de quoi gagner leur vie et fuyant les mauvais traitements qu'on leur rèserve dans les hameaux, et il n'en est plus resté aucun dans les bourgs et les villages de paysans. On va également contre leur volonté en les obligeant à aller à la messe et à écouter la doctrine, diligences qui sont de peu d'effets pour qu'ils progressent et aiment la foi, et qui les irritent et les confortent dans la communication de leur secte et dans leur déloyauté. Celui qui n'est pas chrétien et n'aime pas aller à la messe car il déteste la foi, il est inutile vis-à-vis de Dieu et des hommes, de l'y conduire de force ; ce qui importe, c'est d'user de persuasion, pour que son âme aime le culte divin et le recherche en toute conscience et dévotion.

143 Le topique du « monde comme un théâtre », remarquablement mis à l'honneur par le dramaturge Calderón de la Barca, fait également partie de cette culture du Baroque dont parle Maravall (José Antonio Maravall, *La cultura del Barroco*, Barcelone, Ariel, p. 320-321).

Esparcidos asi, mientras fuere conveniente que sean conocidos por Moriscos, havrà padron y lista de ellos y pagaràn los tributos, y repartimientos, que les tocan en particular, y convendrà que el numero que huviere de ellos lo sepa el Rey [fº 91vº] y el Reyno, pero que ellos lo ignoren totalmente, como queda dicho. Que estèn de assiento en las partes y lugares adonde los hecharen, como confinados alli, y no se les permita, por ahora, que salgan fuera; que no solo ellos tengan penas si se fuesen, sino que las justicias y cabildos de las ciudades y lugares esten obligados a dar cuenta de los que se les entregaron por repartimiento. Ahora y siempre en qualquiera disposicion que estèn, es mui perniciosa que salgan fuera y sean caminantes y arrieros. Por esta via toman noticia de todo el Reyno y hacen bien el oficio de espiar, y se corresponden, y comunican para union y revelion. Otros oficios conviene tambien prohibirles [fº 92rº] como despues dire.

Si por la cuenta de las casas que hai de Moriscos, y de la vecindad que tiene el Reino se hallare que caben o no muchos en cada parte, haràse la dispersion de todos. Si pareciere tener esto inconvenientes, por ser mucho el fermento, respecto de la cantidad de masa de el Reyno, y porque se hiermarian los pueblos, que son del todo de Moriscos en Aragon y Valencia, puede hacerse parcial por aora la dispersion, sacando de cada pueblo la mitad [fº 92vº] o la parte que pareciere y entremetiendo otros moradores cristianos viejos, como despues dire.

Pensar que un mal tan grande, y peligroso, se haya de remediar ligeramente, sin trabajo, ni cuidado, ni perdida, ni riesgo, es contra toda prudencia y experiencia. No es de medico sabio, dice Sophocles, querer curar con enpsalmos, y vendiciones, el mal que ha menester hierro y fuego, cortar y cauterizar. A grande enfermedad, gran remedio.

Une fois répartis de la sorte, et tant qu'il sera souhaitable qu'on puisse les identifier en tant que Morisques, ils figureront sur un registre de recensement, paieront leurs tributs et les parts qui leur reviennent à titre personnel. Il faudra que leur nombre soit connu du roi et du royaume, mais qu'eux l'ignorent absolument, comme il a déjà été dit ; qu'ils résident dans les localités qu'on leur a assignées, en y étant en quelque sorte confinés, et qu'on les empêche pour l'instant de se déplacer[144] ; qu'ils soient non seulement punis s'ils se déplacent, mais que les magistrats et les conseils municipaux des villes et des villages soient tenus de rendre compte des habitants qu'on leur a attribués au titre de la répartition. Maintenant et à l'avenir, quelle que soit leur disposition, il est extrêmement dangereux qu'ils puissent se déplacer, être valets de pied ou muletiers. Par ce biais-là, ils savent tout ce qui se passe dans l'ensemble du royaume, font office d'espions, correspondent et communiquent entre eux pour s'unir et se rebeller. Il convient également de leur interdire d'autres métiers, comme j'aurai l'occasion de le dire.

Si d'après le décompte des maisons de Morisques et de la population du royaume, il s'avère qu'il y a ou non de la place pour beaucoup en tel ou tel endroit, on procèdera à la dispersion de l'ensemble. Si cette mesure semble présenter des inconvénients, parce que la levure est trop abondante par rapport à la quantité de pâte du royaume, et parce que les villages exclusivement morisques d'Aragon et de Valence seraient désertés, on peut, pour le moment, procéder à une dispersion partielle, en retirant de chaque village la moitié ou la proportion souhaitée, et en y introduisant d'autres habitants vieux-chrétiens, comme j'aurai l'occasion de le dire.

Penser que l'on puisse s'attaquer à la légère à une maladie aussi grave et aussi dangereuse, sans peine, sans difficultés, sans perte et sans risque, va à l'encontre de toute prudence et de toute expérience. Ce n'est pas digne d'un médecin sage, dit Sophocle[145], de vouloir guérir le mal qui a besoin de fer et de feu, d'ablation et de cautérisation, avec des remèdes de bonne femme et des bénédictions. À maladie grave, grand remède.

144 Cette mesure équivaut à une peine de résidence surveillée. En droit pénal, celle-ci est une peine judiciaire, alternative à la prison, ordonnant à un individu de rester vivre dans le périmètre d'un territoire donné, et limitant strictement sa liberté de circulation.

145 Dramaturge grec antique, Sophocle est l'auteur de tragédies grecques qui ont connu un énorme succès, à l'image de pièces comme *Antigone*, *Œdipe roi* ou encore *Électre*.

En este de la dispersion se ofrecen dificultades, que en [fº 93rº] fin, es destierro, y descomodidad, y grande, para los que han de ser esparcidos y han de perder mucho de sus haciendas y asi conviene justificarlo. Lo segundo, que es menester poblar la tierra que se despuebla, y no han delinquido los cristianos viejos para sacarlos de sus lugares y casas, y trasladarlos alla. Lo tercero, que S. M. y los señores de los lugares de Moriscos perderàn mucho, y que apenas en mucho tiempo volveràn los pueblos a estar enteramente havitados como aora, y quando lo estèn, los [fº 93vº] cristianos viejos no son tan fructuosos para los señores, ni les han de pagar los tributos que los moriscos. Este es el maior enemigo y que yo temo, porque no suelen bastar razones contra los poderosos interesados.

Procurarè satisfacer y, para hacerlo, presupongo aquel dicho de Jason el Pherco, que es mui prudente y advertido en razon de Estado: « Que es forzoso hacer injusticia o agravio en cosas pequeñas, para poder hacer lo justo y conveniente en las grandes ». Aunque el dicho tiene alguna dureza [fº 94rº] no la tiene su sentido y significacion, porque no se ha de entender que decia que se huviese de hacer injusticia, que verdaderamente lo fuese, sino que acontece asi necesariamente y lo justifica la publica utilidad, que quando se hace una cosa grande, y mui conveniente como es juntar, y sustentar, y llevar algun grande exercito, no se puede hacer, sin que algunos particulares perciban daño en sus personas y haciendas, marchando el exercito, y aposentandose, desmandandose los soldados y tomando [fº 94vº] frutos y hollando los sembrados.

Le remède de la dispersion ne va pas sans poser un certain nombre de problèmes, car, au final, il s'agit d'un exil et d'un inconvénient de taille pour ceux qui vont être dispersés et perdre une grande partie de leurs biens ; il convient donc de le justifier. Le second point est qu'il faut repeupler les territoires que l'on dépeuple ; or, les vieux-chrétiens n'ont commis aucun délit pour qu'on les oblige à quitter leurs villages et leurs maisons et à s'installer ailleurs. Le troisième point est que Sa Majesté et les seigneurs des villages morisques perdront beaucoup, et qu'il faudra attendre très longtemps pour que les villages soient entièrement peuplés comme à l'heure actuelle et, quand ils le seront, [il faut savoir que] les vieux-chrétiens ne sont pas aussi rentables pour les seigneurs, car ils n'ont pas à leur verser les mêmes tributs que les Morisques. Voici le principal ennemi, et celui que je redoute le plus, car en général les beaux discours ne font pas le poids face aux intérêts des puissants.

Je vais essayer de contenter tout le monde, et pour ce faire je m'en remets au préalable à ce dicton de Jason qui est très prudent et très sage du point de vue de la raison d'État : « Il est nécessaire de commettre des injustices ou des outrages dans les choses sans importance, afin de faire ce qui est juste et convenant dans les choses importantes[146] ». Bien que ce dicton soit un peu sévère, sa signification ne l'est pas, car il ne faut pas comprendre que Jason conseillait de commettre une véritable injustice, mais qu'il [voulait simplement dire] que cela advient ainsi et que l'utilité publique le justifie. Lorsqu'on fait une chose importante et très utile comme rassembler, ravitailler et diriger une grande armée, cela ne peut se faire sans que certains particuliers soient lésés dans leurs personnes et dans leurs biens, à cause des troupes qui se déplacent et logent chez l'habitant, des soldats qui se relâchent, volent les fruits et piétinent les récoltes.

146 À la suite de Jason, connu surtout pour sa quête de la Toison d'Or avec les Argonautes, Pedro de Valencia rappelle qu'il n'y a pas de solution miracle et que le remède s'accompagne toujours de dommages collatéraux. Une petite dose d'injustice est nécessaire pour parvenir à l'utilité publique. « Dans les commencements de son élévation, il [Jason] fut obligé d'avoir recours à de si bas artifices pour se soutenir. Il n'y avoit pas d'apparence qu'un homme qui traitoit ainsi ses amis, pût garder quelques mesures avec des étrangers. Quand on lui reprochoit ces petits tours d'adresse, il ne se faisoit point de scrupule de dire ouvertement qu'il croyoit qu'il étoit quelquefois très-permis de commettre de petites injustices, lorsqu'elles pouvoient servir de moyen pour parvenir à de grandes fins, et pour exécuter des desseins importans » (E. Clavier, *Les vies des hommes illustres pour servir de supplément aux Vies de Plutarque…*, Paris, Imprimerie de Cussac, 1802, p. 458-459).

Pero esto conviene mucho mas no solamente a la comunidad, sino a los mismos damnificados, que no que se entrasen los enemigos sin resistencia, y les quitasen la hacienda y la libertad y la vida. En esta manera tambien les està mejor, a los que padecen tempestad alijar la nao con jactura, que hundirse ella y ellos y sus haciendas. Sepan, pues, los señores y todos los interesados que estamos en aquestos terminos, y que no es tiempo de escasear, ni recatear, ni poner dilacion en [f° 95r°] arrojar al mar muchas riquezas por salvarse el Reyno, y teman que no venga tiempo en que quieran gastarlo todo en la defensa, y sea cuando nada baste ni aproveche, y se hayan guardado las riquezas con escasez y porfia, para que las gozen nuestros maiores enemigos. Este recuerdo es mui importante para todo lo que resta de este tratado, principalmente para el ultimo capitulo. Ahora las objeciones.

La comunidad de los Moriscos es de tal suerte culpada [f° 95v°] por su manera de vivir de todos en general, y obligada por las fuertes causas de temor y prevencion que dan al Reyno, que ya que no es legitima contra ellos condenacion de muerte o cauptividad, es mui justificada contra ellos la sentencia de translacion y dispersion, con toda la descomodidad que se les siguiere a ellos de lo conveniente, y necesario a la pública seguridad, en la cual ellos tienen y tendràn grande parte de provecho espiritual y temporal, y la deben querer y desear, si es que son fieles y [f° 96r°] leales a Dios y al Rey; si no lo son, y tienen por ganancia propia la perdida de el Reyno y de la Iglesia Catolica, qualquiera castigo tienen bien merecido.

Esta razon justifica qualquiera trabajo, o perdida que en demanda de esto padezcan, aun para con los buenos e inculpados de ellos, y màs para con los niños nacidos, y por nacer. Porque a los que de ellos son verdaderamente cristianos, les conviene que los que no lo son, no puedan prevalecer, y levantarse tambien contra ellos como contra [f° 96v°] el Reyno. Y a los niños les conviene sumamente ser instruidos en la feè y ser verdaderos cristianos, y venir a ser honrados y tratados como cristianos viejos. No por esto digo que serà justo tomarles las haciendas, pero justissimo que paguen las costas todas, que dan justa causa para que se hagan.

Mais c'est bien mieux, non seulement pour la communauté mais aussi pour les victimes elles-mêmes, que les ennemis n'entrent pas sans résistance pour leur ravir leurs biens et leur ôter la liberté et la vie. De la même façon, il est préférable pour ceux qui essuient une tempête de délester le navire plutôt que de le laisser couler avec les passagers et leurs biens. Que les seigneurs et toutes les personnes intéressées sachent donc que nous en sommes arrivés à cet extrême, et qu'il n'est plus question de minimiser, d'ergoter et de différer plus longtemps le lancement à la mer de nombreuses richesses pour la sauvegarde du royaume. Et qu'ils fassent attention à ce que n'arrive le temps où ils voudront tout dépenser pour leur défense, et que ce soit quand plus rien ne suffira et ne sera utile, et quand on aura conservé nos richesses avec avarice et obstination, pour que nos pires ennemis puissent en jouir. Ce rappel est très important pour la suite de ce discours, et plus précisément pour le dernier chapitre. Venons-en à présent aux objections.

La communauté des Morisques est à la fois coupable à cause de la façon de vivre de ses membres en général, et redevable à cause de la crainte et de la méfiance qu'elle inspire au royaume. Si dans le cas des Morisques, la condamnation à mort ou la captivité n'est pas légitime, en revanche, la sentence de translation et de dispersion est tout à fait justifiée, avec tous les inconvénients qui s'ensuivront pour eux de ce qui est souhaitable et nécessaire à la sécurité publique. Ils en retirent et en retireront un grand profit spirituel et temporel, et ils doivent la souhaiter et la désirer, s'ils sont vraiment fidèles et loyaux envers Dieu et le roi. S'ils ne le sont pas, et considèrent la perte du royaume et de l'Église catholique comme un bénéfice personnel, alors tout châtiment à leur encontre s'avère bien mérité.

Cette raison justifie toutes les peines ou toutes les pertes qu'ils pourront subir dans leur demande, y compris pour les bons et les innocents, et même les enfants déjà nés ou à naître. Car pour les Morisques qui sont vraiment chrétiens, il faut que ceux qui ne le sont pas ne puissent avoir l'ascendant et se soulever, à leur tour, contre eux et contre le royaume. Il incombe, en particulier, que les enfants soient éduqués dans la foi, deviennent de vrais chrétiens, et qu'ils finissent par être honorés et traités comme des vieux-chrétiens. Je ne dis pas pour autant qu'il sera juste de les priver de leurs biens, mais tout à fait légitime de leur faire payer l'intégralité des frais de transport, car ils ont toutes les raisons de le faire.

Pero por el buen parecer, y por la caridad, y por evitar el escándalo de avaricia y despojo, serà bien que los Moriscos paguen parte y parte el Reyno, como suele repartirse la perdida de la jactura [f° 97r°] de la nave entre los pasageros conforme a la ley de Rhodia [si el Reino tuviese posibilidad, pero no teniendola, paguenlo los que lo deben]. Tambien es razon que pierdan algo los señores, cuios son los pueblos, y aun que pierdan mucho, por el publico bien, y por no perder el todo. Recia cosa es que se les haya dado el Rey los lugares, y que los gozen por gracia y merced, y que no solamente no hayan de conferir para la defensa de ellos, sino que el Rey y el Reyno esten obligados a sanearselos y defenderselos. Asi que aora compren los señores de los lugares los bienes raices de los [f° 97v°] Moriscos tasados a precio moderados, y traigan cristianos viejos para poblar, convidandolos con favores y comodidades, y dandoles las mismas heredades con moderada pension, o reconocimiento, en *emphiteusis*,

Mais pour la bonne cause, par charité et pour éviter l'accusation d'avarice et de spoliation, il sera bon que les Morisques et le royaume paient chacun une partie des frais, comme on a l'habitude de partager les biens perdus d'un navire entre les passagers en vertu de la loi rhodienne[147]. Si le royaume en avait les moyens, [il devrait payer], mais comme il ne les a pas, c'est aux intéressés de le faire. Il est également normal que les seigneurs qui sont propriétaires des villages perdent une partie de leurs biens, et même qu'ils perdent gros, au nom du bien public, pour ne pas tout perdre. Il est difficile à admettre que le roi leur ait donné ces villages, et qu'ils en jouissent par grâce et faveur, et que non seulement ils ne doivent pas participer à leur défense, mais que le roi et le royaume soient obligés, en plus, de les indemniser et de les défendre à leur place. Ainsi donc, que les seigneurs de ces villages achètent, dès à présent, les biens immeubles des Morisques à des prix modérés, et fassent venir des vieux-chrétiens pour assurer le repeuplement, en les accueillant avec des faveurs et des avantages, en leur donnant les propriétés elles-mêmes avec des pensions ou reconnaissances modérées, en emphytéose.

---

147 Pedro de Valencia évoque la loi rhodienne dont parle Cicéron (*De l'invention oratoire*, Trad. de M. Nisard, Paris, Firmin-Didot, 1859, Livre II, 32). « Titre II. De la loi Rhodienne, concernant les marchandises d'un vaisseau jetées à la mer. 1. La loi Rhodienne porte, "que si on a jeté des marchandises dans la mer pour décharger un bateau, tous doivent contribuer à supporter la perte qui a été faite pour le salut de tous". Lorsqu'un vaisseau étant battu par la tempête, on a jeté des marchandises dans la mer, les propriétaires de ces marchandises, dans le cas où ils seront convenus d'un loyer pour le transport, auront l'action du loyer, contre celui qui est préposé au vaisseau, pour se faire indemniser par lui de leur perte. Celui-ci pourra ensuite intenter son action contre les autres dont il a pris les marchandises à loyer, et qui n'ont rien perdu, afin que la perte se répartisse proportionnellement entre tous [...] En effet, il est très juste que la perte soit partagée en commun avec ceux qui n'ont conservé leurs marchandises que parce que les autres ont perdu les leurs » (*Les cinquante livres du Digeste ou des Pandectes de l'empereur Justinien*, Tome second, Metz, Chez Behmer et Lamort, 1804, p. 318-319). « La principale disposition de cette loi consiste en ce qu'elle impose à tous les chargeurs l'obligation de contribuer à la perte des marchandises jetées à la mer, ou des mâts abattus pour le salut du navire menacé par la tempête. Mais pour que la contribution ait lieu, il faut que le navire et ce qui est resté de marchandises sur le navire aient été sauvés. Si le navire et le chargement ont péri, la contribution peut toutefois être fournie par les objets qui, jetés à la mer pour le salut commun, ont été retrouvés par des plongeurs » (Rodolphe Dareste, « La lex rhodia », *Nouvelle revue de droit français et étranger*, 29, 1905, p. 429-448 [en ligne]).

que en Galicia y en las Montañas, y en todo el Reino, hay mucha gente pobre que ira de buena gana a poblar, y S. M. favorecerà la poblacion, mandando compeler si fuere menester a algunos perdidos, y que no tienen casa ni asiento, a que vayan a gozar de lo que les està bien, que no serà [f° 98r°] hacerles injusticias.

Puedese ordenar tambien que los jueces en lugar de destierro de el Reyno destierren para aquellos pueblos, que serà como *deportatio in insulam*, y otros generos de penas se podian conmutar en esta. Baste lo dicho acerca del medio de la dispersion, porque tambien en los capitulos siguientes se diràn otros bienes que a ella se consiguen.

(26) ***Conversio.***

El maior [bien] que se facilita mucho la conversion de esta gente, que es lo principal, o el todo, y lo que primero debe ser en la [f° 98v°] intencion, porque pertenece a la santificacion y gloria de el nombre de Dios, por Jesucristo nuestro Señor, y a la salvacion de muchissimas almas, que monta mas que todos los Reynos e Imperios de el mundo, en cuanto al valor temporal de ellos. Y lo mejor entre los dos intentos que presupuse, que fue hacer fieles y verdaderos amigos a los Moriscos, no se conseguirà jamas, mientras ellos no fueren cristianos y entendieren que les conviene desear y pedir a Dios *quae ad pacem [f° 99r°] sunt Hyerusalem*, y moralmente *Deo omnia sunt possibilia.*

En Galice, dans les montagnes de Santander et dans tout le royaume, il y a de nombreux pauvres qui participeront bien volontiers à ce repeuplement, et Sa Majesté encouragera la population à le faire, ordonnant, par la contrainte si nécessaire, à certains vauriens qui n'ont ni toit ni loi, d'aller jouir de ce qui est bon pour eux, ce qui ne sera pas leur faire injustice.

On peut ordonner également que les juges, au lieu de prononcer des peines de bannissement hors du royaume, exilent les accusés vers ces villages, ce qui équivaudra à une *deportatio in insulam*[148] ; et d'autres types de peines pourraient être commuées en celle-ci. Ce que l'on vient de dire de la mesure de la dispersion suffit amplement, car dans les chapitres suivants on évoquera d'autres bienfaits que l'on peut en attendre.

(26) ***Conversio.***

Le plus grand bien, celui qui facilite grandement la conversion des Morisques, doit en premier lieu, se trouver dans l'intention, car il y va de la sanctification et de la gloire du nom de Dieu, par Jésus-Christ notre Seigneur, et du salut de nombreuses âmes, qui est plus précieux que tous les royaumes et Empires du monde, quant à leur valeur temporelle. Et de ces deux mesures que j'ai choisies au préalable, qui consistent à rendre les Morisques fidèles et à en faire de vrais amis, la première ne pourra être atteinte tant qu'ils ne seront pas chrétiens et ne réaliseront pas qu'il leur incombe de désirer et d'implorer Dieu *quae ad pacem sunt Hyerusalem*[149], et moralement *Deo omnia sunt possibilia*[150].

---

148 Pour attirer de la main-d'œuvre vers les seigneuries valenciennes, on pourrait commuer les peines de prison en *deportatio in insulam* : « Parmi les peines il y a aussi la déportation dans une île, et cette peine ôte le droit de cité romaine. Le droit de déporter dans une île n'appartient pas aux gouverneurs de province, quoiqu'il appartienne au préfet de la ville : cela est déclaré dans une épître de Sévère à Fabius-Cilonus, préfet de la ville. C'est pourquoi chaque fois que les gouverneurs de province estiment que quelqu'un doit être déporté, ils doivent l'annoter, envoyer son nom au prince pour qu'il soit déporté dans une île, et sur toute l'affaire donner son avis motivé, afin que le prince apprécie s'il doit le suivre et ordonner la déportation. Dans le temps intermédiaire, jusqu'à ce que la réponse soit arrivée, ils doivent ordonner que le prévenu garde prison » (*Les cinquante livres du Digeste ou des Pandectes de l'empereur Justinien*, Tome cinquième, Metz, Chez Behmer et Lamort, 1804, Livre XLVIII, Titre XII, 6).

149 « Demandez la paix pour Jérusalem ! Que soient tranquilles ceux qui t'aiment ». Ce psaume est une invitation au pèlerinage au Temple de Jérusalem qui est le siège de la cour de justice, dont les magistrats se rattachent à la famille davidique. Les pèlerins sont invités à faire une prière pour Jérusalem (Psaume 121, 6).

150 Matthieu, XIX, 26 : « Jésus les regarda et leur dit : "Aux hommes c'est impossible, mais à Dieu tout est possible" » ; Marc, X, 27 : « Jésus les regarde et dit : "C'est impossible aux

No se puede esperar que se ayan de convertir de corazon, mientras havitaren juntos en pueblos enteros, o se comunicaren, y hallaren muchos en un lugar. Porque por un Rector, o Cura a quien ellos quieren mal, y que los roba, que les dice quatro palabras en la Iglesia, hay para cada Morisco quinientos y mas de su Nacion, Padres, Madres, Parientes y Amigos a quien creen de buena gana, que [f° 99v°] les enseñan de noche y de dia a ser Moros y estàn burlando de nuestra feè, y de las ceremonias sagradas. Por esto no les aprovecha la Doctrina, aunque se les predique mui convenientemente, por que son muchos, y todo el pueblo los corruptores, y uno solo el corrector o rector, que es la misma razon que daba Platon, porque no se veia mejoria en los moros que trataba con los filosofos, màs que en los demàs del vulgo. Pero hallandose pocos en un lugar, un clerigo elegido para [f° 100r°] esto en cada parroquia bastaria para instruir los que alli se huviesen repartido. Conoceria a cada uno y se preciaria de darlos aprovechados, conforme a aquel intento, [y fin de el Ministerio Apostolico], que es: *Exhibere omnem hominem perfectum in Christo Iesu.* Porque como antiguamente en la Iglesia cristiana havia maestro de cathecumenos, asi estos, aunque son bauptizados, y debieran ya saber para poder enseñar a otros, segun el tiempo que ha que profesan la feè, tienen tanta [f° 100v°] necesidad de doctrina como los cathecumenos,

On ne peut s'attendre à ce qu'ils veuillent se convertir sincèrement tant qu'ils habiteront ensemble dans des villages entiers, communiqueront entre eux, et seront nombreux en un même endroit. Car pour un recteur ou un curé qu'ils n'aiment pas, qui les vole et leur dit quatre paroles à l'Église, il y a pour chaque Morisque cinq cents [personnes] ou plus de leur nation, des pères et des mères, des parents et des amis, qu'ils croient bien volontiers, qui leur apprennent jour et nuit à être maures, et se moquent de notre foi et des cérémonies sacrées. C'est la raison pour laquelle la doctrine ne leur est d'aucune utilité, même si on leur fait des prêches très efficaces, car les corrupteurs sont nombreux et représentent l'ensemble du peuple, alors qu'il n'y a qu'un seul correcteur ou recteur. Platon faisait la même remarque, car l'on ne voyait pas davantage de progrès chez les Maures qui fréquentaient les philosophes que chez la masse du commun[151]. Mais s'ils étaient peu nombreux dans un village, un clerc trié sur le volet dans chaque paroisse suffirait pour instruire ceux qu'on y aurait répartis. Il connaîtrait chacun d'entre eux, et mettrait un point d'honneur à les instruire, conformément à ce dessein qui est de : *Exhibere omnem hominem perfectum in Christo Iesu*[152]. Comme il existait autrefois dans l'Église chrétienne des maîtres pour les catéchumènes, de même les Morisques, bien qu'ils fussent baptisés et en mesure normalement d'enseigner la doctrine à d'autres, car ils professent la foi depuis très longtemps, ont autant besoin de doctrine que les catéchumènes.

---

hommes, mais non à Dieu, car tout est possible à Dieu" ». On retrouve le même passage dans Luc, XVIII, 27.

151 Si la fréquentation des philosophes permet à l'homme du peuple de s'élever au-dessus de sa condition et d'atteindre la vertu, elle peut également le conduire au vice : « Si donc ce naturel que nous avons attribué au philosophe reçoit l'enseignement qui lui convient, c'est une nécessité qu'en se développant il parvienne à toutes les vertus ; mais s'il a été semé, a grandi et a puisé sa nourriture dans un sol ne lui convenant pas, c'est une nécessité qu'il produise tous les vices, à moins qu'un dieu ne lui porte secours. Crois-tu aussi, comme la multitude, qu'il y ait quelques jeunes gens corrompus par les sophistes et quelques sophistes, simples particuliers, qui les corrompent, au point que le fait soit digne de mention ? Ne penses-tu pas plutôt que ceux qui le prétendent sont eux-mêmes les plus grands des sophistes, et qu'ils savent parfaitement instruire et façonner à leur guise jeunes et vieux, hommes et femmes ? » (Platon, *La République*, Livre VI, 492a-492b).

152 De la même façon que l'homme se perfectionne au contact de la sagesse antique, le chrétien se perfectionne au contact du Christ. Saint Paul explique qu'il a été chargé par Dieu d'annoncer le mystère du Christ aux païens et d'instruire tous les hommes afin que chacun d'entre eux puisse se perfectionner en Christ et être présenté à Dieu (Colossiens, I, 28).

y debieran señalarseles maestros [convenientes] en donde quiera, en cualquiera manera que haviten, para cada diez casas, y aun para menos un maestro, pues demàs de la gloria de Dios nos va en ello la paz y seguridad publica. Es cosa lastimosa que los ayamos dejado ya, como cosa desesperada, y totalmente se trata de su conversion. De manera que no solamente no [f° 101r°] se hacen nuevas y particulares diligencias con ellos, sino que los Obispos y Curas de los lugares donde estan los Moriscos los olvidan, como si no fuesen del rebaño, y no cuidan de instruirlos, ni sacramentarlos, como los demas fieles, y quando todo el pueblo es de Moriscos se dice, como por donaire, que el cura de aquel lugar tiene benefico simple sin cargo de animas.

En aquesta desesperacion, en dexarlos asi desauciados y sin remedio, son gravissimamente culpados todos los superiores eclesiasticos y seglares, y creo que tambien los particulares del Reyno, y cada uno de por si. Aunque parezca que esta desconfianza nos viene de la consideracion de la reveldia, y pertinacia obstinada de los mismos Moriscos, viendo que no bastan con ellos para olvido de su Secta, y para aficion a la feè tantos años como ha que se convirtieron, ni las diligencias que con ellos se han hecho, ni los castigos: pero no somos nosotros dueños ni podemos juzgar el siervo ageno, ni sabemos en que [f° 102r°] lugar estàn acerca de Dios, sin cuio mandado y certeza de su voluntad, no nos es dado dexarlos y sustraerles la predicacion, antes debemos entender que nos està mandado lo que al Profeta: *Noli subtrahere verbum, si forte audiant, et convertantur unusquisque a via sua mala*, y que nos esta notificada la Ley de el especulador, como a Ezequiel.

Où qu'ils se trouvent, et quelle que soit la façon dont ils vivent, on devrait leur donner des maîtres, pour chaque dix maisons, et même un maître pour moins, car en plus de la gloire de Dieu, il y va de la paix et de la sécurité publique. Il est regrettable que nous les ayons abandonnés [à leur triste sort], comme si leur cas était désespéré, alors qu'il y va de leur entière conversion. Non seulement on ne fait pas de diligences nouvelles et particulières à leur égard, mais les évêques et les curés des villages où résident les Morisques, les oublient comme s'ils ne faisaient pas partie du troupeau, et ne se soucient guère de les instruire, de leur administrer les sacrements comme aux autres fidèles ; et, quand tout le village est composé de Morisques, on dit, sur le ton de la plaisanterie, que son curé possède un simple bénéfice sans cure d'âmes.

Les supérieurs ecclésiastiques et séculiers, tout comme à mon avis les particuliers du royaume, chacun à leur façon, sont grandement responsables de cette situation déplorable, qui consiste à les laisser de la sorte sans salut et sans remède. Même si cette méfiance est due, semble-t-il, au caractère rebelle et à l'extrême obstination des Morisques eux-mêmes, même s'ils se sont convertis il y a de très nombreuses années, même si les diligences faites à leur égard et les châtiments ne suffisent pas pour leur faire oublier leur secte et aimer la foi, nous ne sommes pas des maîtres, nous ne pouvons pas juger le serviteur d'autrui[153], nous ne savons pas s'ils sont en bons ou mauvais termes avec Dieu, sans le commandement et l'expresse volonté duquel, il ne nous est pas permis de les abandonner et de les priver de la prédication. Au contraire, nous devons comprendre qu'on nous ordonne de faire la même chose qu'au Prophète : *Noli subtraere verbum, si forte audiant, et convertantur unusquisque a via sua mala*[154], et qu'on nous énonce la loi du spéculateur, comme à Ézéchiel[155].

153 « Qui es-tu, toi qui juges le domestique (serviteur) d'autrui ? Qu'il tienne debout ou qu'il tombe, c'est l'affaire de son seigneur. Mais il tiendra debout car le Seigneur peut le faire tenir debout » (Romains, XIV, 4).

154 C'est ce qu'explique le prophète Jérémie à qui Dieu a ordonné de se tenir sur le parvis de la maison de l'Éternel et d'expliquer aux habitants des diverses villes de Juda de se prosterner dans la maison de l'Éternel pour y écouter sa parole : « Ainsi a parlé Iahvé : "Tiens-toi dans le parvis de la Maison de Iahvé et tu diras contre toutes les villes de Juda, qui viennent se prosterner dans la Maison de Iahvé, toutes les paroles que je t'ai ordonné de leur dire : ne retranche rien ! Peut-être entendront-ils, reviendront-ils chacun de sa voie mauvaise, et me repentirai-je du mal que je songeais à leur faire par suite de la malice de leurs actions" » (Jérémie, XXVI, 2-3).

155 Dans le livre d'Ezéchiel, le fils de l'homme reçoit de Dieu la mission d'être la sentinelle de la maison d'Israël et d'exhorter le méchant à se convertir et à changer de conduite

Y no hay por que acobadarse, ni por consideracion de las fuerzas contrarias, ni por la flaqueza propia, porque los que pelean las batallas del Señor deben confiar [f° 102v°] en la virtud Divina, contra que no hay cosa fuerte, y hacer de su parte lo conveniente, sin cobardia ni descuido, como se les encargò a los hijos de Israel en la conquista de la tierra prometida, y que Dios les daba: *Usquequo marcetis ignavia, et non intratis ad possidendam terram, quam Dominus [Deus] patrum vestrorum dedit vobis?* Por que aunque la victoria era de Dios, que les acobardaba los enemigos y se los rendia, pero ellos los habian de exercitar la feè, y la obediencia, y poner las manos en la [f° 103r°] obra. Esta desconfianza de la entera conversion de los Moriscos, es mui semejante a aquella incredulidad que fue causa que los Israelitas no venciesen a los Cananeos, havitadores del valle, porque les cobraron miedo diciendo que tenian carros de ierro, y eran mui valientes, y no osaron acometerlos o hicieronlo con desconfianza: *Nec potuit delere habitatores vallis, quia falcatis curribus abundabant.* No fue por los carros, que para Dios, que eran los carros?, sino porque los convatientes [f° 103v°] desconfiaron y se acobardaron por la consideracion de los carros, y fuerzas del enemigo, como en otra parte se declara. En fin, aunque no sean nuestras obras las que hacen el hecho, debemos dar las vueltas, y las voces, una vez y otra [arrededor] de Jericò para que Dios la derribe.

Mui de extrañar es que sea España, la que rodea el mar y la tierra, y llega hasta los fines del Oriente, y del Occidente, a Chile, a la China, y al Japon, por convertir infieles, que [f° 104r°] no seria muy culpable, si no los fuese a buscar, y que no cuide ni haga diligencia para la conversion o confirmacion en la feè de estos que tiene dentro de casa, que estan bautizados, y le corre obligacion de enseñarlos y confirmarlos, y que le va tanto en hacerlo para lo espiritual y temporal.

Et il n'y a aucune raison de se laisser intimider par les forces adverses et par notre propre faiblesse, car ceux qui livrent des combats au nom du Seigneur, doivent avoir confiance en la vertu divine, contre laquelle il n'existe rien d'assez fort, et faire de leur côté ce qui est convenable, sans lâcheté ni insouciance, comme on l'avait ordonné aux fils d'Israël pendant la conquête de la terre promise que Dieu leur avait donnée : *Usquequo mercetis ignavia, et non intratis ad possidendam terram, quam Dominus Deus patrum vestrorum dedit vobis*[156] ?. Car, bien que la victoire appartînt à Dieu, qui inspirait de la crainte à leurs ennemis et les mettait à leur merci, ils devaient pratiquer la foi, obéir à Dieu et se mettre au travail. Cette méfiance par rapport à l'entière conversion des Morisques est très semblable à cette incrédulité qui a poussé les Israélites à ne pas vaincre les Cananéens, habitants de la vallée, parce qu'ils eurent peur d'eux, et disaient qu'ils avaient des chars en fer et étaient très courageux ; et ils n'osèrent pas les attaquer ou le firent avec méfiance : *Nec potuit delere habitadores vallis, quia falcatis curribus abundabant*[157]. Ce n'est pas à cause des chars – car, comment Dieu pouvait-il avoir peur des chars ? – mais parce que les combattants se méfièrent et se laissèrent intimider en voyant les chars et les forces de l'ennemi, comme on le dit ailleurs. Enfin, même si nos œuvres ne sont pas à l'origine de l'acte, nous devons faire plusieurs fois le tour de la ville de Jéricho et pousser les hauts cris, pour que Dieu la détruise.

Il est très étonnant que ce soit l'Espagne, ce pays entouré de mer et de terre, qui parcoure les confins de l'Orient et de l'Occident, jusqu'au Chili, à la Chine et au Japon, pour aller chercher les infidèles et les convertir. Elle ne serait pas condamnable si elle se souciait de la conversion et de la confirmation dans la foi des infidèles baptisés qu'elle héberge dans ses propres murs, car son devoir consiste à les éduquer et à les confirmer, ce qui est important aussi bien sur le plan spirituel que temporel.

(Ézéchiel, XXXIII, 7-9).

156 En matière d'évangélisation, il ne faut faire preuve ni de crainte ni de faiblesse. Ceux qui se battent au nom de Dieu doivent s'en remettre à la puissance divine contre laquelle toute résistance humaine est vaine. C'est ainsi que les sept tribus d'Israël ont pu conquérir la terre promise, non pas par leur propre force, mais grâce à l'intervention divine qui leur assurait une victoire facile face à leurs ennemis (Josué, XVIII, 3).

157 Juda n'osa pas s'attaquer aux Cananéens de la plaine, car ils possédaient des chars en fer, ce qui ne constituait point un obstacle aux yeux de Dieu (Juges, I, 19).

Dicese un refran antiguo: *Hic Rhodus, hic saltus*. Por este cuento, jactabase uno de ligereza excesiva en saltar, y en esta razon decia que havia hecho en Rhodas un salto de muchos pasos, mucho maior [fº 104vº] de lo que era crehible. Contradecian los presentes, y el porfiaba afirmandose en su cuento. Salio un hombre avisado y [dijole] las palabras del refrán: « No hay para que porfiar; haced quenta que estais en Rhodas, y dad aqui otro salto y creeros hemos ». Esto se nos puede decir a los Españoles. Que demos aqui el salto que en la China, y en el Japon, y que hagamos las maravillas en nuestra patria, que se cuentan que hacemos en provincias tan extrañas y lexanas.

Lo que aora se hace para [fº 105rº] la enseñanza de los Moriscos, que es compelerlos a oir misas y sermones, y a oir la doctrina, aunque se hiciera con todo cuidado, son diligencias que presuponen feè, y persuasion interior, y pia afeccion a la Religion Cristiana. Para los que no tienen esto, sino antes contraria persuasion y repugnancia, casi no son de uso.

Un adage ancien dit la chose suivante : *Hic Rhodus, hic saltus*[158]. D'après cette histoire, un homme se vantait de sauter avec une légèreté excessive et, à ce propos, il disait avoir fait à Rhodes un saut de plusieurs enjambées, bien plus grand qu'on ne pouvait imaginer. Les personnes présentes le contredisaient, et lui ne voulait pas en démordre en disant que son histoire était vraie. Arriva un homme averti qui lui dit les mots de l'adage : « Il n'y a pas de quoi s'entêter ; imaginez que vous êtes à Rhodes, faites le même saut ici, et nous vous croirons ». On pourrait nous dire la même chose, à nous Espagnols : que nous fassions en Espagne le même saut qu'en Chine ou au Japon, et dans notre patrie, les merveilles que l'on fait, soit-disant, dans des provinces très éloignées et très reculées.

Ce qui se fait à l'heure actuelle pour éduquer les Morisques, en les obligeant à aller à la messe, à assister aux sermons et à entendre la doctrine, même si on le faisait avec le plus grand zèle, ce sont des diligences qui exigent d'avoir la foi, une conviction intérieure et une pieuse affection pour la religion chrétienne. Pour ceux qui n'ont pas ces dispositions, mais, au contraire, une conviction opposée et de la répugnance, ces diligences s'avèrent inutiles.

158 Pedro de Valencia expose une situation qui ne manque pas d'être paradoxale, voire ironique. Les Espagnols ne parviennent pas à évangéliser les Morisques dans leurs territoires, alors qu'ils se targuent d'avoir christianisé les Indiens du Nouveau Monde et les autochtones de Chine ou du Japon, qui n'avaient jamais demandé à être baptisés. « C'est ici Rhodes, maintenant saute ! ». Érasme, dans l'un de ses adages, disait que cette expression s'employait à propos de ceux qui se vantaient outrageusement d'une action sans qu'on puisse y accorder le moindre crédit. Ce proverbe provenait d'une fable qui circulait parmi les scholiastes d'Ésope. Résumons l'histoire : un jeune athlète se vantait d'avoir, lors d'un séjour à Rhodes, réalisé des sauts prodigieux. Un de ces interlocuteurs lui coupa la parole et lui dit : « C'est ici Rhodes, maintenant, saute ! ». Par-delà cet exemple, cette phrase s'adresse à quiconque sera invité à prouver par des actes les exploits qu'il se vante d'avoir accomplis ailleurs. Si le jeune homme de la fable ésopique a réalisé un prodigieux saut à Rhodes, il doit pouvoir le refaire ailleurs. Si les Espagnols ont réussi à évangéliser les Indiens, ils devraient être capables d'en faire de même en Espagne avec les Morisques. « Le Vantard, un pentathle, à qui ses concitoyens reprochaient en toute occasion son manque de vigueur, s'en fut un jour à l'étranger. Au bout d'un certain temps il revint, et il allait se vantant d'avoir accompli mainte prouesse en différents pays, mais surtout d'avoir fait à Rhodes un saut tel qu'aucun athlète couronné aux jeux olympiques n'était capable d'en faire un pareil ; et il ajoutait qu'il produirait comme témoins de son exploit ceux qui s'étaient trouvés là, s'ils venaient jamais en son pays. Alors un des assistants prenant la parole lui dit : "Mais, mon ami, si c'est vrai, tu n'as pas besoin de témoins ; voici Rhodes ici même : fais le saut". Cette fable montre que lorsqu'on peut prouver une chose par des faits, tout ce qu'on peut dire est superflu » (Ésope, *Les Fables*, Éd. établie par Émile Chambry, Paris, Les Belles Lettres, 1927, p. 25).

Es menester impugnacion y disuasion de la falsedad, y persuasion y comendacion de la verdad, por que la fe entra por el oido, *quomodo credent ei, quem non audierunt*? [f° 105v°]. No han oydo los Moriscos el nombre de Cristo y su Evangelio? No se si tan cumplidamente como conviene, y ellos han menester, porque los sermones que aora se usan predicar, demàs de que presuponen feè, son ordinariamente una ostentacion de ingenio, y de eloquencia, y andan los Predicadores a buscar agudezas, con que admirar, y gracias, con que dar gusto, y havia de ser que *qui seminat, verbum seminaret*. Si se sembrara, hiciera sus efectos y fruto conforme a la fecundidad y disposicion de la tierra en que cayese. Pero quien [f° 106r°] siembra pajas, y aristas, que se las lleva el viento, que piensa que ha de nacer? La doctrina se les enseña haciendoles solamente que la tomen de memoria en la forma que està en la cartilla, y esto es enseñar *in lingua: Sed in Ecclesia volo quinque verba sensu meo loqui, ut et alios instruam, quam decem millia verborum in lingua.*

Il faut réfuter et rejeter le mensonge, être persuadé et convaincu de la vérité, car la foi entre par l'oreille[159] *quomodo credent ei, quem non audierunt*[160] ?. Les Morisques n'ont-ils pas entendu le nom du Christ et de son Évangile ? À vrai dire, pas suffisamment ni autant qu'il eût fallu, car les sermons que l'on a l'habitude de faire aujourd'hui, outre qu'ils exigent d'avoir la foi, sont d'ordinaire un étalage d'effets de style et d'éloquence, et les prédicateurs se mettent en quête de figures rhétoriques pour surprendre et de traits d'esprit pour amuser la galerie[161], alors qu'il faudrait que *qui seminat, verbum seminaret*[162]. Si l'on semait [une graine], elle produirait ses effets et donnerait ses fruits en fonction de la fertilité et de la disposition du sol où elle tomberait ; mais celui qui sème de la paille et du foin que le vent emporte, que pense-t-il donc récolter ? On leur enseigne la doctrine, en leur faisant apprendre par cœur, ce qui se trouve dans le manuel, et c'est ce que l'on appelle enseigner *in lingua* : *Sed in Ecclesia volo quinque verba sensu meo loqui, ut et alios instruam, quam decem millia verborum in lingua*[163].

159 La tâche du fidèle est d'écouter, celle du prédicateur est de faire entendre : « Car on a foi pour avoir entendu et on entend par la parole du Christ » (Romains, X, 17).

160 On ne peut invoquer celui à qui l'on ne s'est pas fié, on ne peut se fier à celui dont on n'a rien entendu, et on ne peut entendre si personne ne prêche (Romains, X, 14).

161 Pedro de Valencia critique l'attitude de certains prédicateurs qui, au lieu d'édifier leur public, cherchent à se mettre en avant en cultivant la rhétorique et l'art de l'éloquence, et en privilégiant l'esthétique au détriment de l'éthique. Les avertissements contre la vaine gloire du prédicateur se trouvent déjà dans le *De doctrina christiana* de saint Augustin et figurent de façon récurrente dans les *artes praedicandi* médiévaux. Antonio de Torquemada les rappelle dans ses *Coloquios satíricos* (Mondoñedo, Augustín de Paz, 1553, f° 535v°) : « *Puede tanto y tiene tan grandes fuerzas esta red del demonio, que a los predicadores que están en los púlpitos dando voces contra los vicios no perdona este vicio de la honra y vanagloria, cuando ven que son con atención oídos y de mucha gente seguidos y alabados de lo que dicen, y así se están vanagloriando entre sí mesmos con el contento que reciben que aciertan en el predicar* ». Teresa de Jesús fait de même dans ses *Meditaciones sobre los cantares* : « *Predica uno un sermón con intento de contentar, o por ganar honra o crédito, o que si está puesto a llevar alguna canongía por predicar bien* » (*Obras completas*, II, Madrid, El Monte Carmelo, 1954, p. 630). Le prédicateur qui est censé combattre les vices, ne peut échapper lui-même à la tentation de la vaine gloire et des honneurs.

162 Le prédicateur est comme un semeur qui sème la parole (Marc, IV, 14). S'il sème sur une bonne terre, il obtiendra une bonne récolte ; s'il sème parmi les rocailles il en obtiendra une mauvaise, il récoltera des ronces (Marc, IV, 15-20).

163 Les Morisques se retrouvent à apprendre par cœur, mécaniquement, la doctrine chrétienne sans rien y comprendre, comme si on leur parlait en grec ou en charabia. Or, comme le dit saint Paul, il vaut mieux dire cinq paroles avec intelligence pour instruire les autres plutôt que dix mille en charabia (I Corinthiens, XIV). Mieux vaut que les Morisques apprennent peu de choses, mais bien, que d'entendre mille fois le symbole de la foi, les prières et les commandements.

Es como si se las mostrasen en Griego, o en otra lengua, que ellos no entendiesen, y asi, no les pasa de los oidos ni de la lengua.

Conviene examinar la dirección [discrecion] y noticia de [f° 106v°] cada uno de los que son enseñados, para suplir lo que les falta, y llevarlos adelante, dandoles a entender lo que les propone para creer, de otra manera no serà audicion aquella apta para hacer feè, sin inteligencia ni aprobacion ni eleccion. Asi que vale mas decirles quatro o cinco palabras *sensu propio*, esto escogiendo el maestro con direccion lo que a la persona, y disposicion del discipulo conviene oir entonces, que recitarle de palabra diez mil veces el simbolo y las oraciones y mandamientos, sin que el [f° 107r°] oyente entienda, ni se aficione, ni crea mas un dia que otro. La orden con que convendrà mostrarlos se diversifica conforme al medio que se eligiere con esta nacion de esparcirlos o no, y asi en este capitulo no digo mas que lo general.

Lo primero y principal, ha de ser encomendar y pedir a Dios la conversion de el corazon de esta gente, con ayunos, y oraciones publicas de toda la Iglesia, a lo menos de las iglesias de España, y particulares de los Religiosos, y personas [f° 107v°] pias, oraciones afectuosas y continuas, *in ieiunio, et in fletu, et in planctu*, pidiendo a Dios que glorifique su nombre por Jesucristo nuestro Señor, y que si la incredulidad y dureza de esta gente lo ha menester como parece, haga maravillas y milagros, y que gobierne los prelados y superiores para la conveniente eleccion de los maestros y predicadores, y para el buen orden y acierto de esta conversion. De esta manera emprehendian los Apostoles santos la conversion de los pueblos, y por estos pasos entraban [f° 108r°] en ella. Veanse las historias en los lugares citados.

C'est comme si on la leur enseignait en grec ou dans une autre langue qu'ils ne comprennent pas, et, ainsi, elle rentre par une oreille et en sort par l'autre, et reste sur le bout de leur langue.

Il convient d'examiner les connaissances et l'intelligence de chacun des apprenants, pour combler leurs lacunes et les faire progresser, en leur faisant comprendre ce que l'on attend d'eux ; autrement, cette écoute ne sera pas de nature à provoquer la foi, sans intelligence, sans approbation et sans choix. Il vaut donc mieux leur dire quatre ou cinq mots *sensu propio* – le maître choisissant alors avec discrétion ce qu'il est bon d'entendre pour la personne et la disposition du disciple – que de leur réciter dix mille fois le symbole de la foi, les prières et les commandements, sans que l'apprenant les comprenne, les aime ou y croie plus un jour qu'un autre. La manière de les instruire varie en fonction de la solution que l'on aura adoptée envers cette nation, de disperser ou non ses membres, et ainsi dans ce chapitre je me contente de considérations générales.

La première des choses, et la principale, doit être de se recommander à Dieu et de lui demander de convertir le cœur de ces personnes, par des jeûnes, des prières publiques de toute l'Église, ou du moins des églises d'Espagne et des églises particulières des religieux et des personnes pieuses, des prières affectueuses et permanentes, *in ieiunio, et in fletu, et in planctu*[164], en demandant à Dieu de glorifier leur nom par Jésus-Christ notre Seigneur, et si l'incrédulité et la dureté de ces personnes l'exigent, comme cela semble être le cas, de faire des merveilles et des miracles, et d'orienter les prélats et les supérieurs vers le bon choix des maîtres et des prédicateurs, et vers le bon ordre et le succès de cette conversion. C'est ainsi que les saints apôtres se chargeaient de la conversion des peuples qui, par ce biais-là, y adhéraient. Voyez les histoires aux passages cités[165].

164 Les fidèles des églises d'Espagne et, de préférence, les ecclésiastiques doivent, par des prières et des jeûnes, implorer Dieu pour qu'il chasse l'incrédulité du cœur des Morisques et les convertisse en profondeur. Dans le livre de Joël, l'oracle de Iahvé est un véritable oracle à la conversion : « Dès maintenant – oracle de Iahvé – revenez jusqu'à moi de tout votre cœur, par le jeûne, par les pleurs, par la lamentation. Déchirez votre cœur et non vos vêtements, revenez à Iahvé, votre Dieu, car il est clément et miséricordieux, longanime et abondant en grâce, se repentant devant le malheur » (Joël, II, 12-13).

165 Pour se charger de la conversion des Morisques, il faut des maîtres et des prédicateurs bien formés et triés sur le volet, à l'image des apôtres qui évangélisaient les peuples (Actes des apôtres, IV et XIII).

Este mismo modo, y costumbre santa, se tuvo mui de antigüedad en la Iglesia de Dios, para este intento, y todos los semejantes. Entendiendose que en el pueblo fiel havia pecados de infidelidad, o de otro exemplo pernicioso que podian cundir, y inficionar la Republica, y irritar a Dios para castigo, o cuando se temia alguna guerra o calamidad, se hacia aquello que aconseja el Profeta: A pregon publico y son de [fº 108vº] trompeta se mandaba al pueblo que ayunase el dia o dias que señalaban. Convocaban para junta universal, y juntabanse en el templo los magistrados, y superiores eclesiasticos y seglares. Acudian todos, grandes y pequeños, mugeres y niños, y doncellas, y despues de haber ayunado en trage y havito vil y de penitencia, con cilicios y ceniza sobre las cabezas, lloraban alli delante de Dios, pidiendole misericordia, que aplacase su ira, y sanase, y quitase de en medio del pueblo los infieles y blasfemos [fº 109rº], y todos los que con mal exemplo dañaban, y ofendian su Divina Magestad. Tras esto, procuraban hacer por su parte la pesquisa y castigo de los que perniciosamente delinquian, y la prevencion conveniente para resistir a los enemigos. Esta santa diligencia, aunque con fingimiento entonces, y para mal, se hizo contra Nabot, por mandado de Jezabel, para matarlo como a hombre impio y desleal a Dios y al Rey.

Cette façon de procéder et cette sainte coutume ont longtemps prévalu dans l'Église de Dieu, à cette fin et à d'autres du même genre. Quand on apprenait que parmi le peuple fidèle, il y avait des péchés d'infidélité ou d'autres exemples pernicieux qui pouvaient se propager, contaminer la république, irriter Dieu et provoquer son courroux, ou quand on craignait une guerre ou une calamité, on faisait ce que le Prophète[166] conseillait de faire : par ban public et au son des trompettes, on ordonnait au peuple de jeûner le jour ou les jours fixés. On convoquait une assemblée universelle, et les magistrats et les supérieurs ecclésiastiques et séculiers se réunissaient dans le temple. Tout le monde accourait, grands et petits, femmes, enfants et jeunes filles, et après avoir jeûné avec des vêtements et des habits de pénitence ignobles, des cilices et de la cendre sur la tête, ils pleuraient devant Dieu, implorant sa miséricorde, lui demandant d'apaiser sa colère, de guérir et de retirer du peuple les infidèles et les blasphémateurs, et tous ceux qui, par leur mauvais exemple, faisaient du tort et portaient atteinte à sa divine majesté. Ensuite, ils essayaient de mener leur propre enquête et de châtier les délinquants pernicieux, et faisaient la prévention nécessaire pour résister aux ennemis[167]. Cette sainte diligence, quoique feinte et mal intentionnée à l'époque, fut appliquée contre Naboth, sur ordre de Jézabel, pour le tuer comme un homme impie et déloyal envers Dieu et le roi[168].

166 « Sonnez du cor dans Sion, consacrez un jeûne, convoquez une réunion, assemblez le peuple, consacrez le rassemblement, groupez les vieillards, assemblez les petits enfants et ceux qui sucent les mamelles ! Que le nouveau marié sorte de sa chambre et la nouvelle mariée de son pavillon ! Entre le vestibule et l'autel, que les prêtres pleurent, eux, les ministres de Iahvé, et qu'ils disent : "Épargne ton peuple, ô Iahvé, et ne livre pas à l'opprobre ton héritage, pour que les nations se moquent d'eux !" » (Joël, II, 15-17).

167 Pour combattre les infidélités et les péchés commis contre Dieu, l'Église primitive organisait des jeûnes collectifs et des pénitences, et convoquait tous les magistrats, les prélats et les laïcs au temple pour y faire acte d'expiation. Ensuite, elle menait une enquête pour voir qui étaient les infidèles et se chargeait de les punir. Dans l'Ancien Testament, on trouve de nombreuses références à ces cérémonies d'expiation : « Alors j'ai pris ma concubine et je l'ai coupée en morceaux, puis j'en ai envoyé dans toute la campagne de l'héritage d'Israël, car on avait commis chose honteuse et infamie en Israël » (I, Juges, XX, 6); « Ils se rassemblèrent à Mispah, puisèrent de l'eau qu'ils répandirent devant Iahvé, et ils jeûnèrent ce jour-là. Ils dirent alors : "Nous avons péché contre Iahvé !" ». « Et Samuel jugea les fils d'Israël à Mispah » (I Samuel, VII, 6).

168 Aux exemples précédents, on peut ajouter celui de l'assassinat de Naboth, accusé à tort de crime de lèse-majesté humaine et divine, par Jézabel, l'épouse du roi d'Israël, Achab (I Rois, XXI).

No es ceremonia esta, ni cosa ajena del uso de [f° 109v°] la Cristiana [Iglesia Catolica], pues san Pablo manda usar en la Iglesia de Chorinto para castigo y enmienda de un incestuoso y adultero: *et non magis luctum habuistis ut tollatur ex vobis, qui eiusmodi est.* Vease el lugar. A este modo, pues, aora conforme a la santa costumbre de la Iglesia Catolica, seria bien acordado que S. M. pidiese jubileo publico a su Santidad para sus Reynos, con obligacion de ayunos, limosnas, y oraciones, y aun con obligacion que tuviesen todos de hacer [f° 110r°] estas diligencias, y procurar ganarlo, para encomendar a Dios este negocio, que no pareceria, ni estaria mal, que los Moriscos viesen que nos afligiamos y ayunabamos por su salvación: mas les edificaria esto que llamarlos perros moros. Y si pareciere que no conviene tan publica diligencia, a lo menos se encargue, en cada lugar, e iglesia, y monasterio, por medio de sus superiores esta solicitud.

Tambien, como ya he dicho, sera [solicitud] muy importante para la conversion que los Moriscos sean compelidos con penas a dejar de usar las ceremonias, trages, y costumbres de Moros, con tal que esta compulsion haya de ser mansa, no rigurosa, pero ordinaria, y sin intermision, no hecha por el Tribunal de el Santo Oficio de la Inquisicion,

Ce n'est pas une cérémonie ni une coutume étrangère à l'Église catholique, puisque saint Paul ordonne à l'église de Corinthe de l'utiliser pour la punition et l'amendement de la personne incestueuse et adultère : *et non magis luctum habuistis ut tollatur ex vobis, qui eiusmodi est &*. Consultez le passage[169]. Ainsi donc, à l'heure actuelle, et selon la sainte coutume de l'Église catholique, il serait très opportun que Sa Majesté sollicitât de Sa Sainteté un jubilé public[170] pour ses royaumes, avec l'obligation de jeûner, de faire l'aumône et de dire des prières, et même avec l'obligation que tous fissent ces diligences et essayassent de le mériter, pour confier cette affaire à Dieu. Il ne serait pas mauvais, semble-t-il, que les Morisques vissent que nous nous affligeons et jeûnons pour leur salut. Ce serait plus édifiant pour eux que de les traiter de chiens de Maures ! Et s'il apparaissait qu'une telle diligence publique ne puisse convenir, que du moins, dans chaque village, chaque église et chaque monastère, cette sollicitude se fasse par l'intermédiaire de leurs supérieurs.

Aussi, comme je l'ai déjà dit, il sera très important pour leur conversion, que les Morisques soient contraints par des sanctions d'abandonner les cérémonies, les costumes et les coutumes des Maures, à condition que cette contrainte soit douce et non cruelle, mais ordinaire et sans relâche, et qu'elle ne soit pas du ressort du tribunal du Saint-Office de l'Inquisition[171].

169 Ces pratiques d'expiation furent par la suite maintenues dans l'Église catholique. Saint Paul fustige les Corinthiens qui n'appliquent aucun châtiment à l'adultère – celui qui couche avec la femme de son père – et préconise de l'éliminer physiquement pour libérer son âme (I Corinthiens, V, 4-5).

170 Dans l'Église catholique, un jubilé est, depuis l'année 1300 – où le pape Boniface VIII proclama une indulgence plénière pour ceux qui viendraient en pèlerinage à Rome et y feraient quinze visites aux basiliques de Saint-Pierre et Saint-Paul, ainsi qu'aux Romains qui visiteraient ces églises trente fois –, une période de pardon, de conversion et d'efforts spirituels, consacrée à la rémission par la pénitence des peines temporelles et accompagnée de l'octroi d'indulgences spéciales. La pratique du jeûne, de l'aumône, de la prière, de la confession et de la communion sacramentelle est essentielle au cours de cette période de jubilé (J. B. Bouvier, *Traité dogmatique et pratique des indulgences, des confréries et du jubilé*, Paris, Méquignon-Junior, 1843, p. 165 et suivantes).

171 Par la bulle du 1er novembre 1478, *Exigit sincerae devotionis*, les Rois Catholiques furent autorisés à nommer directement des inquisiteurs dans leurs royaumes, mais pendant deux ans ils préférèrent différer les effets de cette délégation apostolique. En 1480, les deux premiers inquisiteurs débarquèrent à Séville qui devint le siège du premier tribunal de district. L'Inquisition moderne, tribunal ecclésiastique qui dépendait de Rome, et tribunal temporel qui relevait directement de la monarchie, commença donc à fonctionner à partir de 1480 (Joseph Pérez, *Isabelle et Ferdinand. Rois Catholiques d'Espagne*, Paris, Fayard, 1988, p. 331).

por que con el proceder tan exacto se obstinan, y se conjuran para no declarar unos contra otros, y los castigos graves, muertes, galeras, azotes, y confiscaciones de bienes, no los reciven como correcciones, sino como [fº 111rº] venganzas de enemigos, y se empeoran màs y màs. De los havitos, y infamias no hacen caso, por que antes causan honra que afrenta entre ellos. Por esto, los que no tienen hacienda que les confisquen, confiesan luego, y piden penitencia con tiempo; mas los ricos, por la mayor parte, niegan siempre. Tiene una cosa la reveldia y el brio del animo humano: que se dexaràn matar los hombres de golpe y de una vez, a tema y porfia, por no decir una palabra, y si los sobrellevan, y los ban [fº 111vº] molestando cada dia con obstinacion, no resisten tanto y se dexan vencer. Por esto digo que aprovecharà poner en cada lugar, un tribunal seglar que les castigue, y apremie con penas pecuniarias y molestias ordinarias de prision o afrenta, por aquellas sus costumbres o ritos de sospecha y que causan distincion.

(27) ***Permistión.***

Aunque la dispersion se halle hacedera, y se haga en la forma mas conveniente, y aunque la conversion proceda bien, no debemos pensar ni [fº 112rº] prometernos que con esto quedarà enteramente sano y seguro el cuerpo de la Republica, pero sin duda se havrà librado de el peligro presente, y de la agudeza mortal de la enfermedad. Quedarale tiempo en que vaya corrigiendo la mala disposicion que le resta, y venga a convalecer de el todo. Porque la dispersion no es juicio perfecto, ni causa sanidad total, sino como quando una enfermedad aguda degenera en tericia,

En effet, face à une procédure si rigoureuse, les Morisques s'entêtent et se mettent d'accord pour ne pas témoigner les uns contre les autres ; ils ne considèrent pas les punitions graves, les peines de mort et de galères, les coups de fouet et les confiscations de biens comme des corrections, mais comme une vengeance de leurs ennemis, et chaque jour ils deviennent plus méchants. Ils se moquent éperdument des tuniques d'infamie, car pour eux elles sont davantage synonyme d'honneur que d'opprobre[172]. Ainsi, ceux qui n'ont pas de biens qu'on puisse leur confisquer, avouent aussitôt et demandent la pénitence en temps voulu ; mais la plupart des riches nient toujours. Le caractère rebelle et le génie de l'âme humaine ont cela d'incroyable : les hommes se laisseront tuer une fois pour toutes, par obstination, pour ne rien avouer, et si on leur fait violence, les dérange et importune tous les jours, ils ne résistent pas autant et se laissent convaincre. C'est pourquoi je dis qu'il sera profitable de créer dans chaque village, un tribunal séculier qui les punira, les contraindra par des sanctions pécuniaires et des peines ordinaires de prison ou d'infamie, pour leurs coutumes ou leurs rites superstitieux qui provoquent la distinction.

(27) ***Permistión***[173].

Même si la dispersion est réalisable et menée comme il se doit, et même si la conversion se déroule bien, il ne faut pas penser ou croire pour autant que le corps de la république sera en parfaite santé et en sécurité, mais il sera, sans aucun doute, débarrassé du danger actuel et de la gravité mortelle de la maladie. Il lui faudra du temps pour corriger la mauvaise disposition qui reste en lui et pour se remettre entièrement. Car la dispersion n'est pas une méthode infaillible qui provoque une guérison totale. Il en va de même avec une maladie aiguë qui dégénère en jaunisse[174],

---

172 Il s'agit de ce que l'on appelle un vêtement d'infamie, nommé *sambenito* en espagnol, en raison de la proximité phonétique de ce mot avec *San Benito* (Saint Benoît). Le *sambenito* se présentait sous la forme d'une toile rectangulaire, en lin, percée d'un trou pour laisser passer la tête. Des motifs peints sur le *sambenito* rappelaient la nature de la condamnation : une croix de saint André pour les délits peu importants ; des démons et des flammes dans les cas d'hérésie majeure, comme le judaïsme ou le mahométisme.

173 La permixtion est un terme de chimie qui signifie mélange complet (Littré). On dira, par exemple, que le sang est composé d'une égale permixtion et mélange des quatre humeurs (Ambroise Paré). Pedro de Valencia explique qu'il emprunte ce terme à Sénèque, mais il ne précise pas sa source.

174 Il s'agit de l'ictère ou jaunisse, maladie caractérisée par la coloration jaune de la peau et des muqueuses. La jaunisse est due à l'accumulation de bilirubine, qui peut être conjuguée ou non-conjuguée.

que la fuerza de la naturaleza, ya que no pudo expeler y librarse [f° 112v°] del humor, vertiolo, y esparciolo por todo el cuerpo, y mezclandolo con la masa, toda la sangre la hizo impura, de suerte que si no se expurga, y vence, y corrige aquel mal humor, antes lo acrecienta con mal govierno, crecerà la fealdad, y la tericia misma le vendrà a ser enfermedad peligrosa. Asi, en la materia presente, esparcidos los Moriscos por todos los lugares del Reyno, afearàn el lustre y la nobleza de el, y si perserveran siempre conocidos y apartados, notados con infamia, y desprecio, y agravados [f° 113r°] con tributos particulares, vendràn a quedar todavia en forma de siervos, y no verdaderos ciudadanos, y llevaràn adelante el odio y el deseo de la perdicion de la Republica, y no siendo admitidos en Religiones, ni saliendo para guerras, ni para ir a las Indias, creceràn en mayor numero que los cristianos viejos, y volberàn a seguirse los mismos o semejantes inconvenientes y peligros que antes. Ademas de esto, iràn enriqueciendo y tratandose mejor en comidas, y trages, tendràn hijas [f° 113v°] de buen parecer; dotaranlas bien, y casaranlas con Cristianos viejos y nobles. Luego, o los que nacieren de estos matrimonios han de ser tenidos por Moriscos o por Cristianos viejos? Si lo primero, multiplicaràse mas el numero de los Moriscos, y vendrà a ser que si qualquiera raza de ellos, ha de notar con infamia, y excluir de honras toda España, sea presto de cristianos nuevos e infames. Pues los matrimonios libres han de ser, y no se los pueden prohivir, y antes ha muchos años que se desea que los Moriscos [f° 114r°] se mezclasen assi. Por pocos matrimonios de estos que se hagan, como los nacidos de ellos no se han de preciar de volber a emparentar con Moriscos, acontecerà lo que para otra quenta dice Platon. Que si de los dispiertos se hacen los dormidos, de los dormidos no se han de hacer los dispiertos, dentro de dos dias todo el mundo estarà dormido. Si los linajgs limpios se van maculando, y estas manchas han de quedar ineludibles para siempre, claro està lo que se sigue.

et si la force de la nature ne peut expulser l'humeur pour s'en débarrasser, celle-ci se disperse et se mélange dans tout le corps. En se mélangeant à la masse cette mauvaise humeur rend tout le sang impur, de sorte que si on ne la vainc et ne l'expulse, elle se répand et la jaunisse devient une maladie dangereuse. Il en va de même avec le mauvais gouvernement. Ainsi, dans la matière présente, les Morisques dispersés dans tous les villages du royaume en souilleront l'éclat et la noblesse, et s'ils continuent d'être reconnaissables et mis à part, traités avec infamie et mépris, et grevés de tributs extraordinaires, ils seront toujours, dans une certaine mesure, assimilés à des serviteurs et non à des citoyens à part entière, et continueront d'être animés par la haine et par le désir de voir la république disparaître et, n'étant pas admis aux ordres sacrés et n'allant pas à la guerre ou aux Indes, ils se reproduiront plus vite que les vieux-chrétiens, et il s'ensuivra à nouveau les mêmes inconvénients et les mêmes dangers qu'auparavant. En outre, ils ne feront que s'enrichir, mangeront et s'habilleront mieux, auront des filles au physique agréable ; ils les doteront bien et les marieront avec des vieux-chrétiens nobles. Alors, les personnes nées de ces mariages doivent-elles être considérées comme des Morisques ou des vieux-chrétiens ? Dans le premier cas, le nombre des Morisques augmentera davantage, et il arrivera que n'importe quel lignage d'entre eux souillera, infamera et exclura des honneurs toute l'Espagne, qui sera très vite peuplée de nouveaux-chrétiens infâmes. Car les mariages doivent être libres, et on ne peut leur interdire de se marier ; bien au contraire, il y a de nombreuses années que l'on souhaite que les Morisques se mélangent de cette façon. Même s'il y a peu de mariages de ce genre, comme les enfants qui en sont issus ne seront pas fiers d'être à nouveau apparentés à des Morisques, il se produira ce que dit Platon dans une autre situation. Si les éveillés jouent les endormis, les endormis ne pourront pas jouer les éveillés, et en deux jours tout le monde sera endormi[175]. Si les lignages purs se souillent, et que ces taches restent à jamais indélébiles, ce qui suit est on ne peut plus clair.

175 « Il n'est pas bien difficile de comprendre ce que je dis. S'il y avait assoupissement, et qu'il n'y eût point de réveil après le sommeil, la nature finirait par effacer Endymion, qui ne ferait plus grande figure, quand le monde entier serait dans le même cas que lui, enseveli dans le sommeil. Si tout se mêlait, sans que ce mélange ne produisît jamais de séparation, on verrait bientôt arriver ce que disait Anaxagore : *Toutes les choses seraient ensemble* » (Platon, *Phédon*, 72b-72c).

La fuerza de la razon [f° 114v°], y de las mismas cosas, nos aprieta y apremia a que busquemos el medio de la permixtion, que es el medio mas antiguo, mas loado y aprobado con razones y experiencia y el de mejores efectos, que se ha hallado en el mundo para la publica paz y concordia, para la seguridad, y acrecentamiento, y para la perpetuidad de los Reynos e Imperios.

El primer uso que se halla de este medio fue antes del diluvio universal, eligiendo los que la Escritura sagrada llama hijos de los hombres. Estos [f° 115r°] como esta dicho, eran los descendientes de Cain, y otros de su profesion, que seguian y procuraban la pompa, y riquezas, y grandeza temporal, y havitaban en ciudades con magnificencia, y forma de Imperio y magestad. Al mismo tiempo, vivia en el mundo otra Republica de los descendientes de Enòs, que conocian y despreciaban la vileza de la carne. Vivian en tiendas por los campos, sin ciudades, como Scitas o Arabes, sin regalo ni elegancia de trages, ni fasto mundano, creyendo [f° 115v°] y esperando el Reyno y grandeza de la Redempcion prometida por Dios, y no teniendo ni queriendo aqui ciudad de asiento, sino deseando y buscando la venidera. A estos por la fee y profesion de esta esperanza llama la Escritura hijos de Dios. Parece que los hijos de los hombres, como son prudentes y ciudadanos en las cosas de su profesion, que son las temporales, temieron con razon diciendo: Esta gente que havita en los campos es de contraria profesion de vida a [f° 116r°] la nuestra, van multiplicandose mucho, son fuertes y exercitados, si dan en nosotros, destruirnos han. Acometerlos con guerra no es seguro; convidemoslos que se vengan a vivir a las ciudades, y se mezclen con nosotros, y para esto ofrezcamosles toda honra, y buen trato, y los casamientos de nuestras hijas, las mas hermosas, y nobles, para sus hijos, las que ellos quisieren y escogieren.

La force de la raison et des choses elles-mêmes nous presse et nous pousse à rechercher la permixtion, qui est le moyen le plus ancien, le plus loué et le plus approuvé par la raison et l'expérience, et celui qui donne les meilleurs résultats que l'on ait trouvés au monde pour la paix publique et la concorde, pour la sécurité et l'accroissement, et pour la longévité des royaumes et des Empires.

La première utilisation de cette mesure, antérieure au déluge universel, appartient à ceux que l'Écriture Sainte appelle les fils de l'homme[176]. Ces derniers, comme on l'a déjà dit, étaient les descendants de Caïn et de ses sectateurs, qui poursuivaient et recherchaient le faste, les richesses et la grandeur temporelle, et habitaient dans des villes avec magnificence, et avec une sorte d'autorité et de majesté. En même temps, vivait dans le monde une autre république des descendants d'Énosh[177], qui connaissaient et méprisaient la vilenie de la chair. Ils vivaient dans des tentes à la campagne, sans villes, comme les Scythes ou les Arabes, sans confort, sans élégance vestimentaire et sans faste mondain, espérant et attendant le royaume et la grandeur de la rédemption promise par Dieu. Ils ne souhaitaient pas s'installer dans une ville ici-bas et recherchaient la ville dans l'au-delà. En raison de leur foi et de la profession de cette espérance, l'Écriture les appelle fils de Dieu[178]. Il semble que les fils de l'homme, parce qu'ils sont prudents et font preuve d'esprit civique dans les affaires de leur profession, à savoir les temporelles, eurent raison d'avoir peur et de dire : « Ces gens qui vivent à la campagne ont un mode de vie différent du nôtre, ils se reproduisent très vite, ils sont forts et ont de l'entraînement : s'ils nous attaquent, ils nous détruiront. Leur faire la guerre est risqué ; invitons-les à venir s'installer en ville et à se mêler à nous, et pour cela, offrons-leur tous les honneurs, traitons-les bien et donnons à leurs fils nos filles les plus belles et les plus nobles, celles qu'ils voudront choisir[179] ».

---

176 Les fils de l'homme sont les descendants de Caïn qui vivent au niveau de la chair.

177 Énosh est un personnage biblique de l'Ancien Testament. Il est le fils de Seth et d'Azura, selon le livre des Jubilés, un ancêtre de Noé et, partant, de tout le genre humain. Son nom figure dans les généalogies des patriarches (Genèse, V, 6-7) et dans le premier livre des Chroniques de la Bible hébraïque (Chroniques, I, 1-4).

178 Les fils de Dieu sont les descendants d'Énosh qui vivent au niveau de l'esprit. Ce sont des êtres mystérieux qui participent de la nature divine et qui sont identifiés aux Anges. Ils forment la cour céleste dans le livre de Job (Job, I, 6 ; II, 1 ; XXXVIII, 7).

179 « Quand les hommes commencèrent à se multiplier à la surface du sol et des filles leur naquirent, il advint que les fils d'Élohim s'aperçurent que les filles des hommes étaient

Hicieronlo asi, y salioles como ellos pensaron y desearon, que si Dios, de arriva, no [fº 116vº] los destruyere con diluvio, acabado havian casi todos los Profesores de la verdadera Religion, quanto mas se acabaria con este medio la falsa y la mala. Ayudò mucho a la pretension de los hijos de los hombres, que los mancebos de el campo apetecieron a casarse con las damas galanas, hermosas y delicadas, y cortesanas, antes que con las otras sus aldeanas y rusticas, que andarian mal vestidas, y por ventura descalzas, quemadas del sol y de los vientos. A este modo suele [fº 117rº] acontecer y acontecerà ahora, y no dudo sino que los casamientos de los hijos de Dios con las hijas de los hombres se contraxeron asi por arbitrio y asiento, porque las palabras *acceperunt sibi uxores ex omnibus, quas elegerant*, vedan el pensar que haya sido por via de fuerza o guerra.

Los segundos que se cuentan haber usado del medio de la permixtion, y con mejores efectos, y mas prospero suceso, fueron los Romanos. Dios, que quiso la grandeza de aquel [fº 117vº] imperio, les dio a los Reyes y principes de el, luego desde el principio y desde el mismo fundador Romulo, prudencia y consejo de gobierno, porque como los Griegos fueron excelentes en la filosofía, y retorica, y en todas las ciencias, y artes humanas, asi los Romanos fueron los maestros y exemplo de gobernar, y sustentar Imperio, y de sola esta ciencia se preciaron, como lo dice su Poeta:

Excudent aliis spirantia mollius aera
(credo equidem), vivos ducent de marmore vultus
orabunt causas melius, caelique meatus [fº 118rº]
describent radio et sargentia sidera dicent:
Tu regere Imperio Populos, Romane, memento
(haec tibi erunt artes), pacique imponere morem
Parcere subiectis et debellare superbos.

C'est ce que firent les fils de l'homme et tout se passa tel qu'ils l'avaient imaginé et souhaité, car si le Très-Haut ne les avait pas détruits par le déluge, ils auraient éliminé presque tous les docteurs de la vraie religion, tout en mettant fin à la fausse et mauvaise religion. Ce qui favorisa grandement la prétention des fils de l'homme, c'est que les jeunes campagnards veuillent épouser les dames galantes, belles, délicates et courtisanes, plutôt que leurs villageoises rustiques, qui devaient être mal habillées et marcher sans doute pieds nus, tannées par le soleil et par les vents. Cela se passe comme ça d'ordinaire et se passera dorénavant ainsi, et je ne doute point que les mariages des fils de Dieu avec les filles de l'homme aient été contractés par règlement et accord, car ces paroles *acceperunt sibi uxores ex omnibus, quas elegerant*[180], empêchent de penser qu'ils aient été obtenus pas la force ou par la guerre.

Les seconds, dont on raconte qu'ils ont eu recours à la permixtion avec de meilleurs résultats et un plus grand succès, furent les Romains. Dieu, qui voulait la grandeur de cet Empire, donna à ses rois et à ses princes, dès le début et dès sa fondation par Romulus lui-même, la prudence et le conseil de gouvernement, car, de même que les Grecs excellaient en philosophie, en rhétorique, dans toutes les sciences humaines et les arts, les Romains étaient passés maîtres dans l'art de gouverner et de maintenir leur Empire, et ils n'estimèrent que cette science, comme le dit leur poète : « *Excudent alii spirantia mollius area/(credo equidem), vivos ducent de marmore vultus/orabunt causas melius, caelique meatus/describent radio et surgentia sidera dicent: /Tu regere Imperio Populos, Romane, memento/ (haec tibi erunt artes), pacique imponere morem/parcere subiectis et debellare superbos*[181] ».

belles. Ils prirent donc pour eux des femmes parmi toutes celles qu'ils avaient élues [...] En ces jours-là il y avait des géants sur la terre et même après cela : quand les fils d'Élohim venaient vers les filles des hommes et qu'elles enfantaient d'eux, c'étaient des renoms » (Genèse, VI, 1-4). Les géants qui « tombent du ciel », après l'union des fils de Dieu et des filles de l'homme, se retrouveront parmi les occupants fabuleux de la Terre Promise (Nombres, XIII, 33). Ils font partie des héros qui dépassent l'humanité ordinaire, comme Nemrod.

180 Genèse, VI, 1-2 : « Quand les hommes commencèrent à se multiplier à la surface du sol et que des filles leur naquirent, il advint que les fils d'Élohim s'aperçurent que les filles des hommes étaient belles. Ils prirent donc pour eux des femmes parmi toutes celles qu'ils avaient élues ».

181 Dans l'*Énéide* de Virgile, Anchise présente quelques figures marquantes de l'époque républicaine, notamment César et Pompée, les vainqueurs de la Grèce et de Carthage,

Siendo los Romanos como lo fueron, sin contradiccion ni competencia, los mejores Gobenadores y Guerreros que ha tenido el mundo, entre sus consejos y gobiernos, es loado por mejor este de la permixtion. Romulo, luego como vencio a los Albanos y Sabinos, los hizo Ciudadanos Romanos, y los mezclò con los demàs, y este consejo se continuo y llevo siempre adelante, y fue la causa [fº 118vº] total de la grandeza y prosperidad de Roma. Asi lo escribe Dionisio Halicarnaseo en el libro primero de las *Antigüedades Romanas*, con estas palabras: « Haviendo Romulo edificado la ciudad de su nombre, diez y seis generaciones despues de la toma de Troya, tomando los ciudadanos de ella el nombre que aora se llaman, hicieron por tiempos que su nacion fuese la mas populosa del mundo, siendo la mas pequeña, y que fuese la mas ilustre, siendo la menos conocida. Y esto lo hicieron con recivir amigablemente [fº 119rº] en su ciudad los que tenian necesidad de habitacion, y con la comunicacion del nombre y de el derecho de ciudadanos, a los que havian resistido generosamente en las guerras, y con el haver concedido el mismo derecho de ciudadanos a todos los siervos que entre ellos llegaron y llegasen a conseguir la libertad, y con el no despreciar ninguna suerte de hombres que pudiese ser de provecho a la Republica ». El mismo Dionisio, en el libro segundo, contando las maneras de buen govierno con que Romulo engrandecio a su ciudad dice: « El tercero consejo politico de Romulo, y el que mas que otro ninguno debieran usar los Griegos, porque es el mejor entre todos los consejos de govierno, a mi parecer, y el que fue el fundamento de la firmeza de la libertad de los Romanos, y grande parte para que tuviesen el Imperio del mundo, fue el no matar, ni cauptivar las ciudades que tomaban por guerra, ni hiermar, ni adehesar sus terminos, sino enviar Romanos pobladores, dandoles parte [fº 120rº] de los campos de ellas por suerte con los demas vecinos,

Les Romains étant, comme ils le furent à coup sûr et sans conteste, les meilleurs gouverneurs et guerriers que le monde ait jamais connus, louaient la permixtion et la considéraient comme le meilleur de tous les conseils de gouvernement. Romulus, dès qu'il vainquit les Albanais et les Sabins, en fit des citoyens romains et les mêla aux autres, et cette mesure, adoptée et poursuivie par la suite, fut à l'origine de la grandeur et de la prospérité de Rome. C'est en ces termes que Denys d'Halicarnasse en parle dans le premier livre des *Antiquités romaines* : « Lorsque Romulus édifia la ville qui porte son nom, seize générations après la prise de Troie, ses citoyens ayant pris le nom qu'on leur donne à l'heure actuelle, firent pour longtemps de leur nation, la nation la plus peuplée du monde alors qu'elle était la plus petite, et la plus illustre alors qu'elle était la moins connue. Et ils obtinrent ce résultat en accueillant amicalement dans leur ville ceux qui avaient besoin d'un logement, en transmettant le nom et le droit de citoyenneté à ceux qui avaient vaillamment résisté lors des guerres, en accordant le même droit de citoyenneté à tous ceux qui, parmi les serviteurs, étaient parvenus et parviendraient à obtenir la liberté, et, en outre, en ne méprisant aucun type d'homme qui pourrait être utile à la république[182] ». Denys en personne, dans son deuxième livre, raconte les mesures de bon gouvernement par lesquelles Romulus agrandit sa ville et déclare : « Le troisième conseil politique de Romulus, et celui que les Grecs devraient mettre en pratique plus que tout autre, car c'est le meilleur de tous les conseils de gouvernement, à mon avis, et celui qui fut à l'origine de la stabilité de la liberté des Romains et, en grande partie, de l'acquisition de l'Empire mondial, fut de ne pas éliminer ou réduire en esclavage les villes qu'ils avaient conquises, de ne pas les mettre en jachère ou de les clôturer, mais d'envoyer des colons romains, en leur donnant une partie de leurs champs par tirage au sort avec les autres habitants,

avant de terminer en insistant sur la mission spécifique de Rome qui sera de faire régner la paix dans le monde soumis à ses lois : « D'autres façonneront des bronzes animés d'un souffle plus délicats, ils tireront du marbre, je le crois vraiment, des visages vivants, ils plaideront mieux dans les procès, ils décriront avec leur baguette les mouvements célestes, et prédiront le lever des astres ; toi, Romain, souviens-t-en, tu gouverneras les nations sous ta loi, – ce seront tes arts à toi –, et tu imposeras la coutume de la paix : tu épargneras les soumis et par les armes tu réduiras les superbes » (Virgile, *L'Énéide*, Éd. d'Anne-Marie Boxus et Jacques Poucet, Bibliotheca Selecta [en ligne], Chant VI, v. 847-853)

182 Dans ses *Antiquités romaines*, Denys d'Halicarnasse raconte que Romulus avait accordé le droit de cité et de citoyenneté à de nombreux peuples pour faire de Rome la ville la plus peuplée et la plus prospère (*Antiquités romaines*, Trad. de Philippe Remacle, Livre VI, 45, 3).

y hacer colonias Romanas a las ciudades vencidas, y a algunas de ellas darles el derecho de la ciudad Romana ». Añade que con esto se aumento la ciudad, de manera que, haviendo comenzado la fundacion con tres mil hombres de a pie, y cuatrocientos de a caballo, quando murio dexò quarenta y seis mil de a pie, y casi mil de a caballo. El medio de las colonias, despues nos vendrà a proposito. Aora de el comunicar el derecho y nombre de [f° 120v°] Romanos a muchos, que es la permixtion, vino a llegar esto a tanto, que casi todo el Imperio eran ciudadanos Romanos, sin exceptuar Syrios, ni Judios, ni otras Naciones que eran tenidas en poco. Asi lo dice Josefo en el segundo contra Apion: « La humanidad de los Romanos ha concedido casi a todos los hombres del mundo el nombre de romanos, dando este privilegio no solamente a hombres en particular, sino a grandes Naciones enteras, de suerte que los que antiguamente se llamaban Hiberos [f° 121r°] Españoles, y Tirrenos, y Sabinos, ahora se llaman romanos ».

de transformer les villes vaincues en colonies romaines, et d'octroyer à certaines d'entre elles le droit de cité romaine[183] ». Il ajoute que, par ce biais-là, la ville s'agrandit, de sorte que la fondation ayant débuté avec trois mille fantassins et quatre cents cavaliers, elle laissa à sa mort quarante-six-mille fantassins et presque mille cavaliers. La mesure des colonies tombera plus tard à point nommé. Dorénavant, le fait de transmettre le droit et le nom de Romains à de nombreuses personnes, a pris une telle ampleur, que presque tout l'Empire était composé de citoyens romains, y compris de Syriens, de Juifs et d'autres nations qui étaient déconsidérées. C'est ce que dit Josèphe dans le second livre contre Apion : « L'humanité des Romains a octroyé à presque tous les hommes du monde le nom de Romains, accordant ce privilège non seulement à des hommes en particulier mais aussi à de grandes nations entières, de telle sorte que ceux qui naguère s'appelaient Ibères, Espagnols, Tyrrhéniens et Sabins, s'appellent aujourd'hui Romains[184] ».

183 Les Romains ne tuaient pas leurs captifs et ne les réduisaient pas en esclavage. Au lieu de détruire les villes qu'ils avaient conquises, ils fondaient des colonies romaines et accordaient le titre de citoyen à la plupart des peuples vaincus : « Il y avait aussi une troisième mesure de Romulus, que les Grecs auraient dû pratiquer plus que toute autre, et qui était, à mon avis, la meilleure de toutes les mesures politiques, car elle créa la base la plus solide de la liberté des Romains et elle ne fut pas le plus mince facteur dans leur lutte pour la suprématie. La voici : ne pas massacrer tous les hommes en âge de porter les armes, ne pas asservir le reste de la population des villes capturées lors d'une guerre, ne pas laisser leurs terres en pâturage aux moutons, mais y envoyer plutôt des colons pour occuper une partie du pays, de faire des villes conquises des colonies romaines, et d'accepter d'accorder la citoyenneté à certains d'entre elles. Par ces mesures et d'autres encore il agrandit les colonies fort petites au départ, la suite des événements le montra ; le nombre de ceux qui s'étaient joints à lui pour fonder Rome ne s'élevait pas à plus de trois mille fantassins ni tout à fait à trois cents cavaliers. Il laissa quand il disparut des hommes 46 000 fantassins et environ mille cavaliers » (Denys d'Halicarnasse, *Antiquités romaines*, Trad. de Philippe Remacle, Livre II, 16, 1-2).

184 « Les Romains, dans leur générosité, n'ont-ils pas partagé leur nom avec tous les hommes, ou peu s'en faut, non seulement avec des individus, mais avec de grands peuples tout entiers ? Par exemple, les Ibères d'autrefois, les Étrusques, les Sabins sont appelés Romains » (Flavius Josèphe, *Contre Apion*, Éd. de René Harmand, Paris, Ernest Leroux, 1911, Livre II, 4, 40). Il y a en ce qui concerne les Ibères (Espagnols) une forte exagération. L'Espagne renfermait bon nombre de colonies, de municipes, et Vespasien en 75 avait conféré le *Jus Latii* à toute la péninsule, mais le droit latin n'était pas encore la cité romaine.

Si no huvieran de ser ni llamarse Romanos mas de los que descendiesen de aquellos tres mil y cuatrocientos fundadores, poco mas o menos serian en todos los siglos, y ni se acrecentaria el poder de la Republica, ni ellos a solas bastarian a sustentar el Imperio y resistir a todo el mundo de naciones sugetas. Puede ser que en tiempo de Trajano, o cuando mas legiones llego a tener el Imperio Romano no [f° 121v°] fuesen cuatro mil hombres los que huviesen quedado que fuesen verdaderos descendientes por sangre de aquellos primeros Romanos. Por eso lo acertaron ellos mejor en mezclar y confundir el nombre y el linaje, de manera que fuesen innumerables, sin diferencia ni distincion de los descendientes de los antiguos o de los nuevos ciudadanos. Todos se preciaban de mui ciudadanos romanos, y miraban por la Republica que los honraba y autorizaba, y de aqui fue el sufrir aquel Imperio tantas [f° 122r°] y tan grandes guerras civiles, sin perderse ni correr riesgo de caer en extraños. Por todas las provincias los mas principales eran Romanos. Que dexase de vencer Roma nadie havia que lo quisiese, como ni en la nave hay quien quiera que dexe de governar el piloto. Venciese Cesar, o Pompeyo, Octavio, o Antonio, Othon, Galva, o Vitelio, o Vespasiano, Roma y Romanos quedaban vencedores, porque prudentissimamente havian hecho Romanos a casi todo el mundo [f° 122v°].

Seneca considerò esto con pocas y mui advertidas palabras: *Quod hodie esset imperium, nisi salubris providentia victos permiscuisset victoribus?* De aqueste lugar de Seneca tome el nombre para llamar a este medio permixtion, que quiere decir total mezcla, que no se pueda distinguir ni discernir cual es de aquesta o aquella Nacion.

Si seuls ceux qui descendaient de ces trois mille quatre cents fondateurs avaient le droit d'être Romains et de s'appeler ainsi, leur nombre ne grossirait guère au fil des siècles, le pouvoir de la république n'augmenterait pas, et, à eux seuls, ils ne seraient pas assez pour sustenter l'Empire et résister à l'ensemble des nations soumises. Il se peut qu'à l'époque de Trajan, ou quand l'Empire romain finit par avoir le plus grand nombre de légions, les véritables descendants par le sang de ces premiers Romains, ne représentaient pas plus de quatre mille hommes. C'est pour cela qu'ils eurent la bonne idée de mélanger et de confondre le nom et le lignage, afin qu'ils soient innombrables, et qu'il n'y ait pas de différence ou de distinction entre les descendants des anciens ou des nouveaux citoyens. Ils étaient tous très fiers d'être citoyens romains, et défendaient la république qui les honorait et les dignifiait, et c'est la raison pour laquelle cet Empire a subi de si nombreuses guerres civiles, sans courir à sa perte et sans risquer de tomber sous domination étrangère. Dans l'ensemble des provinces, les hommes les plus illustres étaient romains. Personne ne souhaitait que Rome cessât d'être victorieuse, tout comme à bord d'un navire personne ne veut que le pilote cesse de piloter. Que César ou Pompée, Octave ou Antoine, Otton ou Galba, Vitellius ou Vespasien remporte la victoire, Rome et les Romains étaient toujours victorieux, car, de façon très prudente, ils avaient transformé presque tous les habitants du monde en Romains.

Sénèque en a parlé avec brièveté et de façon avisée : *Quod hodie esset imperium, nisi salubris providentia victos permiscuisset victoribus*[185] ? J'ai emprunté le nom à cette œuvre de Sénèque, pour appeler cette mesure la permixtion, ce qui signifie mélange total, afin qu'on ne puisse plus distinguer ni discerner qui est de telle ou telle nation.

185 « N'étendons pas notre colère sur les enfants de nos rivaux et de nos ennemis. Une des insignes barbaries de Sylla fut d'exclure des charges publiques les fils des proscrits, et le comble de l'iniquité est de vouloir que les enfants héritent des haines qui poursuivaient les pères. Demandons-nous, quand nous aurons peine à nous laisser fléchir, si nous serions heureux que chacun fût pour nous inexorable. Que de fois le pardon qu'on a refusé à d'autres, on s'est vu réduit à le demander pour soi ! Combien se sont jetés aux pieds de ceux-là mêmes qu'ils avaient repoussés des leurs ! Rien de plus beau que de convertir sa colère en amitié. Quels sont les plus fidèles alliés du peuple romain ? Ceux qui furent ses ennemis les plus opiniâtres. Où serait aujourd'hui la république, si sa politique prévoyante n'avait confondu les vainqueurs et les vaincus ? » (Sénèque, *De la colère*, Bibliotheca Classica Selecta, Livre II, 34, 3-4).

Mucho pudiera traer en loor de este govierno. Lease la oración de Arístides *in Rom.* que dice mil bienes que se consiguieron [f° 123r°] a este proceder. No es menester probar quan conveniente sea para la Cristiana Caridad, y unidad, para la concordia y paz publica, para honra de los ciudadanos, para grandeza y seguridad del imperio, porque la razon natural y la evidencia de la utilidad lo prueban bastantemente. Pitagoras decía: « Que en todas maneras, y con todas fuerzas, conviene desterrar y atajar con hierro, y fuego, y con toda suerte de maquinas, del cuerpo la enfermedad de el [f° 123v°] alma la ignorancia y necedad, del vientre la gula y mantenimientos costosos, de la ciudad los bandos,

J'aurais encore beaucoup de choses à dire pour faire l'éloge de ce gouvernement. Qu'on lise la prière d'Aristide *in Roman* qui dit le plus grand bien de ce que l'on obtient par ce procédé[186]. Il n'est pas nécessaire de prouver à quel point il sera profitable pour la charité et l'unité chrétiennes, pour la concorde et la paix publiques, pour l'honneur des citoyens, pour la grandeur et la sécurité de l'Empire, car la raison naturelle et l'évidence de son utilité ne le prouvent que trop. Pythagore disait : « Il incombe, par tous les moyens et de toutes nos forces, d'extirper et d'enrayer par le fer et le feu, et avec toutes sortes d'inventions, la maladie du corps ; l'ignorance et la bêtise, de l'âme ; la gourmandise et les dépenses coûteuses, du ventre ; les factions, des villes ;

186 « Toutefois, je veux que le résultat en soit beau, convenable, suffisant : est-il donc pour Athènes plus honorable, plus utile, plus favorable à sa grandeur, d'être servie par tous ses enfants, ou par quelques-uns ? De recueillir les fruits d'une prévoyance universelle et libérale, ou d'échoir à quelques pauvres pourvoyeurs ? De recourir à toutes les fortunes, grandes et médiocres, ou seulement à ces dernières ? De voir tous les peuples verser sur elle l'éloge ou le blâme ? Car je crois entendre les Barbares même nous reprocher dédaigneusement d'avoir préféré la moitié au tout, et résolu de mutiler nos ressources, alors qu'il les fallait déployer tout entières. Ainsi, que cette distinction entre exemptés et imposés n'apporte à la République aucun des avantages que Démosthène se fatigue à nous étaler ; que même elle soit éminemment coupable des fâcheux résultats que vous venez d'entendre : voilà notre ferme conviction à tous, Athéniens intelligents, que la nature et l'éducation ont préparés de concert à discerner ce qui est beau, juste et utile ! Mais, quand la loi défend que nul ne soit dispensé, et ne puisse l'être désormais, qu'elle est précieuse, et grosse d'avenir ! Qu'elle s'adapte merveilleusement au génie d'Athènes et de la démocratie ! Parmi nos autres lois, celles-ci règlent des intérêts privés, celles-là la chose publique : seule, la loi de Leptine, dans sa haute utilité, s'adresse à tous et pour tout ; seule, elle nous offre un solide appui, sur lequel le gouvernement tout entier peut se reposer. Service militaire, armement naval, ambassades à expédier et à recevoir, alliances, traités, guerres, défense de la patrie, concorde même et unité de pensée entre tous les citoyens, en un mot, moyens de décider promptement et d'exécuter avec de larges ressources tout ce que doit faire une grande République, dominatrice de tant d'îles et de nations : tels sont les heureux avantages qu'après Minerve nous devront à cette loi [...] Elle est juste, car elle courbe tous les citoyens, sans exception, sous les charges publiques ; et c'est là le propre de la vraie démocratie, d'un État qui professe le culte de l'égalité. Elle ne permet pas qu'armés d'un privilège, nous repoussions loin de nous une contribution que paie forcément tout un peuple, comme si nous avions peur de paraître servir notre patrie. Jouir tous également des avantages que procure la cité, et faire un partage inégal de nos devoirs envers elle ; voir les uns s'acquitter des charges, les autres s'en dispenser ; placés sur la même ligne par nos sentiments patriotiques, nous en écarter sur ce seul point ; si la guerre éclate, voler tous aux dangers avec la même ardeur ; mais, s'il faut, sans fatigue, sans péril, satisfaire à des obligations moins graves, bien que très utiles encore et pour Athènes et pour nous, réduire de moitié le nombre de citoyens : ce contraste ne choque-t-il pas la raison et l'équité ? » (*Discours d'Aelius-Aristide pour le maintien de la loi de Leptine qui supprimait la dispense des charges publiques onéreuses à Athènes*, Trad. de J. F. Stiévenart, Dijon, Frantin, 1847, p. 25-26).

de la casa la discordia, y de todas partes la division y disension ». Donde huviere division desengañemonos, que se ha de cumplir, y no tarde, la sentencia del Señor y supremo Juez: *Omne regnum in se ipsum divisum desolabitur, et domus supra domun cadet.*

Conviene pues que, esparcidos los Moriscos, se trate de su verdadera conversion con amor y charidad, que [f° 124r°] vean ellos que los queremos bien, para que se fien de nosotros, y nos crean, que en pareciendo por las obras, y no por las palabras solas, que estàn bien informados, y seguros en la fe, no sean notados ni distinguidos, ni con el apartarlos ni forzarlos para oir misa y doctrina, ni con carga de tributos especiales; que, entre tanto y siempre, los que fueren naciendo de matrimonio de Cristianos viejos y Moriscos, no sean tratados ni tenidos por Moriscos, que a los unos ni a los otros [f° 124v°] no los afrentemos, ni despreciemos: *Advenam non contristabis, eum neque affliges.* Asi procuraràn mezclarse con Christianos viejos, y lo alcanzaràn, y se preciaràn de Christianos, y de honrados, y se querràn encubrir. Pero de otra manera, en haviendo honras especiales que unos puedan tener en la Republica y otros no las puedan tener, no pueden de estar notados los ciudadanos con infamia, y distinguidos con division, y encontrados con peligros de sedicion y guerras civiles. Quando los Griegos [f° 125r°] querian de nuevo poblar alguna ciudad, pregonaban que todos los que quisiesen participar de la colonia y ser pobladores en ella [...] esto es, para igual y semejante honra y aprovechamiento, acudiesen a dar sus nombres.

la discorde, de la maison ; et, la division et la dissension, de partout[187] ». Là où règnera la division, ne nous faisons pas d'illusions, la sentence du Seigneur et du juge suprême ne tardera pas à s'accomplir : *Omne regnum in se ipsum divisum desolabitur, et domus supra domum cadet*[188].

Il convient donc, qu'après avoir dispersé les Morisques, on s'occupe de leur véritable conversion avec amour et charité, pour qu'ils puissent se rendre compte que nous les aimons bien, pour qu'ils aient confiance en nous et nous croient, pour que, dès qu'il paraîtra par les œuvres et non par les paroles uniquement qu'ils sont correctement instruits et assurés dans la foi, ils ne soient pas montrés du doigt, distingués, mis au ban, contraints d'assister à la messe et d'entendre la doctrine, et grevés d'impôts particuliers ; en attendant et pour toujours, que ceux qui seront issus d'unions de vieux-chrétiens et de Morisques ne soient pas traités ou considérés comme des Morisques, et que nous n'offensions et ne méprisions ni les uns ni les autres : *Advenam non constristabis, eum neque affliges*[189]. Ainsi, ils feront tout pour se mélanger aux vieux-chrétiens et y parviendront ; ils seront fiers d'être chrétiens et honorés, et voudront cacher leurs origines. Mais au contraire, tant qu'il y aura des honneurs spéciaux que certains pourront obtenir dans la république et d'autres pas, les citoyens continueront à être discriminés de façon infamante, distingués par des divisions, et trouvés en flagrant danger de sédition et de guerre civile. Lorsque les Grecs voulaient repeupler une ville, ils proclamaient par ban public que tous ceux qui voudraient participer à la colonie et y habiter *επὶ ίοπ καὶ ὀμοίαβ*, à savoir avec les mêmes honneurs et les mêmes avantages, devaient se présenter et donner leur nom[190].

187 Jamblique, *Vie de Pythagore*, Trad. de Luc Brisson et Alain Philippe Segonds, Paris, Les Belles Lettres, 2011, VII, 34.

188 La division ne peut qu'avoir des conséquences fâcheuses : « Tout règne partagé contre lui-même est dévasté et tombe, maison sur maison » (Luc XI, 17) ; « Tout règne partagé contre lui-même est dévasté, et toute ville ou maison partagée contre elle-même ne tiendra pas » (Matthieu, XII, 25).

189 « Vous ne maltraiterez ni veuve, ni orphelin. Si tu le maltraites, dès qu'il criera vers moi, j'entendrai son cri et ma colère s'enflammera et je vous tuerai par l'épée, et vos femmes seront veuves et vos fils orphelins » (Exode, XXII, 21).

190 Quand les Grecs colonisaient un nouveau territoire, ils accordaient l'égalité de droit à tous les citoyens, anciens et nouveaux. C'est ce que laissent entendre ces paroles d'Euphron adressées aux Argiens et aux Arcadiens : « Les Arcadiens et les Argiens entendirent ces propositions avec plaisir et se rendirent à son appel. Aussitôt, en présence des Argiens et des Arcadiens, il convoqua le peuple à l'agora pour lui annoncer que le gouvernement serait désormais fondé sur l'égalité. Quand les citoyens furent rassemblés, il les invita

De esta manera se juntaban, y poblaban la nueva ciudad. Si aquesta condicion no se guardaba con igualdad, luego se seguian acontecimientos semejantes a el que cuenta Diodoro Siculo que acontecio a los Thurios, colonia de Griegos en Italia. Dice: « Que [f° 125v°] vivieron en paz algun tiempo despues de [haber establecido] la poblacion, y que cayeron en grande disension y vandos, porque los vecinos, que eran de los Sybaritas, antiguos moradores de la tierra, se tomaban para si los oficios principales y de importancia en la Republica, y daban los oficios menores, y no de estima, a los nuevos ciudadanos. En los sacrificios ordenaron que los ciudadanos antiguos ofreciesen primero y luego los nuevos. Demas de esto tomaron para si las suertes de tierras mejores [f° 126r°] y mas cercanas a la ciudad, y las lejanas dexaronlas para los venedizos, como decian. Levantose por estas causas grande controversia y encuentro, pero los nuevos ciudadanos, que se hallaron mas en numero y para mas, vencieron y mataron a los antiguos casi todos y quedaronse a solas en la ciudad ».

De estos exemplos han acontecido, y acontecen muchos en el mundo, en haviendo en alguna Republica distincion de nacion, y estimacion [f° 126v°] entre los ciudadanos. Conviene, pues, no que los Moriscos sean iguales en los oficios y honras del Reino con los Cristianos viejos, sino que los Moriscos se acaben, y que solamente queden y haya en el Reyno cristianos viejos.

De cette façon, ils se rassemblaient et repeuplaient la nouvelle ville. Si cette condition n'était pas scrupuleusement observée, il s'ensuivait aussitôt des événements semblables à celui que raconte Diodore de Sicile à propos des Turiens, une colonie de Grecs installés en Italie. Il dit : « Ils vécurent en paix quelque temps après avoir installé leur population, et connurent ensuite de graves dissensions et rivalités, car les autochtones, qui étaient des Sybarites, anciens habitants du pays, se réservaient les plus hauts offices et les charges les plus prestigieuses de la république, et confiaient les fonctions subalternes et déconsidérées aux nouveaux citoyens. Lors des sacrifices, ils ordonnèrent aux vieux citoyens de faire leurs offrandes en premier, et aux nouveaux de les faire ensuite. En outre, ils s'attribuèrent les terres les meilleures et les plus proches de la ville, et laissèrent les plus éloignées aux nouveaux arrivants, comme ils les appelaient. Cette situation provoqua de multiples controverses et dissensions, mais les nouveaux citoyens, qui étaient plus nombreux et plus puissants, vainquirent et tuèrent presque tous les anciens citoyens, et se retrouvèrent seuls dans la ville[191] ».

Nombre de ces exemples se sont produits et se produisent encore de par le monde, dès lors qu'il y a dans une république une différence de nation et d'estime parmi les citoyens. Il convient donc, non pas que les Morisques soient égaux aux vieux-chrétiens dans les offices et honneurs du royaume, mais que les Morisques disparaissent, et que seuls les vieux-chrétiens demeurent et restent dans le royaume.

à choisir pour stratèges ceux qu'ils leur plaisaient ». Ils choisirent Euphron lui-même, Hippodamos, Cléandros, Acrisios et Lysandros. Cela fait, il met son fils Adéas à la tête du corps de mercenaires, après avoir destitué leur ancien commandant, Lysiménès » (Xénophon, *Œuvres complètes*, Trad. de Eugène Talbot, tome I, Paris, Hachette, 1859, *Histoire grecque*, Livre 7, 1, 45).

191 « Après avoir vécu pendant peu de temps dans une heureuse harmonie, les Thuriens se virent livrés, par des causes toutes naturelles, à la discorde et à de graves dissensions. Les anciens Sybarites que les derniers événement avaient épargnés, usurpèrent les principales magistratures, et ne laissèrent que des fonctions très-inférieures, à ceux qui avaient été plus récemment inscrits au nombre des citoyens ; ils prétendirent aussi que, dans les sacrifices offerts aux dieux, les femmes des anciens citoyens eussent le pas, et que les autres, admises plus tard dans la cité, ne marchassent qu'après elles ; en outre, en partageant le territoire, ils prirent pour eux les champs les plus voisins de la ville, et donnèrent aux étrangers ceux qui en étaient les plus éloignés. Ces diverses prétentions ayant occasionné une sédition, les nouveaux citoyens, en plus grand nombre et plus vaillants, firent périr presque tous les anciens Sybarites, et se rendirent entièrement maîtres de la ville » (Diodore de Sicile, *Bibliothèque historique*, Paris, Imprimerie royale, 1835, Trad. de A. F. Miot, Tome III, p. 274).

Que sea toda la Republica de gente de un nombre y de un animo, sin division, para que no haya disension.

El acabar los Moriscos con muerte o con expulsion, ya mostre que ni es justo ni hacedero, ni en manera alguna conveniente. Hay otro modo [f° 127r°] de acabarse una Nacion, como lo dice Estrabon: no que se acabe materialmente, sino que quedando los hombres y el linaje de ella, se pierda el nombre, y no haya ninguno conocido de tal nacion y casta, por haberse confundido, y mezclado con otras, y pasar con el nombre de ellas. Este modo de acabar a los enemigos es justisimo, meritorio y conveniente. Asi acabo Dios a los suyos haciendo que *nomem eorum non nominetur amplius;* y assi acabo a la Gentilidad, y assi quiere y ha de acabar a los Judios y a los Moros, juntandolos en un nuevo cuerpo de Republica [f° 127v°]. Verdaderamente aquesta es grande venganza, que se hace de sus padres Infieles, borrando su nombre de sobre la tierra, y cubriendolo con olvido, y que no se halle ni solo un hombre conocido por descendiente de ellos, ni que se precie de serlo, antes lo huia y abomine con torpisima infamia, y quiera matar a quien se lo dixere.

Elixase ahora (porque no ay dar medio) qual seria mejor, onrar a Mahoma nombrando y señalando en España un [f° 128r°] grande numero de gente rica y valiente, de su nombre y de la prosapia de los suyos, que tan gravemente ofendieron y humillaron a España, o que se borre y olvide el nombre de moros y se venga por tiempo a entender que no ha quedado ninguno de ellos. Otra eleccion podemos proponer a España: qual serà mejor, que se acaben todos los Cristianos viejos en ella, o que se acaben los Moriscos y Cristianos nuevos? Lo uno y lo otro ha de ser necesariamente dentro de poco tiempo, por la cuenta [f° 128v°] que dixe de los dormidos, que es menester que despierten, o todos seràn presto Endimiones.

Que toute la république soit composée d'individus du même nom et du même esprit, sans division, afin qu'il n'y ait pas de dissension.

J'ai déjà montré qu'il n'est ni juste, ni envisageable, ni convenable, dans aucun des cas, d'éliminer les Morisques par la mort ou l'expulsion. Il y a une autre façon d'éliminer une nation, comme le dit Strabon[192] : ne pas l'éliminer physiquement, mais faire en sorte que les hommes et leur lignage survivent, et que l'on perde de vue leur nom, et qu'il n'y ait personne de reconnaissable en raison de sa nation et de sa caste, parce qu'il s'est mêlé aux autres et mélangé à eux et a vécu sous ce nom. Cette façon d'éliminer ses ennemis est juste, digne de mérite et convenable. Ainsi Dieu élimina-t-il les siens en faisant que *nomen eorum non nominetur amplius*[193] ; ainsi a-t-il mis fin aux Gentils, et ainsi veut-il éliminer et éliminera-t-il les Juifs et les Maures, en les rassemblant dans un nouveau corps de république. C'est vraiment une terrible vengeance que l'on fait aux parents infidèles, en effaçant leur nom de la surface de la terre et en le recouvrant d'oubli, et en voyant qu'il n'y a personne qui soit leur descendant et qui se vantera de l'être, mais qui, au contraire, fuira ses origines et les haïra comme une infamie des plus honteuses, et voudra tuer quiconque les lui rappelera.

Que l'on choisisse dès à présent (car il ne peut y avoir de juste milieu) ce qui sera préférable : adorer Mahomet en nommant et en désignant en Espagne un grand nombre de personnes aisées et courageuses, qui portent son nom et appartiennent à sa lignée, qui ont gravement outragé et humilié l'Espagne, ou effacer et oublier le nom de Maures pour que l'on finisse par s'apercevoir avec le temps qu'il n'en reste plus aucun. Nous pouvons proposer un autre choix à l'Espagne : sera-t-il préférable de faire disparaître tous les vieux-chrétiens qui y résident, ou de faire disparaître les Morisques et les nouveaux-chrétiens ? L'un des deux se produira forcément dans un avenir proche, en raison de l'histoire des endormis que j'ai évoquée, car il faut qu'ils s'éveillent ou tous seront bientôt des Endymion[194].

---

192 Strabon, *Géographie*, Paris, Hachette, 1867, Trad. d'Amédée Tardieu, Livre IX, Chapitre 5, 12.

193 « Détruisons l'arbre en sa sève, et retranchons-le de la terre des vivants, et que son nom ne soit plus mentionné ! » (Jérémie, XI, 19).

194 Pedro de Valencia reprend ici le passage du *Phédon* de Platon qu'il avait cité précédemment. Dans la mythologie grecque Endymion est un simple berger ou un roi d'Élide selon les versions. Il était l'amant de Séléné, déesse de la Lune. Celle-ci obtint pour lui qu'il conservât sa beauté dans un sommeil éternel dans une grotte du mont Latmos en Carie (Ovide, *Amours*, I, XIII, 43).

Asi pues, si las familias que se van maculando con razas, nunca han de perder esta nota y nombre de Moriscos y Cristianos nuevos, todos vendràn presto a mancharse, y no habrà Cristianos viejos, de suerte que ahora la porfia de los unos por acabarse y encubrirse con nombre de Cristianos viejos, y de estos por dexarse acabar antes por no conceder a los otros esta honra. Si en los [f° 129r°] hidalgos se requiriera que lo hubiesen de ser por todos los abuelos y no bastara la varonia, ya no huviera ninguno. Como quiera que estè señalada una parte de la Republica con nombre diverso, y mas si es nombre inferior e infame, se han de seguir disensiones, porque en diciendo poneos vos alla y yo aqui, uno de una banda y otro de otra, es hacer vandos y ponerse en postura de pendencia o de guerra.

Esta consideracion condena [f° 129v°] tambien el conservar todavia rayas y puertos secos entre los Reynos de España, que fuera muy mejor se borrasen de el todo y se olvidasen, como se ha hecho entre los

Ainsi donc, si les familles qui se maculent au contact de ces lignages doivent ne jamais perdre cette tache et ce nom de Morisques et de nouveaux-chrétiens, toutes finiront très vite par être souillées, et il n'y aura plus de vieux-chrétiens, de telle sorte que l'on assiste actuellement à l'entêtement des uns à vouloir disparaître et à se cacher sous le nom de vieux-chrétiens, et à celui des autres à disparaître les premiers pour ne pas faire ce plaisir aux Morisques[195]. Si on exigeait des hidalgos qu'ils le fussent par les quatre côtés, et si la voie patrilinéaire ne suffisait pas, il n'y en aurait plus aucun[196]. Tant qu'une frange de la république portera un nom différent, et à plus forte raison, s'il s'agit d'un nom inférieur et infâme, il s'ensuivra des dissensions, car dès que l'on dit « mettez-vous là et moi ici », l'un d'un côté et l'autre de l'autre, on établit des clans, et on se met en ordre de combat ou de guerre.

Cette considération exclut également que l'on conserve les frontières et les douanes intérieures[197] entre les royaumes d'Espagne, car il vaudrait mieux les effacer complètement et les oublier, comme on l'a fait entre les

195 Pedro de Valencia critique indirectement les statuts de pureté de sang qui introduisaient une distinction entre les vieux-chrétiens qui avaient le sang pur, et les nouveaux-chrétiens qui avaient le sang impur. « Le droit canonique prévoyait des mesures d'exclusion à l'encontre des hérétiques ; ceux qui ont été condamnés par l'Inquisition en sont victimes ; eux-mêmes, leurs enfants et leurs petits-enfants en ligne masculine, leurs enfants en ligne féminine, sont frappés d'incapacité pour exercer des charges publiques et certaines professions, mais les intéressés ont la possibilité de racheter cette interdiction en versant au trésor royal une amende de composition plus ou moins élevée. La pureté de sang va beaucoup plus loin. D'abord, elle ne fait aucune distinction entre hérétiques et bons chrétiens : tous les Juifs convertis et leurs descendants sont visés, qu'ils aient été condamnés pour hérésie ou non ; ensuite, la discrimination s'étend à toute la descendance ; elle ne s'arrête pas seulement aux enfants et aux petits-enfants des nouveaux-chrétiens ; elle frappe toutes les générations. Tout nouveau-chrétien, en tant que tel, en est victime » (Joseph Pérez, *De l'humanisme aux Lumières. Études sur l'Espagne et l'Amérique*, Madrid, Casa de Velázquez, 2000, p. 150).

196 L'hidalgo est le contraire du *pechero*, qui est taillable et corvéable à merci. On distinguait trois catégories d'hidalgos dans l'Espagne des Habsbourg : les hidalgos de sang notoire, dont l'origine noble se perdait dans la nuit des temps ; les hidalgos de privilège qui avaient été anoblis par le roi en récompense de services variés ; et, les *hidalgos de ejecutoria*, qui avaient dû prouver leur noblesse devant l'une des Chancelleries du royaume de Castille : Grenade ou Valladolid. Par rapport au reste de l'Europe, la proportion de nobles en Espagne était très élevée, de l'ordre de 11 % de l'ensemble de la population.

197 Les *puertos secos* sont des droits de douanes perçus par le roi aux frontières qui séparent la Castille de la Navarre, de l'Aragon et de Valence. Ils représentent une source de revenus réguliers pour le Trésor Royal et sont affermés comme nombre d'autres impôts. Ces *puertos secos* représentaient, aux yeux de Pedro de Valencia, un obstacle à la libre circulation des marchandises.

Reynos de Castilla y León. Tener rayas es tener señalado el Reyno por donde quiebre y se rompa. Esto es hacer division o schisma, que esto significa la palabra griega *schisma*, « nesga » o « giron », y dicese en propiedad de las vestiduras que se rompen.

Platon aconseja que, aunque sea con mentira, se les procure persuadir a los ciudadanos de una Republica, que todos son hermanos de una sangre y linage, y naturales de aquella misma tierra, para que la tengan por madre, y quieran por ella morir [y padecer trabajos].

Aun con razones tan evidentes y concluyentes seria muy dificultoso persuadir en contrario de la tan antigua persuasion y uso de España, con que, demas de otros daños, nos hemos querido infamar entre las demas Naciones de [f° 130v°] Europa, que descendiendo ellas de no menor [vid] ni semejante mezcla, a los Españoles solos valdonan Francia, y Italia, y tienen razon, porque la infamia es mala fama y, quitada la fama cesa la nota y la afrenta, y ellos acerca de si han cubierto la fama, y nosotros conservamosla y descubrimosla con cuidado. En fuerza de la fama y opinion, el hijo de la esclava Supositicio pasa por hijo de principes, y al contrario; porque en quanto a la carne y sangre desnuda [f° 131r°] de la opinion, no hay diferencia, como dice el Apòstol: *Non omnis caro, eadem caro: sed alia quidem hominum, alia vero pecorum, alia volucrum, alia autem piscium.*

deux royaumes de Castille et de Léon. Avoir des frontières, c'est désigner l'endroit où le royaume peut se briser et se casser. À savoir, introduire la division ou le schisme, ce que veut dire le mot grec *schisma*, « pointe de tissu » ou « giron », et on l'emploie à juste titre pour les vêtements qui se déchirent.

Platon conseille, même si c'est par le mensonge, de persuader les citoyens d'une république qu'ils sont tous frères d'un même sang et d'une même lignée, et natifs de cette même terre, pour qu'ils la considèrent comme une mère et acceptent de mourir et d'endurer des tourments en son nom[198].

Même avec des raisons évidentes et convaincantes, il serait très difficile d'aller à l'encontre de la conviction et de la coutume si ancrées en Espagne avec lesquelles, en plus d'autres torts, nous avons voulu nous rendre infâmes aux yeux des autres nations européennes, qui descendent elles-mêmes d'un brassage non moindre ou similaire ; les Espagnols sont les seuls à être injuriés par la France et l'Italie, et elles ont raison de le faire, car l'infamie engendre la mauvaise réputation et, lorsque celle-ci disparaît, la tache et l'affront cessent, et elles ont, en ce qui les concerne, caché leur mausaise réputation, alors que nous, nous la conservons et l'étalons avec soin. Au nom de la réputation et de l'opinion, le fils de l'esclave Supositicio passe pour être un fils de princes et son contraire ; car, quant à la chair et au sang de l'opinion, il n'y aucune différence, comme le dit l'Apôtre : *Non omnis caro, eadem caro : sed alia quidem hominum, alia vero pecorum, alia volucrum, alia autem piscium*[199].

198 « Maintenant comment inventer ces mensonges nécessaires qu'il serait bon, comme nous l'avons reconnu, de persuader par une heureuse tromperie, surtout aux magistrats eux-mêmes, ou du moins aux autres citoyens ? [...] Je vais le dire : mais en vérité je ne sais où prendre la hardiesse et les expressions convenables pour dire et pour entreprendre de persuader d'abord aux magistrats, puis aux guerriers, ensuite au reste des citoyens, que cette éducation et tous les soins qu'ils croient avoir reçus de nous étaient autant de songes ; qu'en réalité ils ont passé ce temps dans le sein de la terre à s'y former, leurs armes et tous les objets à leur usage ; qu'après les avoir entièrement achevés, la terre leur mère les a mis au jour ; qu'ainsi ils doivent regarder la terre qu'ils habitent comme leur mère et leur nourrice, la défendre contre quiconque oserait l'attaquer, et, sortis tous du même sein, se traiter comme des frères » (Platon, *La République*, 414c-415d).

199 « Toute chair n'est pas la même chair : autre est celle de l'homme et autre la chair du bétail, autre la chair des oiseaux et autre celle des poissons » (I Corinthiens, XV, 39).

Pero toda la de los hombres es una, y no difieren sino en las complexiones, condiciones, talles y lo demas que naturalmente se consigue, y lo principal, en las opiniones buenas o malas, y en las costumbres y educacion. Asi que, como se quite lo nominal, que es la infamia, no temamos que se inficione la sangre de los [f° 131v°] Españoles con la mezcla de la de los Moros, que muchos la tienen de antiguedad, y no les daña porque *idem est non esse et non apparere*, dicen los juristas. Ridicula y mui perjudicial es la opinion vulgar en contra de esto, y muy indigna de animos generosos. La mejor doctrina que se les puede dar a los Reyes, es quitarles las vulgares opiniones y ponerselas tales, como aquellas de Alexandro Magno: diciendole algunos consejeros, que tuviese a los Griegos por amigos [f° 132r°] y a los Barbaros (assi llamaban a todas las demas Naciones) por enemigos, no admitio el consejo, sino por el contrario tuvo por mejor distincion [...] *virtute et vitio haec distinguere*, distinguir esto por la virtud y el vicio, y no por Naciones, teniendo amistad a los buenos, y reprobando y descontentandose de los malos, de qualquier Nacion y linage, que los unos y los otros fuesen. Este fue el sentimiento de todos los principes prudentes, y de las [f° 132v°] Republicas bien governadas y no Barbaras.

Mais tous les hommes ont le même sang, et ils ne diffèrent qu'au niveau de la complexion, du statut, de la stature et de tout ce que l'on obtient naturellement, et, plus particulièrement, des bonnes ou mauvaises opinions, des coutumes et de l'éducation. Ainsi, dès lors que l'on sera débarrassé de l'étiquette de l'infamie, on n'aura plus à craindre que le sang des Espagnols soit contaminé en se mélangeant avec celui des Maures, car beaucoup d'entre eux ont un sang très ancien, qui ne leur fait pas de tort, car *idem est non esse et non apparere*, comme disent les juristes[200]. L'opinion commune qui va à l'encontre de cette idée est ridicule, fort préjudiciable et indigne d'âmes généreuses. La meilleure doctrine que l'on puisse proposer aux rois, c'est de les mettre à l'abri des opinions communes, et de les leur exposer comme dans le cas d'Alexandre le Grand : alors que certains conseillers lui avaient dit de prendre les Grecs pour amis et les barbares (ainsi appelaient-ils toutes les autres nations) pour ennemis, il ne tint pas compte de leur conseil, et, bien au contraire, il jugea préférable de faire la distinction *virtute et vitio haec distinguere*[201], de distinguer par la vertu et le vice, et non par nations, en se liant d'amitié avec les bons et en réprouvant et condamnant les méchants, quels que soient la nation et le lignage de chacun d'entre eux. Telle fut l'attitude de tous les princes prudents et des républiques bien gouvernées et non barbares.

---

200 « Ne pas être et ne pas apparaître, c'est la même chose ». Cette formule que l'on trouve sous la plume des juristes de l'époque, signifie en droit qu'une volonté qui n'apparaît pas est inexistante.

201 « Érasthothène rappelle que certains auteurs ont proposé une autre division du genre humain en deux groupes, à savoir les Grecs et les Barbares ; mais, loin de l'adopter, il la compare à ce conseil donné naguère à Alexandre par quelques-uns de ses courtisans, de traiter tous les peuples grecs en amis et en ennemis tous les peuples barbares, et érige en principe que la seule division possible à établir entre les hommes est celle qui a pour base le bien et le mal : "Voyez, dit-il, même parmi les peuples grecs, beaucoup sont mauvais, tandis que parmi les Barbares, sans parler des Grecs et des Romains, ces peuples si admirablement constitués, on en compte plus d'un, le peuple indien par exemple et le peuple arien, dont les mœurs sont polies et civilisées. Alexandre du reste l'entendait bien de cette façon, aussi ne tint-il aucun compte de l'avis qu'on lui donnait, et on le vit partout et toujours accueillir les hommes de mérite quels qu'ils fussent et les combler de ses faveurs". Mais qu'ont donc fait dirons-nous à notre tour, ceux qui prétendaient diviser le genre humain en deux groupes, comprenant l'un les peuples dignes de mépris, et l'autre les peuples dignes de louange, si ce n'est reconnaître qu'il est des hommes chez qui domine, avec le respect des lois, le goût des lettres et de la civilisation, tandis qu'il en est d'autres chez qui dominent les penchants contraires ? » (Strabon, *Géographie*, Paris, Hachette, 1867, Trad. d'Amédée Tardieu, I, IV, 9).

Bien vehian y sentian los Lacedemonios el daño y riesgo de aquella distincion de sus Ilotas, y asi debaxo de diversos nombres y titulos, iban admitiendolos por ciudadanos. A los recien admitidos llamaban *neodamedes*, como decir populares, o ciudadanos nuevos, pero no llamaban asi los descendientes, sino Lacedemonios, como a los demas, y les daban los mas honrados oficios. Lisandro [f° 133r°] aquel su mas famoso capitan, era de aquestos. Agis, su Rey, hizo muchos de estos Ilotas y de otros forasteros ciudadanos, y contradiciendoselo algunos, respondio: « Que Licurgo, su legislador, no diferenciaba los forasteros y los ciudadanos por nacimiento, sino por las costumbres y modo de vivir, pues los emperadores Romanos seria largo de contar a quantos livertinos, y libertos, y Barbaros de Nacion hicieron, no solamente Romanos, sino [f° 133v°] senadores y cónsules ».

Aora, ha crecido tanto la vana presuncion y su padre el amor propio, que casi ninguno ama ni le parece, que es de amar y estimar sino solo la carne y sangre. Por esto han desusado las adopciones, y otras cosas pertenecientes a comunicacion de bienes, tan usadas en otros tiempos. Esta arrogancia presumptuosa debe temer aquella amenaza de Dios dicha a Babilonia, y a todos los Imperios: *Vae qui praedaris! Nonne et ipse praedaberis? [f° 134r°] Et qui spernis, nonne et ipse sperneris? Cum consummaveris, depraedationem depraedaberis, cum fatigatus desieris contemnere, contemneris.* [Finalmente todo se acaba y se echa tierra, en haciendoles bien a los hombres].

Les Lacédémoniens voyaient l'inconvénient et le risque que représentaient la distinction de leurs Hilotes[202], et ainsi, sous différents noms et à divers titres, ils leur permettaient de devenir citoyens. Les citoyens de fraîche date, ils les appelaient *neodamedes*, c'est-à-dire populaires, ou nouveaux citoyens, mais ils n'appelaient pas leurs descendants de la même façon, mais Lacédémoniens comme les autres, et leur confiaient les charges les plus honorifiques. Lysandre, leur plus célèbre capitaine, en faisait partie. Agis, leur roi, permit à de nombreux Hilotes et à d'autre étrangers d'être citoyens et, comme certains le lui reprochaient, il répondit : « Que Lycurgue, le législateur, ne faisait pas de différences entre les étrangers et les citoyens de naissance, qui ne se différenciaient que par leurs coutumes et leur mode de vie, car il serait fastidieux d'énumérer tous les libertins, affranchis et barbares de nation qui sont devenus, non seulement romains, mais sénateurs et consuls, grâce aux empereurs romains[203] ».

De nos jours, la vaine présomption et son père, l'amour-propre, ont pris une telle ampleur, que presque plus personne n'aime et n'estime autre chose que la chair et le sang. C'est pour cela qu'on a renoncé aux adoptions et à d'autres pratiques liées à la communication des biens, si en vogue naguère. Cette arrogance présomptueuse doit craindre cette menace de Dieu adressée à Babylone et à tous les Empires : *Vae qui praedaris ! Nonne et ipse praedaberis ? Et qui spernis, nonne et ipse sperneris ? Cum consummaveris, depraedationem depraedaberis, cum fatigatus desieris contemnere, contermneris*[204]. Finalement, tout a une fin et se transforme en terre, dès que l'on fait du bien aux hommes.

---

202 « Quant aux Épeunactes, espèce d'esclaves des Lacédémoniens, Théopompe en parle clairement dans le livre 32 de ses histoires. Voici ce qu'il dit : "Les Lacédémoniens ayant perdu beaucoup de monde dans la guerre qu'ils eurent à soutenir contre les Messéniens, ceux qui restèrent craignirent que les ennemis ne s'aperçussent de ce vide. Ils firent donc coucher un certain nombre d'Ilotes dans le lit de ceux qui étaient morts, et leur donnèrent quelque temps après le droit de cité, les nommant Épeunactes, parce qu'ils avaient été substitués dans les lits à ceux qui étaient péris" » (Athénée de Naucratis, *Le banquet des savants*, Paris, Chez Lamy, 1789, Livre VI, 101).

203 Plutarque, *Agis et Cléomène*, X, 3-4.

204 « Malheur à toi qui dévastes sans être dévasté, qui trahis sans que l'on t'ait trahi ! Quand tu finiras de dévaster, tu seras dévasté ! Quand tu achèveras de trahir, on te trahira ! » (Isaïe, XXXIII, 1). Nous avons, dans ces quelques vers, une allusion à l'anéantissement apocalyptique des peuples.

(28) *Aseguracion o sugecion.*

Finalmente, mientras alguna parte notable de los ciudadanos se tuvieren por agraviados y descontentos de la Republica, no puede ella estar con seguridad, ni paz, ni tener quietos y sugetos a los descontentos, aunque los ate con grillos de diamante, o si hay materia mas fuerte, como Platon lo dice acerca del Reyno de Pluton, que es de entender que tiene a todos sus subditos, que son los muertos [f° 134v°] mui agradados y contentos de su govierno y señorio, pues que en tanto tiempo ninguno se le ha huido ni bueltose aca, porque si los tuviera disgustados y descontentos, aunque estuvieran en carceles de bronce y con prisiones de diamante, se le havia de soltar alguno, y a los hombres es imposible tenerlos contentos, si no obran persuadidos que les conviene estar mas de aquella suerte que de otra ninguna, porque teniendo esta persuasion y agrado, estàn atados [f° 135r°] con su gusto y voluntad, que es el unico vinculo y freno suave para ellos. A atar con este vinculo, y regir con este freno, todos los vasallos que S. M. tiene, mayormente los de España, conviene aspirar, y mientras esto no se quiere emprender, o no se puede conseguir del todo, el segundo navegar, como dice el refran de los Griegos, es que si no hay soplo de viento que lleve la nave sin travajo ni casta, se heche mano a los remos, y suene el silbo y el rebenque del comitre [fol. 135v] y que pues no sucede lo mejor, que seria hacer amigos y leales a los subditos,

(28) ***Prévention ou contrainte.***

Au final, tant qu'une frange importante des citoyens se sentira outragée et sera mécontente de la république, celle-ci ne pourra pas vivre en sécurité et en paix, ni maintenir les mécontents dans la tranquillité et l'obéissance, même si elle les attache avec des menottes en diamant ou une matière plus résistante, s'il en existe, comme le dit Platon[205] au sujet du royaume de Pluton. Et il faut croire que tous ses sujets, qui sont les morts, sont heureux et contents de son gouvernement et de son autorité, car, en tant de temps, aucun d'entre eux ne s'est enfui ni n'est revenu ici-bas. S'ils étaient déçus et mécontents de lui, même s'ils étaient dans des geôles en bronze et des prisons en diamant, certains se seraient échappés, car il est impossible de rendre les hommes heureux, s'ils n'agissent pas en étant persuadés qu'il est préférable pour eux de vivre de cette manière et non d'une autre, parce que, forts de cette persuasion et de cette inclination, ils sont attachés par leur plaisir et leur volonté, qui est le seul lien ferme et un doux frein pour eux. Il faut parvenir à attacher avec ce lien et à gouverner avec ce frein tous les vassaux de Sa Majesté, plus particulièrement ceux d'Espagne, et tant que l'on ne voudra pas se lancer dans cette entreprise, ou que l'on ne pourra pas y parvenir entièrement, la seconde navigation, comme le dit un proverbe grec[206], c'est que s'il n'y a pas un souffle de vent pour faire avancer le navire sans efforts, qu'on ait recours aux rames, qu'on entende le sifflet et le fouet du garde-chiourme et que, comme la meilleure des choses qui consisterait à rendre les sujets amis et loyaux ne se se réalise pas,

205 « Socrate : D'après tout cela, disons, Hermogène, que nul entre les morts n'a la volonté de revenir de l'Empire de Pluton, non pas même les Sirènes, mais qu'elles sont sous le charme comme tous les autres ; tant est grande la beauté des discours que Haidès sait leur tenir ; en sorte que ce dieu doit être un sophiste accompli, et en même temps un grand bienfaiteur pour ceux qui demeurent auprès de lui, puisqu'il envoie encore à ceux de ce monde de si riches trésors. Il faut bien qu'il possède là-bas des richesses immenses, et c'est ce qui l'a fait nommer Pluton. En outre, refuser la compagnie des hommes tant qu'ils ont leurs enveloppes matérielles, et entrer en commerce avec eux dès que leur âme est affranchie de tous les maux et de tous les désirs du corps, n'est-ce pas là, à ton avis, être philosophe, et avoir bien su comprendre que le meilleur moyen de retenir les mortels est de les enchaîner par le désir de la vertu ; mais que tant qu'ils sont sujets à l'obsession et aux folies du corps, il n'y a pas moyen de les fixer auprès de soi, quand même le père de ce Dieu, Cronos, y emploierait ces fameux liens qui ont gardé son nom » (Platon, *Cratyle*, 403b-404a).

206 Pedro de Valencia tire ce proverbe grec d'un discours de Dion de Pruse, œuvre dont il avait fait la traduction partielle du grec au castillan (*Discours*, XXXI, 14).

que se rindan y sugeten con las armas, pudiendo mas que ellos, que en viendo los desleales armado y fuerte al Rey y al Reyno, desconfiaràn de las esperanzas que tienen de prevalecer algun tiempo, y se humillaràn, y allanaràn, y tambien por esta via vendràn a lo bueno: *Reges eos in virga ferrea, et in camo, et freno maxillas eorum constringe, qui non approximant ad te.*

El medio que voy a proponer [fº 136rº] a que llamo aseguracion o sujecion, es el ultimo, y universal, que vale y es necesario, no solamente para el mal presente, sino para todas las enfermedades, y flaquezas, que siente y puede tener y temer el Reyno, que guarece y preserva de todas ellas. Tan grande remedio es aqueste como digo, porque es la confortacion, y acrecentamiento de la virtud, y fuerzas de la Republica, para que este prevenida contra estos y otros qualesquiera enemigos. No se me atribuya a presuncion [fº 136vº] o arrogancia, el atreverme a tratar de cosas grandes, y que parece que quiero enseñar a los Reyes a reynar, y señorear, y tener imperio en todos los vasallos, por pequeños y humildes que sean. Esta bien el deseo, y cuidado de servir a S. M., y ser de provecho al Reino, y esto no se puede hacer sino hablando en cosas grandes, quales son las del real servicio y bien publico. Quanto a lo otro, la ciencia de el reynar y governar, la grande y que mas importa a los mismos [fº 137rº] Reyes y Principes, la han de tener de suyo, digo que han de tener valor, y discrecion natural, sobrenaturalmente acrecentada con aliento, y impulsion de lo alto, y con espiritu de Govierno, que es la uncion de arriba, que los hace verdaderamente superiores, como el oleo o azeite, lo es naturalmente a los demas licores. A los que tienen esta, serales de mui grande uso la doctrina, que yo y otro menor que yo, tuvieremos por leccion, o por ingenio y discurso, como a los que tienen valentia natural [fº 137vº] les aprovechan mucho las lecciones de un diestro maestro de esgrima, que el por si no es para reñir pendencia ninguna, ni aun para osar mirar los filos de una espada blanca. De esto tenia yo que decir algo mas.

qu'on les réduise et les contraigne par les armes, en se montrant plus forts qu'eux, car dès que les sujets déloyaux verront que le roi et le royaume sont armés et forts, ils renonceront quelque temps à leur espoir de vouloir s'imposer, ils s'humilieront, ils s'apaiseront, et par cette voie également, ils rechercheront ce qui est bon : *Reges eos in virga férrea, et in camo, et freno maxillas eorum constringe, qui non approximant ad te*[207].

La dernière mesure que je vais proposer – que j'appelle prévention ou contrainte – est un remède universel, valable et nécessaire, non seulement pour combattre le mal actuel, mais aussi toutes les maladies et les faiblesses que ressent, peut avoir, et peut craindre le royaume, et qui protège et préserve de chacune d'entre elles. Ce remède est très efficace comme je le dis, car c'est le réconfort, l'accroissement de la vertu, et la force de la république, afin qu'elle puisse se mettre en garde contre tous ses ennemis. Que l'on n'attribue pas à de la présomption ou à de l'arrogance, si j'ose traiter de sujets aussi importants, et si j'ai l'air de vouloir apprendre aux rois à régner, à s'imposer et à dominer tous leurs vassaux, aussi petits et humbles soient-ils. Il est bon de vouloir servir Sa Majesté et d'être utile au royaume, et on ne peut le faire qu'en traitant de sujets importants, comme peuvent l'être le service royal et le bien public. Quant à la science qui enseigne l'art de régner et de gouverner, la plus importante, et celle qui importe le plus aux rois et aux princes eux-mêmes, ceux-ci doivent être prédisposés à l'avoir, je veux dire qu'ils doivent avoir du courage et de l'intelligence naturelle, ainsi qu'une intelligence surnaturellement accrue par le souffle et l'impulsion du Très-Haut, et un esprit apte à gouverner qui est l'onction du ciel qui les rend vraiment supérieurs, comme l'huile l'est naturellement aux autres liqueurs. À ceux qui possèdent cette onction, la doctrine que moi ou un autre moins compétent que moi, aura acquis par l'étude, l'intelligence et le discours, sera d'une grande utilité, tout comme ceux qui sont courageux de nature, tirent un grand profit des leçons d'un maître-d'escrime habile, car le chacun pour soi ne sert à rien pour remporter un combat, ou même pour oser regarder le fil d'une épée blanche. Il faudrait que je m'étende davantage sur le sujet.

207 « Tu les briseras avec un sceptre de fer, tu les casseras comme un vase de potier » (Psaume, II, 9) ; « Ne soyez pas comme un cheval, comme un mulet sans intelligence, dont il faut briser la fierté par un mors et par un frein, pour qu'il ne s'approche pas de toi » (Psaume, XXXI, 9).

Aora, volbiendo al intento, todos los Reynos y Republicas se hallan en una de tres maneras o disposiciones: O [fº 138rº] son libres que se goviernan por Reyes y Principes, o magistrados naturales y propios, y no estan sugetas a otros reyes ni a govierno de otro Reyno o Imperio. O son sugetas y subordinadas y estàn debajo de Imperio extraño. O demas de ser libres, son poderosas y tienen Imperio y señorio sobre estas Naciones que han rendido y sugetado.

Las Republicas que se hallan sujetas a Imperio ageno, no han menester sustentar exercito propio, porque su defensa toca al Reyno que le es superior. Las Republicas libres tienen necesidad de exercito para conservarse, y defender su libertad. Las que, demas de ser libres, tienen a otras sugetas, en mucho mayor grado [fº 138vº] por mas causas, y para mas fines, tienen necesidad y obligacion de estar armadas y en centinela, porque todos los Reynos y Imperios extraños las embidian y aborrecen, y se temen de ellas, y las estàn asechando para dar sobre ellas en viendolas con flaqueza. Y porque, como dice Cleon a los Athenienses,

Maintenant, pour en revenir à notre mesure, tous les royaumes et toutes les républiques se trouvent dans l'une des trois configurations ou dispositions suivantes. Soit les républiques sont libres et gouvernées par des rois, des princes, ou des magistrats autochtones, et ne sont pas soumises à d'autres rois, aux dirigeants d'un autre royaume ou d'un autre Empire. Ou bien elles sont soumises et subordonnées, et se trouvent sous la domination d'un Empire étranger. Ou bien, en plus d'être libres, elles sont puissantes, dominent et règnent sur les nations qu'elles ont réduites et soumises.

Les républiques qui sont soumises à un Empire étranger n'ont pas besoin d'entretenir leur propre armée, parce que leur défense dépend de l'Empire qui leur est supérieur. Les républiques libres ont besoin d'une armée pour assurer leur conservation et défendre leur liberté. Les républiques qui, en plus d'être libres, en soumettent d'autres, sont dans l'obligation d'être armées et aux aguets à un plus grand degré et à plus forte raison, car tous les royaumes et Empires étrangers les jalousent, les détestent, les craignent, et les espionnent afin de pouvoir les attaquer dès qu'ils verront qu'elles présentent des signes de faiblesse. Car, comme le dit Cléon aux Athéniens[208],

208 « J'ai déjà eu maintes fois l'occasion de constater qu'un État démocratique est incapable de commander à d'autres ; votre repentir actuel sur l'affaire de Mytilène me le prouve une fois de plus. Parce que dans vos relations quotidiennes, vous n'usez ni d'intimidation ni d'intrigue, vous vous comportez de la même manière envers vos alliés. Les fautes que vous commettez en vous laissant séduire par leurs belles paroles, les concessions que la pitié vous fait leur accorder, sont là autant de marques de faiblesse que vous pensez sans danger pour vous, mais qui ne vous attirent pas leur reconnaissance. Vous ne songez pas que votre pouvoir est en réalité une tyrannie sur des gens prêts à la révolte ; vous ne songez pas qu'ils acceptent de mauvais gré votre domination, que ce ne sont pas vos complaisances, dangereuses pour vous, qui vous valent leur obéissance ; ce qui assure votre supériorité, c'est votre force et non leur déférence. La chose la plus redoutable, c'est l'incertitude perpétuelle de vos décisions ; c'est l'ignorance de ce principe : il vaut mieux pour un État avoir des lois mauvaises mais inflexibles, que d'en avoir de bonnes qui n'aient aucune efficacité ; l'ignorance qui s'accompagne de juste mesure vaut mieux que l'habileté qui s'accompagne de licence. Un gouvernement de gens médiocres est préférable en général à un gouvernement d'esprits supérieurs. Ces derniers veulent se montrer plus sages que les lois et l'emporter perpétuellement dans les délibérations politiques ; ils se disent qu'ils n'ont pas de plus belles occasions de montrer leurs capacités. Voilà ce qui perd surtout les États. Les premiers au contraire se défient de leur intelligence et ne croient pas en savoir plus que les lois. Incapables de critiquer les paroles d'un orateur éloquent, ils sont des juges équitables plutôt que des rivaux de tribune et le plus souvent ils gouvernent mieux. Voici ce que nous devons faire nous aussi : renonçant à des luttes propres à faire briller notre talent oratoire et notre génie, il nous faut éviter de vous donner à vous, la masse, des conseils contraires à l'opinion généralement approuvée » (Thucydide, *Histoire de la guerre du Péloponnèse*, Livre III, Chapitre XXXVII).

aunque respecto de los ciudadanos propios tienen Reyno y Govierno legitimo y voluntario, pero respecto de los extraños que les estàn sugetos, han de pensar que en la imaginacion de ellos, es su [f° 139r°] Imperio tiranico y violento, y que los tiene rendidos contra su voluntad, y les estàn deseando mal y acechandoles, esperando la suya para revelarse y volverse contra ellos, y que no se han de amansar ni quietar por la benignidad y blandura con que fueren tratados, por bien que les traten, sino en quanto vieren que son excedidos en fuerzas, y potencia de armas, que esto es lo que los tiene quietos, y les hace perder la esperanza, y brio de libertad, y les quita en pensar en cosas nuevas [f° 139v°].

Conforme a esta consideracian, ahora en España los Reynos de la Corona de Castilla y Leon, podemos decir que son la Republica, que demas de ser libres, tienen sujetos a los demas reinos y estados del imperio de S. M. dentro y fuera de España. Esto en derecho y razon no debiera pasar asi, porque Portugal, Navarra, Napoles, Sicilia y Milan, tan hereditarios y pertenecientes son al Rey nuestro Señor, como Castilla y Leon, y tan libres, y mas viven debaxo de gobierno propio, regidos y juzgados por sus propias y antiguas [f° 140r°] leyes, y con menos tributos y cargas que la misma Castilla; y así deben tener el animo, y aficion, para con S. M., como para con Rey y Señor natural, y por ventura lo tienen, que yo no juzgo en contrario, mas para el recato y prevencion de que vamos tratando, hase de entender que ellos se tienen por señoreados de Españoles o Castellanos, y que estàn sugetos no de corazon, y conviene estar armados tambien para aquellos Reynos y Estados, a lo menos, por ser posehidos en competencia [f° 140v°] y con derecho controverso y ser de temer, ya que no de deslealtad de ellos, acometiendo los adversarios pretensores y competidores. Asi que, teniendo la monarquia de España por ciudadanos y vasallos seguros, y de corazon solamente a Castilla y León, debe estar armada no solamente para acobardar a sus enemigos, sino tambien a los subditos no firmes.

bien que vis-à-vis de leurs propres citoyens ils aient un royaume et un gouvernement légitimes et libres, vis-à-vis des étrangers qui leur sont soumis, ils doivent se dire que, dans leur esprit, leur Empire est tyrannique et violent, qu'on les a soumis contre leur propre gré, qu'on leur veut du mal et qu'on les harcèle. Par ailleurs Cléon dit qu'ils attendent la moindre occasion pour se soulever et se retourner contre eux, et qu'on ne va pas les apprivoiser, les calmer ou les apaiser par la bienveillance et la douceur avec lesquelles on les traitera, même si on les traite bien. Mais dès qu'ils verront qu'ils n'ont pas l'avantage et la puissance des armes, ils resteront tranquilles, perdrons l'espoir et le courage de la liberté et ne penseront pas à de nouvelles choses.

Au vu de cette considération, on peut dire aujourd'hui en Espagne que les royaumes de Castille et de Léon représentent la république qui, en plus d'être libre, a soumis les autres royaumes et États de l'Empire de Sa Majesté, à l'intérieur et à l'extérieur de l'Espagne. En vertu de la raison et du droit, il ne devrait pas en être ainsi, car le Portugal, la Navarre, Naples, la Sicile et Milan, font partie des États héréditaires, appartiennent au roi notre seigneur, et sont aussi libres que la Castille et le Léon. Par ailleurs, ils possèdent leur propre gouvernement, sont gouvernés et jugés par leurs lois anciennes, et versent moins de tributs et de charges que la Castille elle-même. C'est pour cela qu'ils doivent avoir de l'amour et de l'affection envers Sa Majesté, qui est leur roi et seigneur naturel, et ils en ont heureusement, car je n'en juge pas autrement. Mais pour la protection et la prévention dont nous sommes en train de parler, il faut bien comprendre qu'ils considèrent qu'ils sont placés sous l'autorité des Espagnols ou des Castillans, et qu'ils sont soumis contre leur gré. Il nous faut être armés également contre ces royaumes et États, car ils ont été conquis par les armes et des droits controversés, et nous devons les craindre, même s'ils ne se montrent pas déloyaux, en attaquant les adversaires concurrents et rivaux. Par conséquent, la monarchie espagnole considère que seuls les vassaux de Castille et de Léon sont des citoyens fidèles et généreux, et elle doit être armée non seulement pour intimider ses ennemis, mais aussi ses sujets douteux[209].

209 Pedro de Valencia considère que la couronne de Castille et Léon – première couronne historique créée au tout début de la Reconquête –, représente la tête et le cœur de la monarchie hispanique. Antonio Pérez Baltasar, qui reprend un traité de Baltasar Álamos de Barrientos, est exactement du même avis : « La Castille est la tête de la monarchie, de

Por eso no basta decir que S. M. puede hacer guerra cuando se ofrezca necesidad, porque esto es hacer guerra [fº 141rº] con socorros, cosa mui condenada y reprobada en todos los siglos por experiencia y razon. Las ocasiones de las guerras son repentinas, a lo menos, siempre aceleradas y que se pasan, y el tiempo en que convenia pelear, y poner las manos, se gasta en prevenir, y juntar, y armar gente. Juntase, y llevase, y hacese la costa, y quando llega, ya no hay para que, ya estamos infamados, como con refran que dicen « el socorro de España », por lo que decían: *Post bellum, auxilium.*

Dice mui [fº 141vº] bien Demostenes, que esto no ayuda ni sirve demas de lo que a uno le aprovecha, haviendole dado un golpe o una cuchillada, acudir a poner la mano [en cima] de la herida. Y quando alguna vez por ventura estos socorros lleguen a tiempo, son de soldados nuevos, y gente voltiza, y valadi, que no se puede acometer faccion de importancia con ellos, y aquesta es la razon de lo que algunos suelen decir que los españoles no son buenos soldados para dentro de España. No es asi; de esta manera debe contradecir este [fº 142rº] dicho qualquiera español: la verdad, como la experiencia, y todos los que han escrito *de re militari* lo enseñan,

C'est la raison pour laquelle, il ne suffit pas de dire que Sa Majesté peut faire la guerre quand elle en aura besoin, car c'est faire la guerre avec des aides financières, ce que l'expérience et la raison ont condamné et réprouvé fermement à toutes les époques. Les occasions de faire la guerre sont soudaines, à tout le moins toujours précipitées et passagères, et le temps où il faudrait se battre et en venir aux mains, on le perd à faire de la prévention, à rassembler et à armer des gens. On réunit, on récolte de l'aide, et lorsqu'elle arrive, on n'en a plus besoin. Nous sommes déjà infamés, comme dans ce dicton qui parle de « l'aide de l'Espagne », ce pourquoi on disait : *Post bellum, auxilium*[210].

Démosthène[211] a tout à fait raison de dire que cela ne sert à rien, en dehors du profit que l'on retire quand, après avoir reçu un coup ou un coup de couteau, on met sa main sur la plaie. Et quand, par hasard, ces aides financières arrivent à temps, ce sont de nouveaux soldats, des personnes inconstantes et insignifiantes, avec lesquelles on ne peut entreprendre une campagne d'envergure, et c'est la raison pour laquelle certains disent que les Espagnols ne sont pas de bons soldats à l'intérieur de l'Espagne. C'est absolument faux ; aussi chaque Espagnol doit-il démentir cette affirmation. La vérité, l'expérience, ainsi que tous ceux qui ont écrit de *re militari*[212] en apportent la preuve :

---

même que Rome, Constantinople, la Macédoine et la Perse furent dans l'antiquité la tête des grands États [...] Ce sont les États de Castille qui fournissent le plus de monde et le plus d'argent. En raison de tout ce qu'elle en retire, il est juste que Votre Majesté sache comment ils se trouvent des guerres à l'étranger et de leurs propres charges [...] C'est la Castille qui fournit à toutes les dépenses qui se font ailleurs et aux frais qu'exigent la conservation et l'accroissement d'un si grand Empire. Ses contributions suffisent à tout, et elle ne reçoit rien absolument des Indes, du royaume de Portugal, de la couronne d'Aragon » (Antonio Pérez, *L'Art de gouverner. Discours adressé à Philippe III (1598)*, Paris, Plon, 1867, p. 56-57).

210 Ce proverbe répertorié par Gerónimo Martín Caro y Cejudo (*Refranes y modos de hablar castellanos*, Madrid, Imprenta Real, 1792, p. 86), apparaît notamment chez Diogène Laerce (*Vie et doctrine des philosophes illustres*, Livre VI, 2, 50).

211 « Pénétrés de cette considération, cessez de lui opposer des levées instantanées (nous arriverions toujours après l'événement) ; que vos préparatifs, que votre armée soient en permanence. Vous avez, pour la faire hiverner, Lemnos, Thasos, Sciathe et d'autres îles de cet archipel, où l'on trouve ports, vivres, et tout ce qui est nécessaire à des troupes en campagne. Pendant la saison qui permettra de longer les côtes et de se confier aux vents, nos vaisseaux cerneront facilement le pays même, et bloqueront les ports des villes de commerce » (Démosthène, *Première philippique*, I, XXXII).

212 Le *De re militari* est le titre abrégé du *Epitoma institutorum rei militaris* (*Traité de la chose militaire*), œuvre de Publius Flavius Vegetius Renatus, haut fonctionnaire du Bas-Empire

es que los soldados nuevos, por belicosa Nacion que sean, extrañan las batallas y los peligros, y los rehuyen si tienen la huida cercana, pero los Españoles, soldados viejos, usados y exercitados ya en las guerras, tan buenos y valientes son dentro como fuera de España, como tengan caveza. Diganlo Anibal, Viriato, y Sertorio o, quien y donde vencio las batallas [f° 142v°] contra los Moros, desde don Pelayo a don Fernando el Catolico, sino Españoles y en España? Los tercios de soldados viejos que vinieron para la posesion del Reyno de Portugal mostraràn aca menos su valor, si huviera ocasion, que en Flandes? Yo entiendo que mas, teniendo a su patria por teatro de su valor.

Lo que conviene, y hace al caso, es tener la espada en la mano, y la punta de ella en la vista de el enemigo, mirandole siempre a las manos, para que no pueda hacer, sin que antes [f° 143r°] padezca. Dion Crisostomo dice que, ofreciendole a un Lacedemonio unos con quien hacia cierta concordia y asiento, que le darian toda seguridad de escritura, y juramentos, que el quisiese, les respondio: « La seguridad ha de ser que no podais vosotros ofenderme ni agraviarme, aunque mucho querais. Esta es sola y verdadera seguridad, las demas que se dan y toman, son simplezas y necedades y del todo inutiles ».

En el acierto de esto excedieron los Romanos a todas las [f° 143v°] Monarquias y Republicas de el mundo, porque no quisieron que sus ciudadanos, generalmente y en la paz, estuviesen armados ni exercitados para la guerra, no usaban andar con espadas, ni trahian otra arma ninguna. Porque esto decian que no servia para mas que para sediciones y rebeliones y alborotos populares. Tampoco les parecio de importancia, ni decente, fortificar mucho con muros y fosos la ciudad, antes tuvieron por afrenta que la señora del mundo estuviese cercada [f° 144r°] y encerrada en medio del imperio, como que tuviese miedo de sus mismos subditos. La defensa estaba en las manos, digo, en las legiones y exercitos.

les jeunes soldats, aussi belliqueuse que soit leur nation, fuient la guerre et les dangers, et ils les évitent d'autant plus qu'ils ont la possibilité de prendre la fuite ; mais les Espagnols, vétérans rompus à la guerre de longue date, sont aussi bons et courageux à l'intérieur qu'à l'extérieur de l'Espagne, tant qu'ils ont toute leur tête. Qu'Hannibal, Viriate et Sertorius le reconnaissent, et disent qui est le peuple et quel est le pays qui ont remporté les batailles contre les Maures, de don Pélage à don Ferdinand le Catholique, si ce n'est les Espagnols et l'Espagne ? Les bataillons de vétérans qui vinrent prendre possession du royaume du Portugal, feraient-ils preuve de moins de courage en Espagne qu'en Flandre si l'occasion se présentait ? Davantage, à mon avis, car ils considèreraient leur patrie comme le théâtre de leur propre courage.

Ce qu'il convient de faire, et qui tombe à point nommé, c'est d'avoir l'épée à la main et sa pointe brandie vers l'ennemi, en regardant constamment ses mains pour qu'il ne puisse rien faire sans être blessé au préalable. Dion Chrysostome[213] rapporte la chose suivante : certaines personnes promirent à un Lacédémonien, qui avait noué une alliance et un accord avec eux, de lui fournir par écrit tous les gages de sécurité et les serments qu'il voudrait, et il leur répondit : « Votre gage de sécurité doit être que vous ne puissiez pas m'offenser ou me faire du tort, même si c'est votre plus grand souhait. C'est là le seul et véritable gage de sécurité ; tous les autres que l'on donne et que l'on prend, ne sont que sottises, et tout à fait inutiles ».

Dans le succès de cette entreprise, les Romains excédèrent toutes les monarchies et républiques du monde, car, de façon générale et en temps de paix, ils ne voulaient pas que leurs citoyens fussent armés et entraînés à faire la guerre ; ils n'avaient pas l'habitude de porter l'épée et ne possédaient aucune autre arme. Parce que cela ne servait, à leur avis, qu'à fomenter des séditions, des rébellions et des émeutes populaires. Ils n'attachaient aucune importance à fortifier leur ville avec des murailles et des fossés, et trouvaient même cela indécent. Ils voyaient, au contraire, comme un affront que la dame du monde fût encerclée et enfermée au sein de son Empire, comme si elle avait peur de ses propres sujets. La défense se trouvait dans les mains, que dis-je, dans les légions et les armées.

romain, à la charnière des IVe et Ve siècles. Il s'agit d'une compilation des savoirs militaires romains et grecs, réalisée à partir d'auteurs anciens tels que Caton, Frontin, Cornelius Celsus ou Paternus.

213 L'anecdote du Lacédémonien se trouve dans le *Discours* 74, 11 de Dion de Pruse qui aborde la question de la méfiance.

Escogian en todo su Imperio, en cada parte los mancebos de mas valentia y fuerzas para soldados. En el recibirlos para soldados, los hacian ciudadanos Romanos, si no lo eran antes. Hecho este delecto, los armaban y exercitaban, y ninguno que no fuese soldado trahia, ni aun tenia armas. De estos hacian sus legiones, que las tenian siempre en armas [f° 114v°] y en campaña, o *in castris in hibernis*, alla fuera por los limites de el Imperio, para que no inquietasen, ni diesen molestia a los subditos en el tiempo de paz. Estaban legiones en Syria, en frontera de los Partos, en Moesia, en las Panonias, en Dalmacia, en Francia, junto al Rhin, para resistir a los Schitas, y Alemanes y demas naciones septentrionales, en Egypto, en Africa, en España, llegaron a ser las legiones mas de veinte y cuatro, demas de las armadas que tenian ordinarias [f° 145r°] quatro en el mar, y tres en rios diversos. Aquestos si eran muros fuertes, y honrados, y vivos de todo el Imperio, y como brazos fortisimos y prestisimos de un cuerpo firmissimo, y de una caveza vigilantissima y prudentissima. Asi se llaman en latín *manus* los exercitos. En queriendose mover alguna Nacion, movian ellos hacia ella las legiones mas cercanas, y ponianle las manos bien puestas. De esta manera guerreaban siempre con presteza y con soldados viejos y gente de hecho [fol. 145v].

Ils choisissaient aux quatre coins de leur Empire, les jeunes les plus courageux et les plus forts pour être soldats. En les recrutant, ils en faisaient des citoyens romains, s'ils ne l'étaient déjà. Après les avoir choisis, ils les armaient et les entraînaient, et quiconque n'était pas soldat, ne pouvait porter les armes ou en posséder. Grâce à ces hommes, ils composaient leurs légions, qui étaient toujours en armes et en campagne, ou *in castris in hibernis*, en dehors des confins de l'Empire, afin de ne pas troubler et déranger leurs sujets en temps de paix. Il y avait des légions en Syrie, à la frontière des Parthes, en Moésie, en Pannonie, en Dalmatie, en France, le long du Rhin, pour résister aux Scythes, aux Allemands et aux autres nations septentrionales, en Égypte, en Afrique, en Espagne ; le nombre des légions finit par dépasser vingt-quatre, en plus des flottes ordinaires : quatre en mer et trois sur différents fleuves. On peut dire que c'étaient les murailles résistantes, honnêtes et vivantes de tout l'Empire, et des espèces de bras très musclés et diligents d'un corps très ferme, et d'une tête très vigilante et très prudente. C'est pourquoi les armées sont appelées *manus* en latin. Dès qu'une nation faisait mine de se soulever, les Romains y dépêchaient leurs légions les plus proches, et mettaient la main sur elle, avec fermeté. De cette façon, ils combattaient toujours avec empressement, avec des vétérans et des gens d'expérience.

Con grande advertencia y eloquencia considera y representa Aristides el concierto y grandeza, y buenos efectos, de aqueste gobierno. Son de ver para esto el consejo de Mecenas a Augusto, que refiere Dion en su historia, y la reprehension con que Zosimo reprehende el hecho de el emperador Constantino Magno, y dice que destruyo el Imperio, metiendo dentro de el las legiones, y esparciendolas por las ciudades, con que los soldados se hicieron a regalo, y se olvido del todo la dureza, y rigor de la [f° 146r°] disciplina militar. El todo y la razon de este consejo muchos años lo dixo a los Athenienses Alcibiades su capitan, aunque mozo entonces: « No recateis, dice, el traher guerras y sustentar siempre exercitos, ya que teneis Imperio sobre otros. Porque, si no es que tengais exercito de ordinario, y andeis peleando y pretendiendo alargar vuestro señorío, no solo no podreis sustentar y contener los subditos que ahora teneis, pero aun os perdereis a vosotros mismos, y vuestra [f° 146v°] libertad, porque al poderoso, no aguardan los otros, a que el los acometa para defenderse, sino antes que el dè en ellos, se anticipan si pueden,

Avec beaucoup de finesse et d'éloquence, Aristide considère et dépeint l'harmonie, la grandeur et les effets bénéfiques de ce gouvernement[214]. À ce propos, il faut méditer le conseil que Mécène[215] adresse à Auguste, que Dion rapporte dans son histoire[216], et le reproche que Zosime[217] fait à l'empereur Constantin le Grand, en disant qu'il a détruit l'Empire, en y installant les légions et en les dispersant dans les villes, raison pour laquelle les soldats s'abandonnèrent aux douceurs, et oublièrent entièrement la rigueur et la discipline militaires. Toute la justesse de ce conseil, Alcibiade, quoique jeune homme à l'époque, l'a rappelée pendant de nombreuses années aux Athéniens : « N'hésitez pas à faire la guerre et à entretenir en permanence des armées, car vous exercez une domination sur les autres Empires. À moins d'avoir une armée ordinaire, d'aller combattre, et de vouloir étendre votre Empire, non seulement vous ne pourrez pas maintenir et contenir les sujets que vous avez à présent, mais vous allez aussi vous perdre et perdre votre liberté. En effet, les autres n'attendent pas que le puissant les attaque pour se défendre, et avant qu'il ne les frappe, ils anticipent, dans la mesure du possible,

---

214 « Aristide fut l'ami particulier de Clisthène, celui qui rétablit la république après l'expulsion des tyrans. Entre tous les hommes d'État, il prit pour modèle et pour objet de son admiration Lycurgue le Lacédémonien : aussi embrassa-t-il le parti de l'aristocratie ; mais il eut un adversaire dans Thémistocle, fils de Néoclès, défenseur des prétentions populaires » (Plutarque, *Aristide*, 9-10).

215 Caius Clinius Maecenas, Mécène en français, était un homme politique romain et un proche de l'empereur Auguste, célèbre pour avoir consacré sa fortune et son influence à promouvoir les arts et les lettres. Virgile, Properce et Horace lui ont rendu hommage.

216 « Mécène, en effet, entre autres services pour lesquels il fut, bien que simple chevalier, chargé du gouvernement de Rome, lui était surtout utile lorsqu'il se laissait emporter par la colère ; toujours il l'apaisait et le ramenait à des sentiments plus doux. En voici un exemple : debout devant Auguste qui rendait la justice et qu'il voyait prêt à prononcer plusieurs condamnations capitales, Mécène s'efforça de percer la foule et d'arriver jusqu'à lui ; n'ayant pu y réussir, il écrivit sur une tablette : "Lève-toi donc enfin, bourreau," et lui jeta la tablette dans le sein, comme si elle eût contenu tout autre chose, ce qui fit qu'Auguste ne condamna personne et se leva sur-le-champ » (Dion Cassius, *Histoire romaine*, LV, 7, 4-5).

217 « Constantin ouvrit aussi la porte aux Barbares pour venir faire le dégât sur les terres de l'Empire. Car Dioclétien ayant, par une sage prévoyance, mis des garnisons dans toutes les places frontières, comme je l'ai déjà dit, les Barbares ne pouvaient faire irruption d'aucun côté, sans trouver des troupes qui les arrêtaient. Constantin, au contraire, retira les garnisons des frontières, et les mit en des villes qui n'en avaient aucun besoin. Ainsi il exposa les unes à la violence des étrangers, et désola les autres en leur donnant des gens de guerre qui ne servaient qu'à les piller, et amollit le courage des gens de guerre en leur donnant sujet de s'abandonner à la débauche. Enfin, pour dire tout en un mot, il fut cause de la ruine de l'Empire » (Zosime, *Histoire romaine*, II, 34, 1-2).

y le hacen guerra sin ser provocados, porque no pueda. Y no està en nuestra mano escoger, y decir hasta aqui quiero alargar y tener Imperio, y no pasar adelante, sino gozar de el en paz, sino que es forzoso, ya que estamos en este punto, a unos asecharlos y acometerlos (a los que no son nuestros subditos para sugetarlos) y a otros (a los que tenemos sugetos) no afloxarlos [f° 147r°] ni tenerlos con soltura, porque corremos riesgo de ser señoreados de otros, en dejando de querer vencer, y rendir, y enseñorear mas adelante ». Parece que se puede entender tambien en este sentido aquello que dice Dios a Babilonia, y a los Imperios grandes: *Cum consumaveris depraedationem, depraedaberis* (En cansandote de hacer guerras a otros, te la haràn otros a ti).

Asi les ha pasado a todas las monarquias que han comenzado, y hechose grandes, por guerra, y le pasarà a la de los Turcos [f° 147v°] que, en dexando de ser soldados tartaros y queriendo gozar de las riquezas y regalo del imperio, se enervaràn y lo perderàn. Pero aquel consejo de Alcibiades es solo en razòn de Guerra y Estado, sin consideracion de justicia ni de conciencia. Mas España bien tiene campo largo en que exercitar la guerra con justicia y con merito, pues tiene a Africa tan a la mano, que es su primera y digna empresa (como dice el Ariosto),

et leur déclarent la guerre, sans avoir été provoqués, pour qu'il ne puisse plus rien faire. Et nous ne sommes pas en mesure de choisir et de dire : jusqu'ici je veux étendre, accroître mon Empire et ne pas aller plus loin ; il nous faut cependant en jouir en paix, et puisque nous en sommes arrivés là, nous devons traquer et attaquer les uns (ceux qui ne sont pas nos sujets afin de les soumettre), et ne pas relâcher notre vigilance à l'égard des autres (ceux que nous avons soumis) et ne pas leur donner trop de liberté, car nous courons le risque d'être dominés par d'autres puissances en cessant dorénavant de vouloir vaincre, soumettre et dominer[218] ». Il semble que l'on puisse aussi interpréter dans ce sens, ce que Dieu dit à Babylone et aux grands Empires : *Cum consummaveris depraedationem, depraedaberis* (Dès que tu te lasseras de faire la guerre aux autres, ils te la déclareront)[219].

Voilà ce qui est arrivé à toutes les monarchies qui ont commencé à s'agrandir grâce aux guerres, et ce qui arrivera à la monarchie des Turcs, lesquels, en cessant d'être des soldats tartares et en voulant profiter des richesses et des commodités de l'Empire, se ramolliront et le perdront. Mais ce conseil d'Alcibiade n'est valable que du point de vue de la raison de guerre et de la raison d'État, et ne tient pas compte de la justice et de la conscience. L'Espagne, cependant, a toute latitude pour s'entraîner à faire la guerre avec justice et mérite, car elle a l'Afrique à proximité, qui est sa principale et digne entreprise (comme le dit Arioste),

218 « Car il ne suffit pas de repousser l'attaque d'un ennemi supérieur en nombre, il faut encore la prévenir. D'ailleurs il ne nous est pas possible de régler minutieusement les limites de notre Empire. Dans l'état où nous sommes, c'est une nécessité pour nous de montrer notre hostilité aux États puissants, de ne pas laisser libres nos sujets, car nous risquerions de tomber sous la domination des autres, si nous ne leur imposions pas la nôtre. Enfin nous ne pouvons pas envisager la tranquillité du même point de vue que les autres peuples, si nous n'adoptons pas leur ligne de conduite. Disons-nous bien que le meilleur moyen d'augmenter notre puissance, c'est d'aller combattre là-bas ; faisons cette expédition pour abattre l'orgueil des Péloponnésiens, résultat que nous obtiendrons, si nous avons l'air, en voguant vers la Sicile, de dédaigner la tranquillité dont nous jouissons actuellement. De deux choses l'une ou bien nous augmenterons là-bas notre puissance et nous nous placerons tout naturellement à la tête de la Grèce entière ; ou, à tout le moins, nous ferons du tort aux Syracusains et nous-mêmes comme nos alliés nous ne manquerons pas d'en tirer avantage. Notre flotte nous garantira la possibilité, soit de rester en Sicile si tout va bien, soit de nous retirer. Car sur mer nous aurons la supériorité même sur tous les Siciliens réunis » (Thucydide, *Histoire de la guerre du Péloponnèse*, Livre VI, Chapitre XVIII).

219 « Quand tu finiras de dévaster, tu seras dévasté ! » (Isaïe, XXXIII, 1).

que tan gravemente la [dicha] ha ofendido, y tanto le debe, y que tanto le conviene [fº 148rº] tenerla a raya a ella, y al imperio de el Turco, y a Francia, y al mundo todo.

No digo aora que se emprendan grandes guerras, ni se provoquen las Naciones (Dios nos libre), ni es conveniente, ni posible, sino que pues este Reino es fuerte, y poderoso, por merced de Dios, de hombres, de caballos y de dineros, que viva armado para seguridad y conservacion de la paz, como dice el Frances, que el que trahe espada, trahe paz. Pero mui mejor lo dice la verdad misma [fº 148vº] *Cum fortis armatus custodit atrium suum, in pace sunt ea omnia, quae possidet.* Que no basta ser uno fuerte sino està uno armado. Dion Crisotomo le dice al emperador Trajano, que aquel es verdaderamente Rey pacifico que està de tal suerte apercibido para guerra, que ninguno se le atreva a moversela. Buen exemplo de esto dio el mas sabio de los Reyes, el acrecentado con el Don de el cielo, para prudencia de govierno y administracion de su Reyno, Salomòn, pues, teniendo promesa Divina [fº 149rº] de paz por sus dias, no se descuido de las prevenciones de guerra, antes las tuvo mayores que otro Rey de Israel. De solos caballos estableados mantenia cuarenta mil, y al respecto el demas aparato. El Imperio sin exercito es cuerpo sin brazos, como dice un nuestro Poeta, y por mui fuerte que sea el cuerpo, si no tiene manos, no se puede defender ni ofender, y si las tiene de tal manera encogidas, y dentro de su seno, que primero que las desenbuelva, padece afrenta y injuria, y se va en [fº 149vº] salvo el que le ofendio.

En suma, como dice Cerial, capitan Romano: *neque quies Gentium sine armis neque arma sine stipendiis neque stipendia, sine tributis haberi queunt.* Pero de esto, que armas, y con que sueldo, y de donde convenga sustentar al Reyno, es de otro discurso convenientisimo y necesario. Lo que aora digo, es que el Reyno de España solamente tiene forma de Imperio y Monarquia en quanto a los tercios y coronelias de soldados,

cette Afrique qui l'a gravement offensée et lui doit tant ; et il lui faut à tout prix la tenir en respect, au même titre que l'Empire du Turc, la France et le monde entier.

Je ne dis pas qu'il faille à présent mener de grandes guerres ou provoquer des nations (Dieu nous en garde !), ni que cela soit souhaitable ou possible, mais que, comme par la grâce de Dieu, ce royaume est fort et puissant, en hommes, en chevaux et en argent, qu'il vive armé pour sa sécurité et le maintien de la paix, car comme le dit un monsieur français qui porte l'épée apporte la paix. Mais la vérité en personne ne le dit que mieux : *Cum fortis armatus custodit atrium suum, in pace sunt ea omnia, quae possidet*[220]. Il ne suffit pas d'être fort, mais d'être armé. Dion Chrysostome dit à l'empereur Trajan que le véritable roi pacifique est celui qui est si bien préparé à faire la guerre, que personne n'ose la lui déclarer[221]. Salomon, le plus sage des hommes, l'homme bonifié par le don du ciel pour la prudence de son gouvernement et l'administration de son royaume, en fournit un bon exemple. Ayant reçu la promesse divine de la paix tout au long de sa vie, il n'avait pas négligé pour autant les préparatifs de la guerre ; bien au contraire, il s'y était préparé plus que n'importe quel autre roi d'Israël. Rien que pour ce qui est des chevaux d'écurie, il en entretenait quarante mille, et tout l'appareil qui l'accompagne. L'Empire sans armée est un corps sans bras, comme le dit l'un de nos poètes, et le corps a beau être fort, s'il n'a pas de mains, il ne peut se défendre ou se battre. Si ses mains sont recroquevillées sur elles-mêmes, il subit un affront et un outrage avant de les avoir dégagées, et celui qui l'a attaqué s'en va sain et sauf.

En somme, comme le dit Cerial, capitaine romain : *neque quies gentium sine armis neque arma sine stipendiis neque stipendia, sine tributis haberi queunt*[222]. Mais quant à savoir avec quelles armes, avec quels fonds et à partir d'où il conviendra d'assurer la subsistance du royaume, c'est l'objet d'un autre discours très utile et nécessaire. Ce que je dis maintenant, c'est que le royaume d'Espagne n'a la forme d'un Empire et d'une monarchie que par ses bataillons et ses colonnes de soldats,

220 « Quand le vigoureux, armé, monte la garde dans sa cour, ses biens sont en paix » (Luc, XI, 21).

221 Dion de Pruse, *Discours*, I, 27.

222 « Sans armées, en effet, pas de repos pour les nations, et sans solde pas d'armées, sans tributs pas de solde » (Tacite, *Histoires*, IV, 74, 5).

que ordinariamente sustenta en [fº 150rº] Napoles, Milan, Sicilia, que son como las Legiones de los Romanos, pero son en menor numero, y menos partes, y menos conveniente disposicion de lo que es menester.

Es necesario, particularmente para asegurarse de los Moriscos de España, y de los acontecimientos de los Turcos y Moros, y para que se puedan hacer facciones de importancia, y acudir a las necesidades con presteza, tener tercios en las plazas de Africa, que ellos ganarian alli otras en que alargarse [fº 150vº] y que sustentarian en parte de correrias y entradas en la tierra. Tambien mientras no se hace la dispersion, convendria tener algunos presidios en los lugares oportunos de los Moriscos del Reyno de Valencia y Aragon, que los paguen en parte, o en todo, los mismos Moriscos con justicia, como causadores al Reyno de esta costas, y tambien es justo paguen parte los señores dueños de los pueblos a rata.

(29) Ya estos comienzan a ser remedios no totales ni universales, sino parciales y topicos [fº 151rº] y como dicen los medicos, cura paliativa, y yo rehusaba tratar de ellos, porque los enfermos luego echan mano de lo mas facil y menos costoso. Con todo, porque se dexe de hacer algun remedio en tan peligrosa y aguda enfermedad, digo, que si no se eligiere la dispersion, ni el Reyno se fortaleciere con exercito y vara de hierro, para acobardar y rendir esta gente serà necesario ponerles presidios en las partes, y cantidad que pareciere conveniente y suficiente. Sirven tambien por presidios las colonias, que se pueden poner entre ellos, quitandoles algunos de los lugares, los que parecieren a proposito, y poblandolos de Christianos viejos, que sean [como] unos nervios entremetidos para resistir las rebeliones, y para que sientan sus movimientos en vez de espias y den aviso a la caveza.

Quando los Romanos no querian, o no tenian por conveniente, mezclar consigo, ni hacer del todo ciudadanos alguna Nacion o Provincia [fº 152rº] enviaban a ellas colonias, poblaciones de ciudadanos Romanos que tuviesen lo importante y fuerte de la tierra, como referi arriba en el lugar de Dionisio Alycarnaseo. A este modo de asegurar se ayuda enviando a los lugares de Moriscos los señores y caballeros desterrados,

qu'il entretient d'ordinaire à Naples, à Milan et en Sicile ; ce sont comme les légions des Romains, mais moins nombreux, plus concentrés, et moins bien organisés qu'il ne le faudrait.

Il est nécessaire, notamment, pour se protéger des Morisques d'Espagne et des attaques des Turcs et des Maures, et pour que l'on puisse mener des campagnes d'envergure et satisfaire aussitôt nos besoins, d'avoir des bataillons (*tercios*) dans les places fortes d'Afrique. Ces bataillons gagneraient d'autres places fortes dans la région pour étendre leur puissance, et ils assureraient leur subsistance en partie par des razzias et des raids locaux. Tant que l'on ne procède pas à la dispersion, il conviendra également d'avoir quelques présides dans des villages de Morisques des royaumes de Valence et d'Aragon, choisis à cet effet. Il faudra que les Morisques en personne les financent, en partie ou en totalité, en toute justice, en tant que responsables des frais occasionnés au royaume. Il sera juste également que les seigneurs, propriétaires des villages, en financent également une partie au prorata de leurs personnes.

(29) Il s'agit là de remèdes qui ne sont pas complets ou universels, mais partiels et particuliers, comme disent les médecins de soins palliatifs. Je refusais d'en parler, car les malades ont aussitôt recours aux solutions de facilité et aux solutions les moins coûteuses. Malgré tout, pour qu'on ne cesse de remédier à une maladie aussi grave et aiguë, je dis que si l'on ne choisit pas la dispersion, si l'on ne renforce par le royaume avec une armée et une barre de fer pour intimider et réduire les Morisques, il faudra installer des présides, aux endroits et dans les proportions qui semblent utiles et suffisantes. En guise de présides, on peut également utiliser les colonies que l'on peut installer parmi les Morisques, en leur enlevant certains de leurs villages, ceux qui paraîtront les plus à propos, et en les repeuplant de vieux-chrétiens, qui seront comme des nerfs inflitrés pour résister aux rébellions, contrôler leurs mouvements au lieu de les espionner et d'en avertir leur chef.

Lorsque les Romains ne voulaient pas, ou ne jugeaient pas opportun de se mélanger à certaines nations ou provinces, ils y envoyaient des colonies, des populations de citoyens romains qui possédaient l'essentiel des richesses du pays, comme je l'ai dit plus haut à la suite de Denys d'Halicarnasse. On contribue à cette prévention en envoyant les seigneurs et les gentilshommes bannis dans les villages morisques,

como se suelen enviar a Oran, con cierto numero de lanzas, o acompañamiento de personas que hayan de tener consigo. Otra seguridad puede ser tomarles prendas y rehenes para que [f° 152v°] teman alzarse. Estos se tomaràn sin agravio, y sin nota de cobardia, y tendràn otros mui buenos fines, si se ordenare que por medio de los obispos, o de los curas y rectores, se elixan los muchachos de mejor havilidad y talle, hijos de los Moriscos mas ricos de cada lugar, y estos se lleven a colegios donde estudien, y algunos se encarguen a obispos y prebendados, para que se sirvan de ellos y los enseñen y aficionen a la religion. Tambien se pueden dar otros a señores y a cavalleros que los tengan por pages, o en otros [f° 153r°] honrados ministerios, y si llegasen algunos a saber facultades, y diesen muestras de verdaderos Christianos, y viniesen a ser Clerigos y Religiosos, seria mui conveniente. Honrandoles los hijos, los padres se alegraràn, y se preciaràn de ello, y temeràn, y evitaràn serles de infamia. Los hijos, si llegan a ser honrados, y doctos, y pios, procuraràn que sus padres y parientes olviden el mahometismo, y rehuyan el parecer Moros. Otros bienes se conseguiràn que se dexan de entender. La ley de Mahoma [f° 153v°] es tan irracional y tan repugnante a toda buena filosofia natural y moral, que solo mostrar a los Moriscos filosofia seria grande preparacion para el Evangelio y les causaria desprecio e irrision del Alcoran y de su falso Profeta.

Otro remedio usaron los antiguos Reyes y Principes, que fue enflaquecer a las Naciones reveldes con regalo, como enervandolas y quitandoles las fuerzas y brios, procurando y haciendo que los subditos no tuviesen oficios de exercicio que los pudiesen hacer [f° 154r°] fuertes, y aptos para la guerra, sino artes sedentarias: que fuesen bodegoneros, taberneros, abaceros, tenderos, merceros, sastres, zapateros y otros oficios de esta suerte, no cazadores ni labradores ni trabajadores en labor del campo, ni herreros y muy menos caminantes o tragineros. Esto se les debe quitar a los Moriscos del todo, porque, como he dicho, demàs de para exercicio, sirve para comunicacion entre si, y para que mejor hagan el oficio de espias, pero que siendo tenderos y mercaderes [f° 154v°] enriquezcan, no es inconveniente, antes las riquezas hacen a los hombres cobardes,

comme on les envoie d'habitude à Oran, avec un certain nombre de lances, ou un cortège de personnes pour les accompagner. Une autre mesure de sécurité consiste à mettre en gage leurs biens et à les prendre en otage pour qu'ils aient peur de se soulever. On prendra ces otages sans offense et sans marque de lâcheté ; ils seront également d'une grande utilité, si l'on ordonne, par l'intermédiaire des évêques, des curés et des recteurs, de choisir les enfants ayant le plus d'aptitudes et de dispositions, fils des Morisques les plus riches de chaque village, et de les mettre dans des écoles où ils étudieront, et d'en confier certains aux évêques et aux prébendiers pour qu'ils les prennent à leur service, les instruisent et leur inculquent l'amour de la religion. On peut en confier d'autres également à des seigneurs et à des gentilshommes qui les emploieront en tant que pages, ou dans d'autres honnêtes ministères, et si certains parvenaient à avoir des facultés, montraient des signes de vrais chrétiens et devenaient clercs ou religieux, ce serait très profitable. Si on honore leurs enfants, les parents se réjouiront, en seront fiers, craindront de les déshonorer et éviteront d'être source d'infamie. Les enfants, s'ils réussissent à être honnêtes, doctes et pieux, feront en sorte que leurs parents et leurs proches oublient le mahométisme et refusent de ressembler aux Maures. Il va de soi qu'on obtiendra facilement d'autres biens. La loi de Mahomet est si irrationnelle et si répugnante par rapport à toute bonne philosophie naturelle et morale, que le seul fait d'enseigner la philosophie aux Morisques serait une grande préparation à l'Évangile, et les amènerait à mépriser et à ridiculiser le Coran et son faux prophète.

Les anciens rois et princes eurent recours à un autre remède : affaiblir les nations rebelles en leur faisant des cadeaux, ce qui revenait à leur enlever leurs nerfs, leurs forces et leur courage, en cherchant et en faisant en sorte que leurs sujets n'exercent pas de métiers physiques qui puissent les rendre forts et aptes à la guerre, mais qu'ils s'adonnent à des arts sédentaires tels que cabaretiers, taverniers, épiciers, boutiquiers, merciers, tailleurs, cordonniers et autres métiers du même genre, et ne puissent être chasseurs, laboureurs ou travailleurs agricoles, ni forgerons, et encore moins laquais ou muletiers. Il faut interdire à tout prix aux Morisques toutes ces activités, car, comme je l'ai dit, outre l'entraînement physique, cela leur permet de communiquer entre eux et de mieux exercer leur rôle d'espions ; qu'ils s'enrichissent en étant boutiquiers et marchands n'est pas gênant, car, au contraire, les richesses rendent les hommes lâches,

y que rehusen el ponerse en peligro, y dexarlas o perderlas, como dice el Polynices de Euripides. Es mui cierto que ninguno de los Moriscos, mercaderes ricos, desearà, ni querrà que haya guerra, ni serà para pelear.

Tambien pues los Moriscos de su nacimiento y manera de vivir, son como zebras montaraces, y todas las Naciones que nacen y havitan en montes y sierras se crian y hacen mas fuertes [y estos se suelen ir a las sierras a hacerse fuertes] [fº 155rº] en ellas, y ya que no para revelion, a lo menos para huir el castigo de los delitos, se acogen y esconden en los montes, como vemos que acontece aqui cerca en Hornachos. Conviene quitarles los pueblos que estàn en sierras y montañas espesas, y no hechar, como dicen, el gato en el garvanzal, que no havrà despues quien le pueda coger, sino trasladarlos en los lugares descubiertos que estàn en llano y campiña, y tengan lexos el monte, para que no puedan ir y venir [fº 155vº] a el, sin que pasen por largo campo, y abierto, y los puedan prender.

les incitent à ne pas se mettre en danger, et à ne pas les laisser perdre, comme le dit le Polynice d'Euripide[223]. Il va sans dire qu'aucun des riches marchands morisques ne souhaitera ou ne voudra faire la guerre et se battre.

Ainsi, les Morisques sont, de par leur naissance et leur mode de vie, comme des zèbres sauvages ; toutes les nations qui naissent et habitent dans les montagnes et dans les zones montagneuses sont élevées pour y devenir plus fortes ; les Morisques ont l'habitude de s'installer dans les chaînes montagneuses pour devenir plus puissants, et ils se réfugient et se cachent dans les montagnes, comme on le voit tout près d'ici à Hornachos[224], non pas tant pour se rebeller mais pour échapper du moins à la punition de leurs délits. Il vaut mieux les enlever de leurs villages qui se trouvent dans les montagnes et dans les chaînes montagneuses boisées, pour ne pas, comme on dit, jeter une aiguille dans une botte de foin, car personne ensuite ne pourra la retrouver, et les déplacer dans des villages visibles de loin, qui se trouvent dans une plaine ou à la campagne, loin des montagnes, afin qu'ils ne puissent aller et venir, sans avoir à traverser un long champ à découvert, et sans qu'on puisse les arrêter.

223 « –Polynice : Oui, mais la richesse est peureuse, elle tient à la vie » (Euripide, *Les Phéniciennes*, v. 597).

224 Il s'agit de la ville d'Hornachos en Estrémadure où la communauté morisque était très importante. « Située non loin de l'Andalousie, Hornachos, petite cité de l'Estrémadure, renferme une histoire singulière marquée par les Morisques. Même après la Reconquête chrétienne intervenue au XIIIe siècle, les musulmans n'ont jamais formé une minorité mais plutôt une majorité, officiellement jusqu'aux édits de 1502. Ils occupent toutes les fonctions au conseil de la ville face à une minorité de chrétiens parmi lesquels on trouve le gouverneur ou encore un ecclésiastique [...] Contraints à l'exil à la suite des expulsions de 1610, une bonne partie des Hornacheros quittent leur région pour la *kasbah* des Oudaïas de Rabat au Maroc. D'autres communautés morisques issues d'autres contrées ibériques se sont également établies dans la ville de Salé voisine de Rabat. Cette présence morisque suscite une émulation entre les diverses communautés qui sont, pour certaines très impliquées dans la piraterie. Les Morisques d'Hornachos sont pour finir à l'origine de la République des Deux Rives formée par Rabat et Salé » (Marc Terrisse, « La diaspora morisque : une histoire globale méconnue », *Hommes & Migrations*, 2016/30, n° 1315, p. 124-129, [p. 125]).

A imitacion del ostracismo de Atenas, tendria tambien algun provecho para asegurarlos ir sacando cada año de los lugares de los Moriscos una casa o dos, o mas, de los que entre ellos pareciesen señalarse en riquezas o en poder, o en ser aceptos y estimados en el pueblo, los que se entendiesen que podian ser caudillos para revelion o infidelidad. Estas casas se havian de trasladar bien adentro de el Reyno, a lugares donde no [fº 156rº] huviese Moriscos, y tenerlos con cuidado de que no se correspondiesen con los de su Nacion y castigarlos si lo hiciesen.

Con temor de alargarme he ido siempre en este discurso, y acerca de cada capitulo he dejado de proposito de decir muchas cosas que se me ofrecian. Aora temo màs que no se me haya pasado sin referir algun otro remedio, que fuese de consideracion, porque, como no versado practicamente en estas materias, pretendo, tratando de ellas, proponer [fº 156vº] para que se consulten y examinen todos los medios y razones, que por leccion o meditacion, puedo alcanzar con mi parecer acerca de cada medio, para que se elixan los màs convenientes, y se executen en todo o en parte, o se mezclen dos o màs de ellos, tomando parte de cada uno. En la materia de este tratado, dicho he mi parecer con resolucion, eligiendo para cura total la dispersion en primer lugar, y despues de ella (en orden, no en dignidad), la conversion, y, finalmente, para sanidad perfecta la permixtion. Y en todos [fº 157rº] tiempos, y para todas ocasiones, he aconsejado al Rey que viva armado, y con recato de muchos que dentro y fuera de España le aborrecen y asechan.

À l'instar de l'ostracisme d'Athènes[225], il serait également profitable pour se protéger d'eux, de retirer chaque année des villages de Morisques, une ou deux familles, voire plus, parmi celles qui sembleraient se distinguer par leurs richesses et leur pouvoir, être considérées et estimées dans leur village, comme des chefs de rébellion ou des chefs d'infidèles. Ces familles devraient être déplacées loin à l'intérieur du royaume, dans des villages où il n'y aurait pas de Morisques, et où on veillerait à ce qu'elles ne correspondissent pas avec les gens de leur nation et fussent punies si elles le faisaient.

La crainte de trop m'étendre m'a poursuivi tout au long de ce discours, et pour chaque chapitre j'ai à dessein passé sous silence de nombreux points qui me venaient à l'esprit. À présent, je crains davantage d'avoir oublié un autre remède qui ait de l'importance, car étant quasiment novice en la matière, je prétends, en les abordant, proposer pour qu'on consulte et examine, toutes les mesures et les solutions, qu'en leçon ou en pensée, mon entendement est capable d'appréhender, afin qu'on choisisse les plus utiles et qu'on les mette en pratique, entièrement ou partiellement, et qu'on en mélange deux ou plus, en prenant des éléments de chacune d'entre elles. Sur la matière de ce traité, j'ai donné mon opinion avec véhémence, en choisissant la dispersion, en premier lieu, en tant que guérison complète, la conversion à sa suite (dans l'ordre et non en importance), et, la permixtion, en guise de santé parfaite, en dernier lieu. Et à toutes les époques et à chaque occasion, j'ai conseillé au roi de vivre armé et d'être vigilant par rapport à tous ceux qui, à l'intérieur et à l'extérieur de l'Espagne, le haïssent et le traquent.

225 « Aristote indique qu'il fut procédé pour la première fois à un ostracisme en 488 et il lie explicitement cet événement au succès des hoplites athéniens à Marathon en 490 [...] Nulle part il n'est question d'exiler qui que ce soit pour des raisons qui relèveraient de la justice. Aristote indique bien que l'ostracisme vise à protéger la démocratie contre ceux qui la menaceraient. Plutarque, dans son langage de moraliste, ne dit pas autre chose : « L'ostracisme n'était pas destiné à châtier un crime ; on disait, de manière spécieuse, qu'il s'agissait de diminuer et de rabattre un orgueil et une autorité dont le poids était trop lourd ; en fait c'était une consolation qu'on accordait à l'envie, une mesure assez humaine, qui ne conduisait à rien d'irréparable, seulement à un exil de dix ans (*Vie d'Aristide*, VII, 2). Ce qu'Aristote traduit dans un passage de la *Politique* comme le souci de faire régner une stricte égalité au sein de la cité. Mais ce souci d'écarter tout homme trop influent semble plutôt secondaire, et l'ostracisme apparaît bien comme un instrument de la lutte entre les clans politiques » (Maurice Sartre, *Histoires grecques*, Paris, Seuil, 2004, p. 200).

Confio en Dios nuestro Señor, a quien lo he pedido de corazon, y cuya misericordia inmensa suele mostrar mayor largueza con los pequeños, que havrè dicho algo de provecho. Pero ningun consejo, por bueno y conveniente que sea, vale ni aprovecha de por si, no usandose de el. En la consultacion presente serà mui peligroso y mui culpable no socorrer con [f° 157v°] presteza, usando de algun remedio de los que yo o otros hayan propuesto. Qualquiera que se elixa, por ligero que sea, aliviarà algo y serà de el mal no tanto, siquiera las Leyes y Pragmaticas que hay acerca de los Moriscos se guarden enteramente y sin remision. Pero demàs de la omision casi total que en esto hay, el Consejo de Hacienda concede privilegios a pueblos enteros de Moriscos para que traigan armas, y ellos usan bien de lo que compran y tienen muchas escopetas (mas por ventura [f° 158r°] de las que parecen) y salen con ellas al campo a sus labores, y a las dehesas, en lugar de las azagayas con que salen los labradores vezinos.

J'ai confiance en Dieu notre Seigneur, à qui je l'ai demandé de tout cœur, et dont l'immense miséricorde se montre d'ordinaire plus généreuse envers les petits, d'avoir tenu des propos profitables. Mais aucun conseil, aussi bon et utile soit-il, n'est valable et profitable en soi, tant qu'on ne le met pas en pratique. Dans la consultation présente, il sera très dangereux et extrêmement préjudiciable de ne pas apporter aussitôt une aide, en utilisant un remède, parmi ceux que moi ou d'autres, auront suggérés. Quel que soit le remède choisi, et aussi léger soit-il, il soulagera un peu, et le mal sera moindre si seulement les lois et les pragmatiques qui existent au sujet des Morisques, étaient respectées entièrement et sans faute[226]. Mais, outre la négligence quasi généralisée qui règne à ce sujet, le Conseil des Finances octroie des privilèges à des villages entiers de Morisques pour qu'ils soient autorisés à porter des armes ; ces derniers font bon usage de celles qu'ils achètent, possèdent de nombreux fusils (certainement plus qu'on ne l'imagine) et partent travailler au champ et dans les pâturages munis d'eux, au lieu d'avoir des javelots comme les autres laboureurs du coin[227].

---

226 La pragmatique royale du 27 novembre 1566 est celle qui va le plus loin dans les mesures d'acculturation des Morisques. Elle interdisait aux Morisques de posséder des esclaves, de parler, lire ou écrire en langue arabe, de porter des *almalafas* et des *marlotas*, de se baigner dans des bains publics, de célébrer les fiançailles et les mariages à la moresque, de donner des noms ou des surnoms maures aux enfants… La pragmatique a été traduite en français par Albert de Circourt (*Histoire des mores, mudéjares et des morisques, ou des Arabes d'Espagne sous la domination des chrétiens*, Paris, Dentu, 1846, Tome deuxième, p. 459-463).

227 Une pragmatique de 1526, reprise en 1549, autorisait certaines catégories de Morisques à jouir des mêmes privilèges que les vieux-chrétiens, dont celui de porter les armes : « *Que declara quales se dicen Christianos viejos de Moros para poder traer armas, i los que tienen licencia para las traer, como, i quando las pueden traer. El Emperador D. Carlos, i D. Juana en Granada año 1526 i los Reyes de Bohemia en ausencia del Emperador en Valladolid año 1549 a 13 de septiembre. Declaramos, i mandamos que los Christianos nuevamente convertidos de Moros del Reino de Granada, para gozar de lo que gozan los Christianos viejos, especialmente de traer, i tener armas, son los que se convirtieron a nuestra Santa Fe Catholica, antes que se ganasse de los Moros la Ciudad de Granada, i no los que se convirtieron despues, antes de la conversion general : lo qual mandamos al dicho Presidente, i Oidores de la audiencia de la dicha Ciudad que assi lo determinen, i declaren ; i assimismo declaramos que los Christianos nuevamente convertidos del dicho Reino, que tienen licencias de los Reyes Catholicos, nuestros abuelos, i nuestras, para poder traer armas, sin embargo de la prohibicion de la lei, se entiendan solamente para las poder traer en las Ciudades, i Villas, i Lugares, i poblados, donde estuvieren solamente, para una espada, i un puñal, i una lanza ; i que no puedan traer, ni trayan, ni tener, ni tengan en sus casas otras armas ningunas, mas de las susodichas, so pena de incurrir en las penas puestas contre los Christianos nuevos del dicho Reino, que truxeren armas, en las quales les avemos por condenados, lo contrario*

Si le dixesen a un hombre, personas de credito y que lo quieren bien, que un esclavo suyo andaba por matarlo, y que solo esperaba a cogerlo dormido, o descuidado, o desarmado, y el [teniendo] por cierto este aviso, y viendo cada dia muestra y premisas de el, no hiciese mas diligencia que tomar pena [f° 158v°] y temer, y ni se recatase, ni previniese en nada, no cerrase la puerta sobre si cuando dormia, ni aprisionase, ni encarcelase al esclavo, ni aun lo desarmase, ni se armase, diriamos que este tal tenia sano juicio, y no antes, que Dios lo cegaba para castigo y perdicion, y lo entregaba a su enemigo? Solo por el descuido y amonestacion, o aviso que desprecio, seria merecedor de qualquiera pena y mal suceso.

Dios por su bondad abra los ojos de este Reyno, y les de a los superiores y consejeros de el, espiritu [de prudencia] y consejo, para que conozcan y elixan, y aliento y fortaleza, para que hagan luego con tiempo lo mas conveniente al servicio del Rey nuestro Señor, al publico bien del Reyno, y a la edificacion y aumento de la Iglesia Catolica, para gloria de Dios, por Jesucristo nuestro Señor, *qui est super omnia Deus benedictus in saecula. Amen.*

Si des personnes dignes de crédit et qui l'aiment bien, disait à un homme que l'un de ses esclaves cherchait à le tuer et attendait la moindre occasion pour le surprendre dans son sommeil, insouciant ou désarmé, et si cet homme, considérant cet avis comme véritable, avec des preuves et des indices quotidiens, ne faisait pour toute diligence que s'attrister et avoir peur, ne se protégeait pas, ne se prémunissait pas, ne refermait pas la porte derrière lui lorsqu'il dormait, n'emprisonnait pas son esclave, ne le désarmait pas et ne s'armait pas, dirions-nous que cet individu était sain d'esprit ou bien, au contraire, que Dieu l'aveuglait pour le punir, le conduire à sa perte, et le livrer à son ennemi ? Cette insouciance, le mépris de cette admonestation et de cet avis, suffiraient à lui faire mériter une peine ou un malheur.

Que Dieu dans sa bonté ouvre les yeux de ce royaume, et donne à ses supérieurs et à ses conseillers, de l'esprit et des conseils pour se renseigner et choisir, du courage et de la force, pour faire au plus vite ce qui convient le mieux pour le service du roi notre seigneur et du bien public du royaume, et pour l'édification et la propagation de l'Église catholique, pour la gloire de Dieu, par Jésus-Christ notre Seigneur, *qui est super omnia Deus benedictus in saecula. Amen.*

---

haciendo, sin otra sentencia, ni declaracion alguna : i que las Justicias del dicho Reino executen lo en esta lei contenido, i las dichas penas en las personas, i bienes de los que contra ello fueren, i passaren, so pena de diez mil maravedis para nuestra Camara a cada uno, que lo contrario hiciere » (*Tomo segundo de las leyes de recopilacion, que contiene los libros sexto, septimo, octavo, i nono*, Madrid, En la Imprenta de los Herederos de la Viuda de Juan Garcia Infanzòn, 1745, Libro octavo, Título II, Ley IX, p. 320-321).

BIBLIOGRAPHIE GÉNÉRALE

ÉDITIONS D'ÉPOQUE DU *TRAITÉ SUR LES MORISQUES D'ESPAGNE*

Manuscrit 7845 (1601, 140 folios) (BNE). Obras de Pedro de Valencia. Acerca de los moriscos de España. Tratado de Pedro de Valencia (f° 4r°-44v°).
Manuscrit 7855 (XVIIe siècle) (BNE). Acerca de los moriscos de España (f° 4-42).
Manuscrit 8888 (1701, 304 pages) (BNE). Obras varias de Pedro de Valencia (1701). Acerca de los moriscos de España. Tratado de Pedro de Valencia (p. 3-161).

ÉTUDES SUR LE *TRAITÉ*

CARO BAROJA, Julio, « Los moriscos aragoneses según un autor de comienzos del siglo XVII », dans : *Razas, pueblos y linajes*, Murcie, Universidad de Murcia, 1990, p. 93-111.
COLONGE, Chantal, « Reflets littéraires de la question morisque entre la guerre des Alpujarras et l'expulsion (1571-1610) », *Boletín de la Real Academia de Buenas Letras de Barcelona*, XXXIII, 1969-1970.
GAMBIN, Felice, « I moriscos nella Spagna del Seicento : il trattato di Pedro de Valencia » dans : *Alle radici dell'Europa. Mori, giudei e zingari nei paesi del Mediterraneo occidentale*, Florence, SEID, 2008, vol. I, p. 109-125.
GAMBIN, Felipe et MONTI, Silvia, *Trattato sui moriscos di Spagna*, Pise, Edizioni ETS, 2013.
GIL SANJUAN, Joaquín, *Tratado acerca de los moriscos de España (manuscrito del siglo XVII)*, Málaga, Algazara, 1997.

GÓMEZ CANSECO, Luis, *El humanismo después de 1600 : Pedro de Valencia*, Séville, Universidad de Sevilla, 1993.

GÓMEZ CANSECO, Luis, « La tolerancia religiosa y las fronteras de la ortodoxia en Benito Arias Montano y Pedro de Valencia », *Ciudad de Dios. Revista agustiniana*, Vol. 213, n° 2, 2000, p. 423-448.

GONZÁLEZ CAÑAL, Rafael, *Tratado acerca de los moriscos de España*, Badajoz, Caja de Badajoz, 2005.

MAGNIER, Grace, « La visión de Pedro de Valencia de un cristianismo sin divisiones », dans : *De mudéjares a moriscos*, Teruel, Instituto de Estudios Turolenses, 2002, p. 673-684.

MARAVALL, José Antonio, « Reformismo social-agrario en la crisis del siglo XVII : tierra, trabajo y salario según Pedro de Valencia », *Bulletin Hispanique*, 72, 1970, p. 5-55.

MÁRQUEZ VILLANUEVA, Francisco, *El problema morisco (desde otras laderas)*, Madrid, Libertarias/Prodhufi, 1991.

MÁRQUEZ VILLANUEVA, Francisco, « Pedro de Valencia y el *Tratado de los moriscos de España* », dans : *400 aniversario del primer bando de expulsión de los moriscos, 1609-2009*, Consorcio Turístico Mancomunidad Valle de Ricote, 2010, p. 85-93.

MARTÍNEZ GÓNGORA, Mar, « Política de asimilación y estatus de inferioridad en el *Tratado acerca de los moriscos de España* de Pedro de Valencia », *Hispanófila*, n° 137, 2003, p. 19-34.

MÉCHOULAN, Henry, *Le sang de l'autre ou l'honneur de Dieu*, Paris, Fayard, 1979.

MERCADO PACHECO, Pedro, « Tratado acerca de los moriscos de España (fragmentos) », *Anales de la Cátedra Francisco Suárez*, n° 43, 2009, p. 303-321.

NIETO IBÁÑEZ, José María, « La identidad religiosa en el humanismo bíblico español : Pedro de Valencia y la integración judía e islámica », *Sefarad*, Año 75, n° 1, 2015, p. 65-77.

SUÁREZ SÁNCHEZ DE LEÓN, José Luis, *El pensamiento de Pedro de Valencia. Escepticismo y modernidad en el humanismo español*, Badajoz, Diputación de Badajoz, 1997.

VALENCIA, Pedro de, *Obras completas*, IV/1, Éd. de Rafael González Cañal, León, Universidad de León, 1999.

ZOPPI, Federica, « La traduzione italiana del *Tratado sobre los moriscos de España* », *Orillas*, n° 4, 2015, p. 1-5.

PRINCIPAUX LIVRES SUR LES MORISQUES (XXe-XXIe SIÈCLES) (LISTE NON EXHAUSTIVE)

AMELANG, James, *Historias paralelas. Judeoconversos y moriscos en la España moderna*, Madrid, Akal, 2011.

ARANDA DONCEL, Juan, *Los moriscos en tierras de Córdoba*, Cordoue, Monte de Piedad y Caja de Ahorros de Córdoba, 1984.

ARANDA DONCEL, Juan, *Moriscos y cristianos en Córdoba : el drama de la expulsión*, Cordoue, Sociedad Andaluza de Estudios Histórico-Jurídicos, 2010.

BARRIOS AGUILERA, Manuel, *Moriscos y repoblación en las postrimerías de la Granada islámica*, Grenade, Diputación provincial, 1986.

BARRIOS AGUILERA, Manuel, *Granada morisca, la convivencia negada. Historia y textos*, Grenade, Comares, 2002.

BARRIOS AGUILERA, Manuel, *La convivencia negada. Historia de los moriscos del Reino de Granada*, Grenade, Comares, 2008.

BARRIOS AGUILERA, Manuel, *La suerte de los vencidos. Estudios y reflexiones sobre la « cuestión morisca »*, Grenade, Université de Grenade, 2009.

BARRIOS AGUILERA, Manuel et GARCÍA ARENAL, Mercedes, *¿La historia inventada ? Los libros plúmbeos y el legado sacramontano*, Grenade, El legado andalusí, 2008.

BENÍTEZ SÁNCHEZ-BLANCO, Rafael, *Heroicas decisiones. La Monarquía Católica y los moriscos valencianos*, Valence, Institucio Alfons el Magnanim, 2001.

BENÍTEZ SÁNCHEZ-BLANCO, Rafael, *Tríptico de la expulsión de los moriscos. El triunfo de la razón de estado*, Montpellier, PUM, 2012.

BERNABÉ PONS, Luis, *Los moriscos. Conflicto, expulsión y diáspora*, Madrid, Catarata, 2009.

BLEDA, Jaume, *Jaume Bleda y la expulsión de los moriscos valencianos*, Valence, Fundación Bancaja, 2009.

BORONAT Y BARACHINA, Pascual, *Los moriscos españoles y su expulsión*, Valence, Francisco Vives y Mora, 1901, 2 vol., Grenade, Université de Granade, 1992.

BUNES IBARRA, Miguel Ángel, *Los moriscos en el pensamiento histórico. Historiografía de un grupo marginado*, Madrid, Cátedra, 1983.

BUNES IBARRA, Miguel Ángel, *El enfrentamiento con el islam en el Siglo de Oro : los antialcoranes*, Madrid, CSIC, 1989.

BUNES IBARRA, Miguel Ángel, *La imagen de los musulmanes y del Norte de África en la España de los siglos XVI y XVII. Los caracteres de una hostilidad*, Madrid, CSIC, 1989.

CANAL, Juan (éd.), *Exilios. Los éxodos políticos en España, siglos XV-XX*, Madrid, Silex, 2007.

CANDAU CHACÓN, María Luisa, *Los moriscos en el espejo del tiempo. Problemas históricos e historiográficos*, Huelva, Universidad de Huelva, 1998.

CARDAILLAC, Louis, *Le passage des Morisques en Languedoc*, Montpellier, 1970.

CARDAILLAC, Louis, *Morisques et chrétiens : un affrontement polémique (1492-1640)*, Paris, Klincksieck, 1977.

CARDAILLAC, Louis, *Les Morisques et leur temps*, Paris, CNRS, 1983.

CARDAILLAC, Louis, *Les Morisques et l'Inquisition*, Paris, Publisud, 1990.

CARO BAROJA, Julio, *Los moriscos del reino de Granada*, Madrid, Instituto de Estudios Políticos, 1957.

CARRASCO URGOITI, María Soledad, *Los moriscos y Ginés de Hita*, Barcelone, Bellaterra, 2006.

CARRASCO URGOITI, María Soledad, *El problema morisco en Aragón al comienzo del reinado de Felipe II*, Teruel, Centro de Estudios Mudéjares, 2010.

CATALÁ SANZ, Jorge et PÉREZ GARCÍA, Pablo, *Los moriscos de Cortes y los Pallás. Documentos para su estudio*, Valence, Université de Valence, 2002.

CATALÁ SANZ, Jorge et URZAINQUI SÁNCHEZ, Sergio, *La conjura morisca de 1570 : la tentativa de alzamiento en Valencia*, Valence, Generalitat Valenciana, 2009.

CISCAR PALLARÉS, Eugenio, *La Valldigna, siglos XVI y XVII. Cambio y continuidad en el campo valenciano*, Valence, 1997.

DADSON, Trevor, *Los moriscos de Villarrubia de los Ojos (siglos XV-XVIII). Historia de una minoría asimilada, expulsada y reintegrada*, Madrid/Francfort, Iberoamericana/Vervuet, 2007.

DADSON, Trevor, *Tolerancia y convivencia en la España de los Austrias. Cristianos y moriscos en el Campo de Calatrava*, Madrid, Cátedra, 2017.

DANVILA Y COLLADO, Manuel, *La expulsión de los moriscos*, Valence, Université de Valence, 2007 (1re éd. 1889).

DOMÍNGUEZ ORTIZ, Antonio et VINCENT, Bernard, *Historia de los moriscos. Vida y tragedia de una minoría*, Madrid, Revista de Occidente, 1978.

EHLERS, Benjamin, *Between Christians and Moriscos. Juan de Ribera and Religious Reform in Valencia, 1568-1614*, Baltimore, John Hopkins University Press, 2006.

EL ALAOUI, Youssef, *Jésuites, morisques et Indiens. Étude comparative des méthodes d'évangélisation de la Compagnie de Jésus d'après les traités de José de Acosta (1588) et d'Ignacio de Las Casas (1605-1607)*, Paris, Honoré Champion, 2006.

EL ALAOUI, Youssef, *Morisques (1501-1614). Une histoire si familière*, Rouen, PURH, 2017.

ESPALZA, Miguel de, *Los moriscos antes y después de la expulsión*, Madrid, MAPFRE, 1992.

FLORES ARROYUELO, Francisco, *Los últimos moriscos (Valle de Ricote, 1614)*, Barcelone, PPU, 1993.

FOURNEL-GUÉRIN, Jacqueline, *Les morisques aragonais et l'Inquisition de Saragosse (1540-1620)*, thèse de doctorat inédite, Montpellier, 1980.

GAIGNARD, Catherine, *Maures et chrétiens à Grenade, 1492-1570*, Paris, L'Harmattan, 1997.

GALÁN SÁNCHEZ, Ángel, *Una visión de la decadencia española. La historiografía anglosajona sobre mudéjares y moriscos*, Málaga, Diputación provincial de Málaga, 1991.

GALÁN SÁNCHEZ, Ángel, *Una sociedad en transición : los granadinos de mudéjares a moriscos*, Grenade, Editorial Universidad de Granada, 2010.

GALLEGO BURÍN, Antonio, VINCENT, Bernard et GÁMIR SANDOVAL, Alfonso, *Los moriscos del Reino de Granada según el Sínodo de Guadix de 1554*, Grenade, Université de Grenade, 1968.

GALMÉS DE FUENTES, Álvaro, *Los moriscos desde su misma orilla*, Madrid, Instituto Egipcio de Estudios Islámicos en Madrid, 1993.

GARCÍA-ARENAL, Mercedes, *Los moriscos*, Grenade, Université de Grenade, 1975.

GARCÍA-ARENAL, Mercedes, *Inquisición y moriscos. Los procesos del tribunal de Cuenca*, Madrid, Siglo XXI, 1978.

GARCÍA-ARENAL, Mercedes, *Conversions islamiques : identités religieuses en islam méditerranéen*, Paris, Maisonneuve et Larose, 2002.

GARCÍA-ARENAL, Mercedes, *La diáspora de los andalusíes*, Barcelone, CIDOB-Icaria, 2003.

GARCÍA-ARENAL, Mercedes, RODRÍGUEZ MEDIANO, Fernando, *Un Oriente español. Los moriscos y el Sacromonte en tiempo de Contrarreforma*, Madrid, Marcial Pons, 2010.

GARCÍA-ARENAL, Mercedes, Wiegers, Gérard (dir.), *Los moriscos, expulsión y diáspora. Una perspectiva internaciona*l, Valence, Université de Valence, 2013.

GARCÍA AVILÉS, José María, *Los moriscos del Valle de Ricote*, Alicante, Université d'Alicante, 2007.

GARCÍA BALLESTER, Luis, *Los moriscos y la medicina. Un capítulo de la medicina y la ciencia marginadas en la España del siglo XVI*, Barcelone, Labor, 1984.

GARCÍA PEDRAZA, Amalia, *Actitudes ante la muerte en la Granada del siglo XVI. Los moriscos que quisieron salvarse*, Grenade, Université de Grenade, 2002.

GHAZALI, Maria (dir.), « Les Morisques, d'un bord à l'autre de la Méditerranée », *Cahiers de la Méditerranée*, n° 79, 2009.

HALPERIN DONGHI, Tulio, *Un conflicto nacional. Moriscos y cristianos viejos en Valencia*, Buenos Aires, Instituto de Historia de España, 1955.

IANUZZI, Isabella, *El poder de la palabra. Fray Hernando de Talavera en el siglo XV*, Valladolid, Junta de Castilla y León, 2009.

JANER, Florencio, *Condición social de los moriscos de España*, Barcelone, Alta Fulla, 1987.

KAMEN, Henry, *Los desheredados, España y la huella del exilio*, Madrid, Aguilar, 2007.

LADERO QUESADA, Miguel Ángel, *Granada, historia de un país islámico, 1232-1571*, Madrid, Gredos, 1969.

LAPEYRE, Henri, *Géographie de l'Espagne morisque*, Paris, SEVPEN, 1959.

LEA HENRY, Charles, *Los moriscos españoles. Su conversión y expulsión*, Alicante, Universidad de Alicante, 2001 [1re éd. 1901].

LOMAS CORTÉS, Manuel, *La expulsión de los moriscos del Reino de Aragón. Política y administración de una deportación (1609-1611)*, Teruel, Centro de Estudios Mudéjares, 2008.

LOMAS CORTÉS, Manuel, *El puerto de Denia y el destierro morisco*, Valence, PUV, 2009.

LOMAS CORTÉS, Manuel, *El proceso de expulsión de los moriscos de España (1609-1614)*, Valence, Biblioteca de Estudios Moriscos, 2011.

LONGÁS, Pedro, *Vida religiosa de los moriscos*, Grenade, Universidad de Granada, 1998 [1re éd. 1915].

LÓPEZ BARALT, Luce, *La literatura secreta de los últimos musulmanes de España*, Madrid, Editorial Trotta, 2009.

MAGNIER, Grace, *Pedro de Valencia and the Catholic Apologists or the Expulsion of the Moriscos*, Leyde, Brill, 2010.

MÁRQUEZ VILLANUEVA, Francisco, *El problema morisco desde otras laderas*, Madrid, Libertarias, 1991.

MARTINEZ, François, *La permanence morisque en Espagne après 1609 (discours et réalités)*, thèse soutenue en 1997 à l'Université Montpellier III.

MAZIANE, Leïla, *Salé et ses corsaires (1666-1727) : un port de course marocain au XVIIe siècle*, Rouen, PURH, 2007.

MIRA I CASTERÁ, *Vida i final dels moriscos valencians*, Alzira, Bromera, 2009.

MOLINER PRADA, Antonio, *La expulsión de los moriscos*, Barcelone, Nabla, 2009.

MORENO DÍAZ, Francisco, *Los moriscos de La Mancha. Sociedad, economía y modos de vida de una minoría en la Castilla moderna*, Madrid, CSIC, 2009.

ORTEGA LÓPEZ, Dimas, et VINCENT, Bernard, *Historia e historiografía de la expulsión de los moriscos del Valle de Ricote*, Murcie, Servicio de Publicaciones, 2019.

ORTIZ GARCÍA, María Luz, *Moros y cristianos : los moriscos de Albaida*, Valence, 1998.

PEÑARROJA TORREJÓN, Leopoldo, *Moriscos y repobladores en el reino de Valencia*, Valence, Del Cenia al Segura, 1984.

PERCEVAL, José María, *Todos son uno. Arquetipos, xenofobia y racismo. La imagen*

del morisco en la Monarquía Española durante los siglos XVI y XVII, Almeria, Instituto de Estudios Almerienses, 1997.

PÉREZ BOYERO, Enrique, *Moriscos y cristianos en los señoríos del Reino de Granada (1490-1568)*, Grenade, Université de Grenade, 1997.

PERRY, Mary Elizabeth, *The Handless Maiden. Moriscos and the Politics of Religion in Early Modern Spain*, Princeton, Princeton University Press, 2005.

POUTRIN, Isabelle, *Convertir les musulmans. Espagne, 1491-1609*, Paris, PUF, 2012.

REGLÀ, Joan, *Estudios sobre los moriscos*, Barcelone, Ariel, 1974.

ROMERO SÁIZ, Miguel, *Mudéjares y moriscos en Castilla-La Mancha*, Piedrabuena, Llanura, 2007.

RUBIERA MATA, María Jesús (éd.), *Carlos V, los moriscos y el islam*, Alicante, Université d'Alicante, 2001.

RUIZ LAGOS, Manuel, *Contra moriscos. El Sumario Bleda*, Huelva, Université de Huelva, 2009.

SORIA MESA, Enrique, *Los últimos moriscos. Pervivencias de la población de origen islámico en el reino de Granada (siglos XVII-XVIII)*, Valence-Grenade-Saragosse, 2014.

TALAVERA, Santiago et MORENO, Francisco J., *Juan Ripol y la expulsión de los moriscos de España*, Saragosse, Institución Fernando el Católico, 2008.

VIDAL, César, *España frente al Islam : de Mahoma a Ben Laden*, Madrid, La Esfera de los Libros, 2004.

VIDAL, Jeanne, *Quand on brûlait les morisques*, 1544-1621, Nîmes, 1986.

VINCENT, Bernard, *Minorías y marginados en la España del siglo XVI*, Grenade, Diputación Provincial de Granada, 1987.

VINCENT, Bernard, *El río morisco*, Valence, PUV, Biblioteca de estudios moriscos, 2006.

ZAYAS, Rodrigo de, *Los moriscos y el racismo de estado. Creación, persecución y deportación (1499-1612)*, Cordoue, Almuzara, 2006.

INDEX DES NOMS DE PERSONNES

INDEX DES NOMS DE PEUPLES

TABLE DES MATIÈRES

TRAITÉ SUR LES MORISQUES D'ESPAGNE DE PEDRO DE VALENCIA

IMPRIM'VERT®

Achevé d'imprimer par Corlet,
Condé-en-Normandie (Calvados), en octobre 2021
N° d'impression : 173447 - dépôt légal : octobre 2021
Imprimé en France